改性聚氨酯混凝土铺装技术与设备

徐 斌 徐 速 马登成 编著

人民交通出版社股份有限公司

北 京

内 容 提 要

本书共分13章,对国内外主要钢桥面铺装类型、体系及其性能特点进行了综述。在总结分析钢桥面铺装结构机理与各种技术病害的基础上,提出了ECO改性聚氨酯混凝土铺装体系;介绍了ECO改性聚氨酯混凝土铺装工艺与铺装施工案例。同时,针对ECO改性聚氨酯这一特殊材料特性,研究开发了专用成套设备;阐述了传统桥面SMA拌和站、摊铺机、改性聚氨酯混凝土搅拌车、摊铺机、碎石撒布机以及其他辅助设备等机械设备的工作原理、结构组成、功能及使用效能影响因素等。最后,对ECO改性聚氨酯混凝土铺装成套关键设备智能化与施工智能化作了介绍与期望。

本书对于钢桥面铺装领域的新材料、新装备的研发具有一些方向性和理论上的"转型"意义,对于钢桥面铺装新工艺、新技术的推广应用具有一定的实际价值。本书可以作为高等院校公路钢桥面铺装材料、铺装设备、桥面施工养护与管理专业本科生的参考教材,对于广大公路钢桥面铺装技术与铺装设备的设计、研究人员和施工养护技术人员来说,也是一本有"探索"价值的参考书。

图书在版编目(CIP)数据

改性聚氨酯混凝土铺装技术与设备 / 徐斌等编著
. —北京:人民交通出版社股份有限公司,2022.11
ISBN 978-7-114-17683-8

Ⅰ.①改… Ⅱ.①徐… Ⅲ.①钢桥—桥面板—聚氨酯—混凝土—桥面铺装 Ⅳ.①U448.363.33

中国版本图书馆CIP数据核字(2021)第226101号

书　　名:	改性聚氨酯混凝土铺装技术与设备
著 作 者:	徐　斌　徐　速　马登成
责任编辑:	崔　建
责任校对:	孙国靖　宋佳时
责任印制:	张　凯
出版发行:	人民交通出版社股份有限公司
地　　址:	(100011)北京市朝阳区安定门外外馆斜街3号
网　　址:	http://www.ccpcl.com.cn
销售电话:	(010)59757973
总 经 销:	人民交通出版社股份有限公司发行部
经　　销:	各地新华书店
印　　刷:	北京印匠彩色印刷有限公司
开　　本:	787×1092　1/16
印　　张:	15.25
字　　数:	361千
版　　次:	2022年11月　第1版
印　　次:	2022年11月　第1次印刷
书　　号:	ISBN 978-7-114-17683-8
定　　价:	68.00元

(有印刷、装订质量问题的图书,由本公司负责调换)

序

在人类文明的发展史中,桥梁是人类由此岸到达彼岸的重要媒介。中国造桥历史可以上溯到西周时期,发展到汉代,桥梁的四种基本桥型:梁桥、浮桥、索桥、拱桥便已全部产生了。著名的英国科技史学者李约瑟博士《中国科学技术史》一书对中国古代这四种桥型的发展都作了详细的评述和考证,他认为中国古代桥梁的辉煌成就曾在世界桥梁发展史中占有重要的地位。

国盛则桥盛。改革开放四十多年来,我国交通科技创新日新月异,交通基础设施建设取得举世瞩目的历史性成就。我出生在浙江东部,象山港和三门湾融流,天台山与四明山交汇的宁海县。作为一名改革开放的亲历者、参与者和受益者,切身感受到"要致富,先修路"对刚刚经历"文化大革命"、百废待兴时期的国家和人民的特殊意义。1992年,我走下讲台,积极投身到科技创新和实业报国的时代洪流中来。三十年如一日,我专注桥梁领域自主创新,从桥梁伸缩装置到桥面铺装持续探索、迭代创新,由当初的一名普通教师蜕变成一名扎根桥梁产品领域一线的工匠。主要创新创业经历大致分为三个阶段:

技术探索期(1992—1995年):20世纪90年代初期,我发现中国高速公路开始兴建,进入交通领域创业是一个机会。创业初期,我主要生产、加工石油化工行业橡胶制品,同时也一直留意交通行业机会,逐渐了解到当时我国桥梁伸缩装置"清一色"国外进口。后经人介绍,于1994年受让交通部重庆公路研究所的无缝伸缩缝专利技术,生产的第一批无缝伸缩缝于1995年用于沪宁高速公路。当时由于技术不成熟,使用一年不到就大面积损坏。因受让技术产业化失败,300多万元打了水漂,几年的积蓄全部扔进,还四处举债,经历了艰难创业的"九死一生"。

自主创新期(1996—2006年):国内无技术可循,国外技术严格封锁,几乎陷入绝境!我在总结失败中意识到,技术必须依靠自己。于是,我带领初创团队,见桥就爬、见桥洞就钻,调研分析世界上桥梁伸缩装置现状,遍访全球专家讨教,潜心研发。1999年,我随国内桥梁领域权威专家参观国内某重点工程国外伸缩缝厂家现场施工时,专家参观团被远远拦住不让靠近,理由是担心我们"偷技术"!同时,我也了解到,钢箱梁桥是未来大跨径桥梁发展的大趋势,除了伸缩缝,还有包括钢桥面铺装材料在内的大多数技术都被国外"卡脖子"。虽然当时大家倍感"屈辱",但谁叫我们技不如人呢?这也更加坚定了我誓要研发出中国人自己的桥梁伸缩装置的决心,并有意识地关注钢桥面铺装技术。但技术创新,首先要思维创新。我在当老师时,对中国传统哲学有一定兴趣,这为我后来的研发工作在理念上带来很大启发。针对我国幅员辽阔、重(超)载等特殊交通通行状况,我和技术团队以国外进口模数式伸缩装置设计缺陷为创新原点,根据中国古代道家哲学思维,创造性提出了"以柔克刚,主动顺应"的创新原理。功夫不负苦心人,我和技术团队于2002年自主研发出RB第一代单元式多向变位桥梁伸缩装置。众所周知,以老子为代表的道家哲学强调以柔克刚,其实是一种"弱德"智慧。该智慧强调要善于对客观事物作出主动性适应,而非被动性应付。而我们的技术思想,便来源于这种智慧。RB单元式多向变位桥梁伸缩装置采用梳齿结构、每米一块的模块化设计,首创了以简支、轴转、球链等方式实现多向变位技术,能主动顺应桥梁梁体的复杂变位,用以柔克刚的方式释放和化解外力对伸缩装置的影响,大大提高了伸缩装置的使用寿命、行车舒适度和安全性能,成功实现了"刚柔相济,大道至简"的技术境界。2005年经国内权威专家鉴定,该技术国际领先,一举打破国外垄断。该技术先后荣获国家技术发明二等奖、中国专利金奖、世界知识产权组织(WIPO)最佳发明奖以及交通部重大科技创新成果推广项目等重点荣誉。

创新发展期(2007年至今):我深知持续创新是推动技术进步的制胜法宝,市场应用是实现创新价值和检验技术水平的最有效途径。

我抢抓交通强国建设机遇,根据不同桥梁应用场景,研究开发出环保降噪型、减震抗震型、无混凝土型、可调高型、全密封型等迭代创新的多功能性伸缩装置,加大市场推广应用。2008年5月1日,当时的世界第一跨海大桥——杭州湾跨海大桥建成通车,该桥全线采用单元式多向变位桥梁伸缩装置,总价相比国外进口产品报价节约超过50%,更引以为豪的是大桥通车至今15个年头,实现了伸缩装置主部件"零更换"的奇迹。我们的产品以高质量、高性能、高寿命、高性价比以及运维方便等优势,一炮打响,赢得市场高度认可,现已成为港珠澳大桥、南沙大桥、五峰山公铁大桥、非洲第一大桥莫桑比克马普托大桥等众多"世界之最"工程的首选。2008年,该技术转化为交通行业标准《单元式多向变位梳形板桥梁伸缩装置》(JT/T 723—2008)正式颁布。如今,该项的技术推广与应用在大型伸缩装置市场占有率超过65%,RB系列产品的普遍推广应用,为我国桥梁建设直接和间接节约造价超百亿元资金,而且已走出国门,服务全球,为推动世界桥梁伸缩装置技术进步和桥梁事业健康发展贡献了绵薄之力。

创新成果得到推广应用,是对科技企业和科技工作者的最大肯定和最高褒奖。我们的桥梁伸缩装置有幸应用于家门口的"世界第一"项目,得益于祖国日益繁荣强盛,受益于国家和全社会对自主创新的鼓励支持,对此我心存感恩并备受鼓舞。回忆起交通部"一等奖"专家团莅临公司指导评审时激动而感慨的陈词:"徐斌,你为中国桥梁人争光了!我们的伸缩缝不再受人欺负了!但是,还有许多技术还是受制于人,比如钢桥面铺装仍然被国外垄断,也是桥梁界的难题。你有技术头脑会钻研,要是能研发出属于我们自己的钢桥面铺装技术,你对国家和行业的贡献就更大了。"专家们的信任和鼓励,极大激发了我挑战世界难题的雄心。从2008年开始,我潜心钻研10余年,先后投入2亿多元,自主研发出一种全新的"去沥青"化技术体系——ECO改性聚氨酯铺装系统技术。该技术采用改性聚氨酯类材料，常温现场生产施工一体化，颠覆了长期主导国内外桥梁工程高温搅拌碾压的沥青类技术体系，为世界桥梁铺装提供了一种全新的技术路径和解决方案。在反复实践和全面论证的基础上，我们研制了成套自动化施工装备、工艺和检验规范，有效克服了沥青类钢桥面铺装没有高低温适配度、施工条件苛刻、层间结合差等问题，不仅降低了建设成本，而且也大大提高了使用寿命。自我们的桥面铺装技术首次全桥应用以来，分别在上海闵浦大桥、宁波明州大桥、武汉杨泗港大桥、大连机场、宜宾临港铁路长江大桥等众多维修和新建项目中应用，经与国外技术对比应用，质量和使用价值等优势，均明显胜出。其属"双碳"科技创新技术，被列入国家关键新材料发展工程、交通运输部重大科技创新成果推广项目、中国民用航空局课题等，特别适用于公路、铁路、机场等大基建市场，且具有低资源、低能耗、低排放的经济和生态效益。

创新无止境，科技进步需要全社会共同持续推进。随着世界桥梁技术飞速发展，桥梁建设日益向长大化、大跨径趋势发展，亟须融合新一代信息技术等前沿科技。面向世界桥梁科技的未来，我将秉承创新初心，把桥梁伸缩装置和桥面铺装当成一个有机的"生命体"看待。中华传统医学有一个很重要的理论，就是整体的生命观，这既是一种医学智慧，更是一种生命智慧。基于整体观的生命智慧，我们提出"全寿命＋生态"的系统理念，目前，我们正在紧锣密鼓地开展"特大型钢桥行车性能提升成套技术研究与应用"等集成性课题，致力为桥梁建设和健康通行提供全生命周期的系统性方案。当今中国正在从桥梁大国向桥梁强国迈进，我们愿与桥梁界同行一起努力，不断创造中国桥梁技术的新辉煌。

梁启超先生曾说，学术乃天下之公器。本书是我近20年来对钢桥面铺装技术学习与实践探索的一个总结。本着开放、交流、互鉴、共享原则，我愿意通过本书把我们的技术向全社会公开，期望和桥梁界的同行一道共同为技术进步和社会发展作出正向价值贡献。本书如有不足或不妥之处，恳请专家学者批评指正！

是为序。

徐　斌
2022年8月18日

目录

第一部分　ECO改性聚氨酯混凝土铺装技术 / 001

第1章　绪论 / 003
1.1　国内外大跨径桥梁发展现状 / 003
1.2　主梁(加劲梁)常用结构形式 / 007
1.3　正交异性钢桥面板铺装 / 009
1.4　钢桥面铺装类型 / 013
1.5　钢桥面铺装发展 / 019
本章参考文献 / 020

第2章　ECO改性聚氨酯混凝土钢桥面铺装设计 / 025
2.1　概述 / 025
2.2　ECO改性聚氨酯混凝土桥面铺装结构 / 027
2.3　ECO改性聚氨酯混凝土配合比设计 / 032
2.4　ECO改性聚氨酯混凝土的再生利用 / 038
本章参考文献 / 039

第3章　ECO改性聚氨酯混凝土材料力学性能 / 040
3.1　铺装材料力学性能要求 / 040
3.2　高温稳定性 / 042
3.3　力学性能 / 043
3.4　低温抗弯拉性能 / 047
3.5　水稳定性 / 048
3.6　耐久性能 / 049
3.7　抗渗性能 / 050
本章参考文献 / 052

第4章　ECO改性聚氨酯混凝土钢桥面铺装力学性能 / 054
4.1　ECO改性聚氨酯混凝土钢桥面铺装层力学分析 / 054
4.2　ECO改性聚氨酯混凝土铺装层对移动载荷的响应 / 063
4.3　ECO改性聚氨酯混凝土钢桥面铺装性能理论分析与实测研究 / 068

第5章 ECO改性聚氨酯混凝土钢桥面铺装施工工艺 / 086
5.1 ECO改性聚氨酯混凝土施工特点 / 086
5.2 ECO改性聚氨酯混凝土桥面铺装施工工艺 / 086
5.3 改性沥青SMA铺装施工工艺 / 092
本章参考文献 / 097

第6章 ECO改性聚氨酯混凝土用于钢桥面铺装病害的处理 / 098
6.1 钢桥面铺装病害处理背景 / 098
6.2 钢桥面铺装病害成因分析 / 098
6.3 铺装病害常用处理方法 / 102
6.4 ECO改性聚氨酯混凝土对钢桥面病害的处理 / 103
6.5 ECO改性聚氨酯混凝土在桥面维修中的应用 / 106
本章参考文献 / 108

第7章 典型工程案例 / 109
7.1 瓯江北口大桥 / 109
7.2 闵浦大桥 / 111
7.3 沈阳浑河长青大桥 / 113
7.4 杭州湾跨海大桥南航道桥 / 113
7.5 武汉杨泗港青菱大桥 / 115

第二部分 ECO改性聚氨酯混凝土铺装成套设备 / 117

第8章 ECO改性聚氨酯混凝土拌和设备 / 119
8.1 概述 / 119
8.2 SMA沥青混凝土拌和设备 / 119
8.3 ECO改性聚氨酯混凝土搅拌设备 / 125
本章参考文献 / 132

第9章 钢桥面铺装摊铺设备 / 133
9.1 概述 / 133
9.2 SMA沥青混凝土摊铺机结构组成及调整 / 134
9.3 ECO改性聚氨酯混凝土摊铺机 / 144
9.4 螺旋布料器与ECO改性聚氨酯混凝土相互作用 / 149
本章参考文献 / 162

第10章 石屑撒布机 / 163
10.1 概述 / 163
10.2 石屑撒布机 / 165

10.3　RB-CHSP7500 石屑撒布机　/　169

本章参考文献　/　175

第 11 章　钢桥面铣削机械　/　176

11.1　概述　/　176

11.2　路面冷铣刨机构造及工作原理　/　181

11.3　路面铣刨机与作业介质相互作用分析　/　189

11.4　桥面铺装层铣刨技术　/　196

本章参考文献　/　198

第 12 章　桥面铺装辅助设备　/　199

12.1　钢桥面抛丸机　/　199

12.2　叉车　/　205

12.3　清扫车　/　208

本章参考文献　/　212

第 13 章　ECO 改性聚氨酯混凝土铺装成套关键设备及智能化　/　213

13.1　概述　/　213

13.2　ECO 改性聚氨酯混凝土搅拌车智能化　/　215

13.3　ECO 改性聚氨酯混凝土摊铺机智能化　/　217

13.4　石屑撒布机智能化　/　219

13.5　ECO 改性聚氨酯混凝土数字智能化施工方案　/　221

13.6　钢桥面数字化施工控制管理系统　/　226

本章参考文献　/　230

附录　/　231

附录 A　钢桥面铺装整体拉拔强度试验方法　/　231

附录 B　改性聚氨酯混凝土铺装工艺流程　/　232

附录 C　表干时间试验、指干时间试验　/　233

第一部分

ECO改性聚氨酯混凝土铺装技术

第 1 章

绪　　论

1.1　国内外大跨径桥梁发展现状

目前,国内外大跨径桥梁的主要结构形式有悬索桥和斜拉桥两种。斜拉桥是一种桥面体系受压、支承体系受拉的桥梁,其桥面体系由主梁构成,支承体系由钢索组成。悬索桥是以通过索塔悬挂并锚固于两岸的缆索作为上部结构主要承重构件的桥梁,是特大跨径桥梁的主要形式之一。从发展趋势上看,斜拉桥在某些条件下具有明显优势。但是,根据地形、地质条件,若能采用隧道式锚碇,悬索桥在千米以内也可以同斜拉桥竞争。根据理论分析,就目前的建材水平,悬索桥的最大跨径可达到3500m左右。已建成的土耳其1915恰纳卡莱大桥,主跨已达2023m,是迄今为止已建成的世界上最长的一座悬索大桥。

自20世纪90年代以来,我国大跨径桥梁建设进入了一段高峰时期,相继建成和正在建设一大批的大跨径斜拉桥、悬索桥、拱桥和PC连续钢构桥,其共同特点是结构新颖、技术复杂、设计和施工难度大、现代化品位和科技含量高等。我国江苏张靖皋过江通道主跨2300m的双塔悬索桥正在建设中,建成以后将会成为世界上新的最大跨径桥梁工程。

1.1.1　斜拉桥

斜拉桥是将主梁用许多拉索直接拉在桥塔上的一种桥梁,是由承压的塔、受拉的索和承弯的梁体组合起来的一种结构体系,可看作是拉索代替支墩的多跨弹性支承连续梁。其可使梁体内弯矩减小,降低建筑高度,减轻了结构重量,节省了材料。斜拉桥主要由索塔、主梁、斜拉索组成。

斜拉桥作为一种拉索体系,比梁式桥的跨越能力更大,是大跨径桥梁的最主要桥型。斜拉桥由许多直接连接到塔上的钢缆吊起桥面,斜拉桥主要由索塔、主梁、斜拉索组成。索塔形式有A形、倒Y形、H形、独柱几种,材料有钢和混凝土的。斜拉索布置有单索面、平行双索面、斜索面等。第一座现代斜拉桥是1955年德国DEMAG公司在瑞典修建的主跨为182.6m的斯特伦松德桥。目前世界上建成的最大跨径的斜拉桥为俄罗斯的俄罗斯岛大桥,主跨径为1104m,于2012年7月完工。

斜拉桥的雏形远在几百年之前就出现了。1617年意大利人设计过一座用钢杆铁链吊拉的桥梁,近似于悬索桥和斜拉桥的混合结构。1784年,Loscher在德国设计过一座木斜拉桥。1873年,英国泰晤士河上的Albert桥已基本构成斜拉桥形状。但在以后的300余年里,斜拉桥的发展十分缓慢,其间曾发生几座早期斜拉桥倒塌的事故,因此,在相当长的一段时间内,斜拉桥的发展被人遗弃而成空白状态。直到1955年瑞典建成主跨为182.6m的Stromsand桥,开创了现代斜拉桥的先河,斜拉桥的研究才重新引起设计者的重视。接着,1958年又在德国的杜塞尔道夫建成了主跨为260m的Theod-or-Heuss桥,它巩固了现代斜拉桥的地位。在以后的近半个世纪中,斜拉桥发展迅猛,至今世界建成斜拉桥近400座,其中跨径超过400m的有40多座。由于拉索的自锚特性,使得斜拉桥不需要像悬索桥那样巨大的锚碇,加之斜拉桥比悬索桥有更好的力学性能和经济指标,它已是跨径在400～800m之间大跨径桥梁的最主要桥型,在跨径为800～1100m的特大跨径桥梁中也将扮演重要角色。

1975年,我国四川省云帕县建造了主跨76m的云阳桥(双塔双索面混凝土斜拉桥),开始了中国建造现代斜拉桥的历史。此后,在吸收国外先进经验的基础上,我国斜拉桥建设技术发展很快,从20世纪80年代末90年代初开始长、大斜拉桥的设计和施工。至今,我国已建成斜拉桥100多座,其中跨径超过200m的有52座,跨径超过400m的有20座。2008年建成通车的苏通大桥(斜拉桥)跨径达到1088m,香港昂船洲大桥跨径达到1018m。目前,我国已成为拥有斜拉桥最多的国家,位居世界第一。著名斜拉桥排名榜上,我国有9座。到2005年,世界上已建成的主跨800m以上的特大跨径斜拉桥(包括钢箱梁和钢与混凝土结合梁)共计5座,其中我国占据2座(苏通大桥、香港昂船洲大桥)。

整体来说,我国斜拉桥设计、施工水平已迈入国际先进行列,部分达到国际领先水平。目前,我国已建成的香港昂船洲大桥、江苏苏通大桥,其主跨分别达到1018m和1088m,位居世界前三。表1-1和图1-1为国内外著名的钢箱梁斜拉桥。

国内外前十大跨径的钢箱梁斜拉桥 表1-1

桥　名	主跨(m)	国　家	建成年份(年)	主梁形式
俄罗斯岛大桥	1102	俄罗斯	2012	钢箱梁
苏通大桥	1088	中国	2008	钢箱梁
香港昂船洲大桥	1018	中国	2008	钢箱梁
日本多多罗大桥	890	日本	1999	钢箱梁
诺曼底大桥	856	法国	1995	钢箱梁
南京长江第三大桥	648	中国	2005	钢箱梁
南京长江第二大桥	628	中国	2001	钢箱梁
武汉白沙洲大桥	618	中国	2000	钢箱梁
青州闽江大桥	605	中国	2001	钢-混凝土结合梁
杨浦大桥	602	中国	1993	钢-混凝土结合梁

a)俄罗斯岛大桥

b)苏通长江大桥

图 1-1

c)法国诺曼底大桥

d)香港昂船洲大桥

图 1-1　国内外著名大跨径的钢箱梁斜拉桥

1.1.2　悬索桥

悬索桥，俗称吊桥，指的是以通过索塔悬挂并锚固于两岸（或桥两端）的缆索（或钢链）作为上部结构主要承重构件的桥梁。其缆索几何形状由力的平衡条件决定，一般接近抛物线。从缆索垂下许多吊杆，把桥面吊住，在桥面和吊杆之间常设置加劲梁，同缆索形成组合体系，以减小荷载所引起的挠度变形。

悬索桥的构造方式是 19 世纪初被发明的，但是起源于中国，许多桥梁使用这种结构方式。现代悬索桥，是由索桥演变而来，适用范围以大跨径及特大跨径公路桥为主，当今大跨径桥梁全采用此结构。随着高强钢丝和优质材料的出现、架设工艺的改进以及计算理论和手段的不断完善，悬索桥正朝长、大方向发展，并因其在大跨径方面具有较大的优势而成为现代大跨径桥梁家族中的重要成员，是大跨径桥梁的主要形式。

悬索桥是以承受拉力的缆索或链索作为主要承重构件的桥梁，由悬索、索塔、锚碇、吊杆、桥面系等部分组成。悬索桥的主要承重构件是悬索，它主要承受拉力，一般用抗拉强度高的钢材（钢丝、钢缆等）制作。由于悬索桥可以充分利用材料的强度，并具有用料省、自重轻的特点，因此，悬索桥在各种体系桥梁中的跨越能力最大，跨径可以达到 1000m 以上。悬索桥的主要缺点是刚度小，在荷载作用下容易产生较大的挠度和振动，需注意采取相应的措施。

悬索桥发源甚早，已有 3000 余年历史。其发展大致可分为古代悬索桥、近代悬索桥和现代悬索桥三个时期。

古代悬索桥：在我国四川境内，早在公元前 250 年就有李冰所建的人行"笮桥"。汉宣帝甘露四年建成长百米的铁索桥，它比英国在 1816 年修建的铁链悬索桥要早 1800 年。古代悬索桥只适用于人畜通过，跨长小于 130m，面窄无加劲梁，上下波动较大。

近代悬索桥：与古代悬索桥相比，其进步之处首先是按力学理论进行静力分析计算，其次以钢索代替铁链，设高塔和加劲梁，改缆顶面上承为缆底面下承，提高了载重量和稳定性，可供汽车等车辆通行。我国近代第一座公路悬索桥是湖南能滩桥。

现代悬索桥：现代悬索桥的发展经历了四次高峰。第一次高峰是 1930 年前后以美国为代表的悬索桥，如 1883 年在纽约落成的 Brooklyn Bridge 是第一座真正意义上的现代悬索桥，该桥落成后即被业界赞誉为世界第八大奇迹。而后 1937 年竣工的由美国著名桥梁工程师 JosephStrauss 设计建造的 GoldenGate Bridge,主跨 1280m,长达 27 年位居世界第一,被誉为 20 世纪桥梁工程的奇迹。第二次发展高峰是 20 世纪 60 年代以欧美为代表的悬索桥,如美国 Verrazano Narrows Bridge(主跨 1298m)与英国 Severn Bridge(主跨 988m)。第三次发展高峰是 20 世纪 70～80 年代以欧洲和日本为代表的悬索桥,如英国 HumberBridge(主跨 1410m)与日本 GreatSeto Bridge(主跨 1100m)。进入 20 世纪 90 年代,世界悬索桥的发展中心已从欧美移至亚洲,为第四次发展高峰,最具代表性的是日本 AkashiKaikyō Bridge(主跨 1991m)。表 1-2 和图 1-2 为国内外著名的特大跨径悬索桥。

国内外前十特大跨径悬索桥　　　　　　　　　　表 1-2

桥　名	主跨(m)	国家	建成年份(年)	加劲梁形式
土耳其 1915 恰纳卡莱大桥	2023	土耳其	2022	钢箱梁
明石海峡大桥	1991	日本	1998	钢桁梁
杨泗港大桥	1700	中国	2019	钢桁架
虎门二桥(南沙大桥)	1688	中国	2019	钢箱梁
舟山西堠门大桥	1650	中国	2009	钢箱梁
大带桥	1624	丹麦	1996	钢箱梁
伊兹密特海湾大桥	1550	土耳其	2016	钢箱梁
润扬长江公路大桥	1490	中国	2004	钢箱梁
亨伯大桥	1410	英国	1981	钢箱梁
江阴长江公路大桥	1385	中国	1999	钢箱梁

a) 明石海峡大桥

b) 杨泗港大桥

c) 南沙大桥

d) 舟山西堠门大桥

图 1-2　国内外著名的特大跨径悬索桥

1.2 主梁(加劲梁)常用结构形式

作用在缆索支承桥梁上的绝大部分外荷载是由主梁(加劲梁)和与其相结合的桥面板所承受。这是因为全部车辆荷载均作用于桥面板上,而大多数情况下主梁(加劲梁)的恒载和承风面积均比缆索体系大。因此,主梁(加劲梁)必须能够承受和传递局部荷载,并在将整个荷载传递给主墩的过程中,对缆索体系起决定性的辅助作用。

1.2.1 斜拉桥常用主梁结构

由于受拉索的支承作用,主梁的受力性能不仅取决于自身的结构体系,同时与塔的刚度、梁塔的连接方式、索的刚度和索形等密切相关。所以,主梁在设计时一般都要综合考虑梁、塔、索三者之间的关系。主梁的截面形式应该根据跨径、索距、桥宽等不同需要,综合考虑结构的力学要求、抗风稳定性、施工方法等选用。斜拉桥常用的主梁结构形式通常有下列四种类型。

1) 钢梁

钢梁的主要优点是跨越能力大,施工速度快,质量可靠度高。但是钢主梁价格较昂贵,后期养护工作量大,抗风稳定性较差。斜拉桥常用的钢梁形式为钢箱梁。20 世纪 90 年代以来,大多数斜拉桥都采用钢箱梁作为主梁。国内外的经验表明,钢箱梁桥是大跨径公路桥梁最有效的结构形式之一,以其承载力和重量而言,为一种非常有效的结构体系,可以达到其他类型主梁无法达到的大跨度。

2) 混凝土梁

混凝土梁的主要优点是刚度大、挠度小(挠度为类似钢结构的 60% 左右)、抗风稳定性好(振动衰减系数约为钢结构的 2 倍)、造价低、后期养护比钢桥简单便宜。但是对于跨径较大的斜拉桥,混凝土主梁的低造价难以抵消由于混凝土自重大而导致拉索和基础额外增加的费用。

3) 叠合梁

叠合梁即在钢主梁上用预制混凝土桥面板代替常用的正交异性钢桥面板。它除具有与钢主梁相同的优点之外,还能节约钢材用量,且其刚度和抗风稳定性优于钢主梁。叠合梁一般采用双钢主梁,其断面形式常用实腹开口工字形、箱形、Ⅱ形等。如图 1-3 所示为叠合梁典型结构。

4) 混合梁

混合梁是在中孔大跨全部或者部分采用钢加劲梁,两侧采用预应力混凝土梁。其优点是加大了侧跨加劲梁的刚度和重量,减小了主跨的内力和变形;同时可以避免边跨端支点出现负反力。边跨 PC 梁容易架设,主跨钢梁也可以较容易地从主塔开始用悬伸法连续架设,能够减小全桥钢梁长度,节约造价。

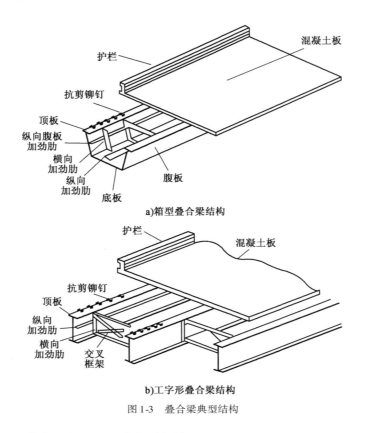

图 1-3 叠合梁典型结构

1.2.2 悬索桥常用加劲梁结构

悬索桥的加劲梁一般都采用钢结构。早期以钢桁梁为主,个别中小跨径的悬索桥也有采用钢板作为加劲梁。1940 年 11 月被风振毁的美国塔科马桥,其加劲梁就是下承式钢板梁。由于钢板梁的抗风性能不佳,所以,世界各国较大跨径的悬索桥从此不再用钢板梁。

1) 钢箱梁

采用流线型钢箱结构作为悬索桥加劲梁是从 1966 年建成的英国赛文桥开始,其断面结构如图 1-4 所示。欧洲研究者发现,正交异性板钢箱作为加劲梁,梁高较小,外形类似机翼,空气动力性能好,横向阻力小,大大减小了塔的横向力;顶板直接作桥面板,恒载轻,抗扭刚度大,主缆截面可以减小,从而降低用钢量和造价。

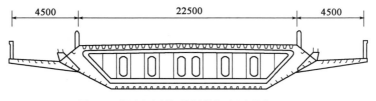

图 1-4 英国赛文桥钢箱梁结构(尺寸单位:mm)

我国悬索桥普遍采用钢箱梁作为加劲梁。针对钢箱梁作为加劲梁的优劣,专家们有着不同的意见。由于我国已修建的几座大跨径悬索桥桥面铺装相继出现了早期严重破坏,有桥梁工作者认为,钢箱梁作为加劲梁还有一些方面值得改进,如钢箱梁桥面板的局部挠度以及箱体的通风和降低钢箱梁铺装层的温度等。

2) 钢桁架梁

美国和日本的悬索桥加劲梁几乎都采用桁架形式。著名的日本明石海峡大桥(主跨1991m)也是采用的桁架梁(图1-5)。我国1997年建成的香港青马大桥塔的加劲梁形式介于钢桁梁与钢箱梁之间,虽然外观上近似于钢箱梁,但是从结构的组成构件和受力特点来看则属于双层桥面钢桁架梁。钢桁架梁作为加劲梁,有不少优点,如加劲梁刚度大、桥面温度相对低、可解决双层交通等,因而主张使用桁架梁作为加劲梁。

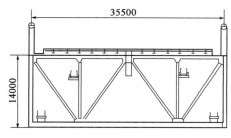

图1-5 钢桁架梁(尺寸单位:mm)

3) 混凝土箱梁

国外曾经尝试采用混凝土箱梁作为加劲梁,我国于1995年也曾在汕头海湾大桥(主跨452m)做了采用薄壁预应力混凝土箱梁作为悬索桥加劲梁的尝试(图1-6)。由于这种梁体重量太大,考虑包括缆索体系在内的全桥的耗材、造价、工期等方面,混凝土箱梁都不是适宜的选择。因此,除自锚式悬索桥外,通常认为主跨250m以上的悬索桥不宜采用预应力混凝土箱梁作为加劲梁。

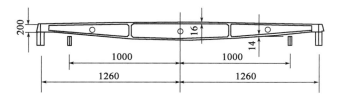

图1-6 汕头海湾大桥薄壁预应力混凝土箱梁截面(尺寸单位:mm)

1.3 正交异性钢桥面板铺装

1.3.1 正交异性钢桥面板铺装特点

现代意义的钢加劲梁均采用正交异性桥面板结构,即在桥面板的底面用纵肋和横肋作补强,作为加劲梁、横肋、纵肋的组合体而发挥作用,是一种效率很高的结构。加劲梁、横肋、纵肋在垂直方向互相交织,形成网络状承重结构物,与上部的钢板共同称为正交异性钢桥面板,如图1-7所示。

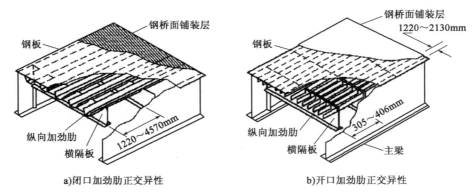

图 1-7　正交异性钢桥面板

正交异性焊接钢桥面系统起源于德国,其开口肋和闭口肋框架系统如图 1-8 所示。其中,开口加劲肋截面形式主要有平板形、L 形和倒 T 形;闭口加劲肋截面形式主要有梯形、矩形、V 形和 U 形等。由于闭口加劲肋抗弯刚度和抗扭刚度较高,可以改善整个钢桥面板的受力状态,因此,其成为正交异性钢桥面板主要的纵向加劲肋截面形式。

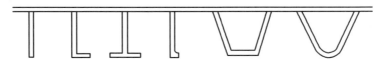

图 1-8　开口肋和闭口肋的常见形状

由于正交异性钢桥面板具有构件质量轻、运输与架设方便、施工周期短、造价低、结构性能优良等优点,已建成或正在建设的大跨径桥梁桥面板大多数采用正交异性钢桥面板。它与混凝土铺装层组成完整体系作为桥面系。从对钢桥面进行有效保护,提高桥梁使用寿命、行车舒适性与安全性,以及减少振动、噪声和提高经济与社会效益等方面考虑,要求在钢桥面板上施加一层多功能的保护层结构,这就是铺装层。

正交异性钢桥面混凝土铺装不同于一般公路沥青混凝土路面的铺装,它直接铺设在正交异性钢桥面板上,由于正交异性钢桥面板柔度大,以及在行车荷载与温度变化、风载、地震等自然因素的共同影响下,特别是它还受到桥梁结构变形的影响,其受力和变形较公路路面或机场道面复杂得多,尤其在重型车辆荷载作用下钢桥面板局部变形更大、更复杂,位于各纵向加劲肋和横向加劲肋与桥面板焊接处出现明显的应力集中,这导致铺装层受力更复杂和不利。同时,钢桥面板的夏季温度高、防水防锈及层间结合等问题都使钢桥面混凝土铺装具有一般公路沥青混凝土路面所没有的特点。

(1)钢桥面混凝土铺装没有公路沥青混凝土路面具有的路基与基层结构,它直接铺筑在正交异性钢桥面板上。因此,桥面铺装处于变形大而复杂的钢板之上,正交异性钢桥面板本身的变形、位移、振动等都直接影响铺装层的工作状态。

(2)除铺装层自身正常的温度变化之外,钢桥结构的每日和季节性温度变化都显著影响铺装层的变形。钢桥面板的导热系数要比其他土工材料大得多,所以,钢桥面混凝土铺装在全年极端高温与低温环境下较一般沥青混凝土路面更易受大气温度的影响。而且,铺装表面的极端高温值和低温值要比一般沥青混凝土路面大得多。

(3)大跨径钢桥一般都建在大江、大河或横跨海峡之上。强风、台风及其他各种因素对其产生振动作用,这种情况在一般沥青混凝土路面上是遭遇不到的。

(4)正交异性钢桥面铺装层的受力模式与一般沥青混凝土路面的受力模式不同。由于加劲肋的加劲支撑作用,在车辆荷载作用下,加劲肋、横肋(或横隔板)、纵隔板顶部的铺装层表面出现负弯矩,铺装层最大拉应力或拉应变均出现在铺装层表面。因此,对于钢桥面沥青混凝土铺装,疲劳裂缝从铺装层表面向底面扩展,而对于一般的沥青混凝土路面,沥青混凝土面层的最大拉应力或拉应变均出现在铺装层底面,疲劳裂缝是从铺装层的底面向顶面扩展。

(5)大跨径钢桥一般都是重要交通网络的枢纽,或者是某一地区过江跨海的主要通道,它的通行情况直接影响到整个路网交通的正常运行。桥面铺装一旦发生破坏,对交通的影响要远大于公路路面损坏所产生的影响和危害,而且维修更加困难。

(6)钢桥的最大弱点之一就是遇水会生锈,因此,钢桥面土铺装层的一个重要特性是要求致密性好,不能让雨水和其他物品腐蚀钢桥面板。

(7)钢桥面铺装与钢板的黏结力非常重要,如果黏结力不够则会发生铺装层推移现象,铺装层与钢板之间的黏结力丧失而造成脱层也是桥面铺装损坏的主要表现形式之一。铺装层和钢板之间脱层可认为是桥面铺装的完全破坏。一旦发生脱层现象,铺装层本身将很快发生破坏,同时,在载荷、空气和水分等作用下对钢板的摩擦冲击会使桥面钢板表面发生锈蚀。因此,铺装层与钢板之间良好的结合是桥面铺装与钢桥面板协同工作的关键,也直接影响桥梁应用的长久性。

目前钢桥面铺装从结构组合来分主要有单层铺装体系与双层铺装体系两种。由于双层铺装体系能够对铺装上下层材料分别进行设计,充分利用和发挥材料特性,最大限度地避免对同种材料矛盾的双向性能(高温稳定性和低温抗裂性)要求,因此,越来越多的大跨径钢桥面铺装趋向于使用双层铺装体系。

钢桥面铺装是直接铺设在钢桥面板上,保护钢板并提供满足汽车行驶要求的路表面功能,与钢桥面结构共同承重,厚度为 $35 \sim 100mm$ 的单层或双层的承重构造物。它一般由防锈层、防水黏结层、混凝土铺装层等构成。

因此,选用哪种钢桥面混凝土铺装类型,除了要满足抗变形和其他路用性能的一般要求外,还必须具有与钢桥面板良好的黏结性、对钢桥面板的防水腐蚀作用以及适应加劲梁桥面板局部弯曲变形的抗疲劳特性等,具体表现在:较高的铺装层强度及合理的厚度;优良的层间黏结性高温稳定性,低温抗裂性,较好的耐久性,即较好的抗老化性、水稳定性和抗疲劳特性;优良的适应钢桥面板非周期性变形能力,即变形稳定性;优良的平整性、抗滑性及耐磨性;良好的防水防渗透性能以及可靠的施工工艺与质量控制。

1.3.2 钢桥面铺装结构组成及功能

桥梁作为公路建设项目中的主要组成部分,其桥面结构的耐久性及其使用性能越来越受到重视。合理和可靠的桥面铺装体系,不仅能为桥梁提供行驶性能良好且耐久的桥面,而且能作为桥面板的有效防护体系,防止水分渗透,保证桥梁结构的耐久性。钢桥面铺装结构体系由防锈层、防水层、黏结层和混凝土铺装层组成,总厚度为 $3.5 \sim 8cm$。

1) 防水层

防水层保护桥面板不受路表水的侵害，并与桥面板和相邻铺装层形成抗剪连接的各层组合体，一般由具有防水、黏结性能优异的结构层组成，根据体系的需要还将设置缓冲层。目前用于钢桥面的防水黏结材料主要有橡胶沥青黏结剂、环氧沥青黏结剂、环氧树脂黏结剂、Eliminator 材料等。防水层不只是要与黏结层结合牢固，而且要与其上面的铺装层材料相容。除此之外，防水层还应具备抗高温能力，不能因为其上面的铺装层高温施工而受破坏；在铺装层需要碾压成型时，防水层也不能因为碾压而刺破，也不能因为碾压推挤而导致防水层与黏结层（或桥面板）黏结力丧失；防水层（或缓冲层）要有足够的韧性，在桥面板为钢板时，能适应钢板变形而不产生脱层或开裂。目前，钢桥面铺装所用防水层经常在温度和荷载的变化下出现脱层或开裂，导致钢桥面铺装层病害的出现。

2) 黏结层

黏结层指在相邻层间起黏结作用的层次，需要良好的黏结性能。当汽车在桥涵上行驶、制动或变速时，会产生水平力，从而造成桥面铺装层的横向推移。为了保证铺装层与梁板体的协同作用，在黏结层中会产生剪应力，如图1-9 所示。

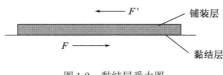

图1-9 黏结层受力图

设在汽车行驶过程中产生的横向最不利荷载为 F'，则在黏结层中也会相应产生剪力 F。根据牛顿流理论，剪力大小为 $F = \dfrac{\eta vs}{D}$，式中 η 为动力黏结系数，v 为两层面相对位移速度，s 为黏结面积，D 为黏结层厚度。由于汽车制动和超载引起的横向力大于汽车正常行驶引起的横向力，所以对黏结层的抗剪能力要求更高。

3) 铺装层

铺装下层（保护层）不仅要有良好的承重和传递荷载的性能，而且需要有良好的热稳性、密水性、抗水损害及适应桥梁结构变形的能力等。一般情况下，保护层应采用空隙率小、抗渗水性好的混凝土类型。

铺装上层（磨耗层）直接与车辆轮胎及大气接触，需提供平整、抗滑、耐久的行驶表面。因此，铺装表面层应粗糙，有足够的纹理以提供长期的抗滑功能。铺装表面层同时也在高温天气直接承受阳光照射，温度也最高，直接与雨水、酸雾等接触，因此，要有足够的热稳性、抗老化性能、抗水损害性能及抗裂性能等。

国际上较常用的铺装层结构组合主要分为单层铺装结构体系和双层铺装结构体系两种类型，其中双层铺装结构体系又分为同质材料和异质材料两种，如浇注式沥青混凝土 + SMA 或双层 SMA 等。由于双层铺装结构体系对上层和下层材料分别进行设计，充分利用和发挥了材料特性，能够最大限度地避免对同种材料矛盾的双向性（如高温稳定性和低温抗裂性）的要求，因此，目前国内外大部分钢桥面铺装体系趋向于使用双层体系。宁波路宝科技集团研发的钢桥面单层 ECO 改性聚氨酯混凝土铺装结构与复合 ECO 改性聚氨酯混凝土铺装结构分别属于单层铺装结构体系和双层铺装结构体系，前者由防水黏结层和结构层两部分组成，其中结构层采用 ECO 改性聚氨酯混凝土，厚度宜为 2～5cm。后者由防水黏结层、结构层、黏层以及磨耗层组成。其中，结构层采用 ECO 改性聚氨酯混凝土，厚度宜为 2～5cm，表面可撒布碎石,磨耗层一般采用改性沥青混凝土。

1.3.3 钢桥面铺装层受力破坏分析

钢桥铺装层铺筑在柔性的正交异性钢桥面板上,直接受车轮荷载的作用,并对车轮载荷的集中起分散的作用。工程实践表明,桥面铺装层的受力状态及其与桥梁结构主体受力之间的相互关系是桥面铺装损坏的一个重要因素。因而,桥面铺装层由于受力原因引起的破损主要可分为以下几种情况。

(1)局部应力集中与疲劳。

由于钢桥面板的正交异性特性,在车载作用下,钢桥面板局部刚度变异部位将产生应力或弯矩奇变,造成局部应力集中,在循环往复的车载作用下,形成疲劳裂缝,如钢桥面板的纵、横腹板和纵向加劲肋上方出现的有规律的裂缝。

(2)剪切破坏。

铺装层内部存在的较大剪应力引起剪切变形,当铺装层与桥面板层间结合面的黏结力不足、抗水平剪切能力较弱时,在水平方向便产生相对位移,从而发生剪切破坏。

(3)挠曲破坏。

因车载作用或温度变化,桥面铺装层表面出现负弯矩,进而引起铺装层表面产生拉应力(拉应变),当拉应力(拉应变)超出材料的抗拉极限时便发生开裂。在车辆轮载和水的渗入等因素共同影响下还会使裂缝进一步扩展。

(4)局部冲压破坏。

由于重载和特大交通量的作用,车轮对桥面铺装层的局部冲击作用导致在桥面铺装层的薄弱区域,如纵缝附近或黏结层薄弱处,容易出现局部碎裂或网状裂缝。

(5)塑性永久变形。

因车载反复作用以及铺装材料在一定环境下,如车辆超载、高温等因素,铺装层在行车道产生永久变形——车辙等形式的破坏等。

1.4 钢桥面铺装类型

1)双层 SMA 铺装

沥青玛琦脂混凝土 SMA(Stone Mastic Asphalt 或 Stone Matrix Asphalt)是一种骨架密实的沥青混凝土结构,起源于 20 世纪 60 年代的德国,由较粗的粗集料形成嵌挤骨架结构,粗集料骨架间的空隙由沥青、纤维稳定剂、矿粉和少量的细集料组成的沥青玛琦脂填充,形成稳定的结构。

沥青玛琦脂混凝土 SMA 能够形成较大厚度的沥青膜和粗糙混凝土表面,具有较好的热稳定性、密水性、耐久性、抗开裂性、抗水损害性及抗疲劳等特性。我国研究人员在桥面铺装结构与材料选择时,也逐步将目光投向双层 SMA 铺装结构,在国内一些桥面铺装中得到一定应用。

但是,当钢桥面铺装层变形较大时,会造成 SMA 铺装层产生疲劳开裂,雨水进入铺装层后也会形成坑槽和脱落情况。另外,由于夏季桥面铺装温度高,再加上交通重载超载,双层

SMA 结构仍会出现影响交通安全的重大车辙,而且在一些纵坡较大、重载严重的大跨径钢桥面铺装中还会出现较严重的推移病害。

近年来,由于改性沥青的高温性能提高以及沥青混凝土级配优化改进,双层 SMA 桥面铺装的高温稳定性得到较好的改善。为适应大跨径钢桥面的变形特点,目前大多数采用高弹改性沥青,使得双层 SMA 铺层相比之前其抗极限变形能力和抗疲劳变形能力有了很大的提升。国内应用双层高弹改性沥青 SMA 铺筑的实体工程主要有重庆鹅公岩长江大桥、重庆渝澳嘉陵江大桥、上海卢浦长江大桥、厦门海沧大桥以及天津海河大桥等。

双层高弹改性沥青 SMA 铺装典型结构如图 1-10 所示。

铺装面层	改性沥青SMA10,厚度：35mm
	洒布改性乳化沥青,用量：300～500g/m²
铺装下层	改性沥青SMA10,厚度：35mm
缓冲层	橡胶沥青砂胶,厚度：3～5mm
	涂洒溶剂型黏结剂,用量为200～400g/m²
环氧防水层	涂刷环氧树脂,用量：500～600g/m²;撒布1.18～2.36mm的碎石,用量：500～800g/m²
	涂刷环氧树脂,用量：200～300g/m²;撒布0.3～0.6mm的碎石,用量：300～400g/m²
防腐层	环氧富锌漆
钢板	喷砂除锈,清洁度：Sa2.5级;粗糙度：50～100μm

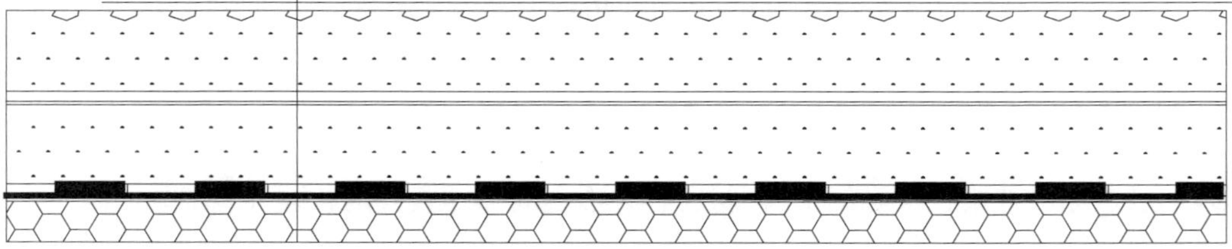

图 1-10 双层高弹改性沥青 SMA 铺装典型结构

双层高弹改性沥青 SMA 铺装结构的主要特点是:采用粗集料-粗集料的石-石嵌挤结构保证 SMA 良好的高温抗车辙能力;由于采用粗集料多,具有良好的构造深度,抗滑性能优异;空隙率为 3%～4%,具有较好的水稳定性;采用高弹改性沥青,具有良好的低温抗开裂和疲劳性能;整个施工可以采用传统路面施工设备进行拌制与摊铺、碾压,无须特殊专用设备。

2) 浇注式沥青混凝土铺装

浇注式沥青混凝土(Guss Asphalt,GA)是利用其高温时的流动性采取浇注式摊铺的方式,无须像普通热拌沥青混凝土碾压,只需简单摊铺整平即可完成施工。相比普通的沥青混凝土,GA 的沥青用量大,可达 7% 甚至 10%,矿质集料中矿粉含量很高,一般为 20%～30%;另外,其拌和温度很高,处于 220℃ 以上,在运输过程中一般也需要搅拌。因此,浇注式沥青混凝土是一种具有矿粉含量高、沥青含量高、拌和温度高的"三高"特点的特殊沥青混凝土。

浇注式沥青混凝土起源于欧洲,其设计方案主要分为沥青玛蹄脂混凝土(MA)与高温拌和 GA 两种。英国于 1890 年将 MA 用于修建 Forth 桥,但是,该桥建成后不久便出现了纵向开裂病害。到 20 世纪 50 年代,道路技术人员对 MA 展开了广泛研究和深化,并先后应用于 Severn、Humber 等钢桥,取得了较好的使用效果。1917 年,德国将 GA 技术应用于建筑物防水层,随后拓展至钢桥面铺装、市政工程等领域,其使用性能优良,典型代表为 Oberkasseler、

ZOO 等钢桥。虽然浇注式沥青混凝土技术兴起于欧洲，但是在日本得到了长足进步与发展。1956 年日本引进德国 GA，并在此基础上改进了相应技术及材料组成，将其应用于大跨径钢桥面铺装中，在日本国内取得良好应用效果。在我国，一部分工程应用的浇注式沥青混凝土技术和欧洲相似，采用改性沥青作为结合料。另外一部分工程应用的浇注式沥青混凝土技术和日本相似，采用硬质沥青作为结合料。

从混凝土的结构上来看，GA 中较高含量的沥青以及细集料使粗集料处于悬浮状态，该结构特点决定其除了拥有普通沥青混凝土的性能之外，还具有不同于普通碾压沥青混凝土的特性，比如密水性更好、抗裂能力强、随从变形能力更好且与钢板的黏结性能更强等。

从钢桥面铺装结构来看，大多采用浇注式沥青混凝土铺筑下层，上层则采用 SMA 改性沥青玛蹄脂混凝土。目前，国内采用浇注式沥青混凝土铺筑的实体工程主要有江阴长江大桥、安庆长江大桥、重庆朝天门长江大桥、上海闵浦二桥以及港珠澳大桥等。图 1-11 所示为浇注式沥青混凝土 + 改性沥青密级配铺装典型结构，图 1-12 所示为浇注式沥青混凝土 + SMA 铺装的典型结构。

改性沥青密级配混凝土
黏层
浇注式沥青混凝土
黏层
防锈层
钢桥面板

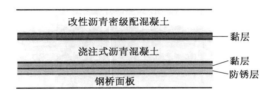

图 1-11　浇注式沥青混凝土 + 改性沥青密级配铺装典型结构

铺装面层
3～4cm厚高弹改性沥青混凝土SMA-10
黏层
改性乳化沥青，用量0.3～0.5L/m²
铺装下层
3～4cm厚浇注式GA-10，表面撒布5～10mm碎石
Eliminator
防水粘结体系
Tack Coat NO.2胶黏剂，用量100～200g/m²
双层Eliminator防水膜，总用量2.5～3.5kg/m²
Zed S94底漆层，用量100～200g/m²
钢板
喷砂除锈，清洁度：Sa2.5级；粗糙度：50～100μm

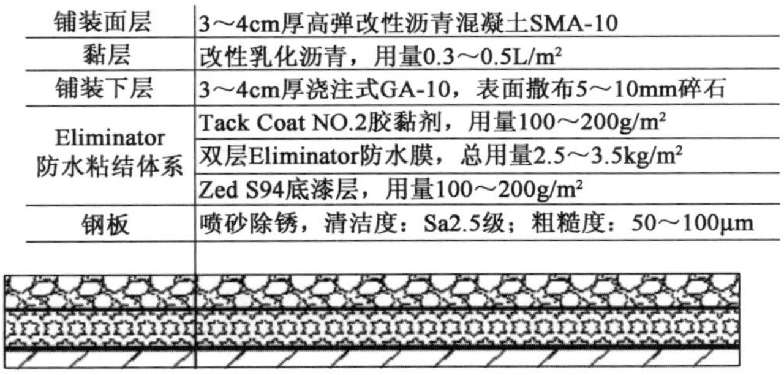

图 1-12　浇注式沥青混凝土 + SMA 铺装的典型结构

浇注式沥青混凝土铺装结构的主要特点是：空隙率接近零，具有优良的防水、抗老化性能，抗裂性能强，对钢板的追从性较好。但是其高温稳定性差，易形成车辙；且施工需要专用设备，包括专用摊铺机和高温拌和运输 Cooker 车等。另外，施工组织较为复杂，施工时混凝土的温度达到 220℃ 以上，对钢桥面热影响大。浇注式沥青混凝土铺装结构适用于夏季温度不太高的国家和地区，如德国、英国、北欧、日本等一些国家和地区，除此之外，在我国夏季温度不太高的北方地区应用也较为广泛。

3）环氧沥青混凝土铺装

环氧沥青混凝土是将满足级配要求的集料与环氧沥青拌和，然后在桥面上施工。相比普通沥青混凝土，环氧沥青混凝土高低温性能更优越，而且具有很强的耐腐蚀性能。

环氧沥青混凝土发展时间较短，20 世纪 50 年代末，壳牌石油公司研发出一种具有高强度、耐腐蚀性能好、温度稳定性优良的环氧沥青材料,主要用于机场跑道铺装,抵抗飞机燃油和高温气流对飞行区道面造成的侵害,取得了不错的效果。1967年,美国黏结剂工程公司率先将这种材料应用于旧金山海湾的SanMateo-Hayward正交异性钢桥面的铺装层。之后,环氧沥青钢桥面铺装成为人们的热点研究方向之一,成为大跨径钢桥面铺装常用的一种材料。我国于2000年首次使用美国环氧沥青材料铺筑南京长江二桥,之后国内的润扬长江公路大桥、南京长江三桥、武汉天兴洲大桥、南通苏通大桥、宁波杭州湾大桥等均采用了环氧沥青混凝土作为铺装材料。南沙大桥还采用了双层热拌环氧沥青铺装结构。

图1-13所示为单层环氧沥青混凝土钢桥面铺装典型结构。图1-14所示为双层环氧沥青铺装典型结构。

铺装面层	环氧沥青混凝土EA10,厚度:45～50mm
防水层	环氧黏结剂,用量:0.78L/m²
防腐层	环氧富锌漆
钢板	喷砂除锈,清洁度:Sa2.5级;粗糙度:50～100μm

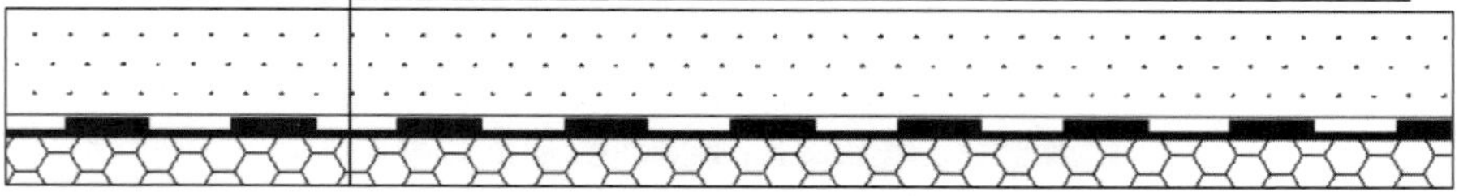

图1-13 单层环氧沥青混凝土钢桥面铺装典型结构

铺装面层	铺装上层环氧沥青混凝土EA10,厚度:25mm
	环氧黏结剂,用量:0.45L/m²
铺装下层	铺装下层环氧沥青混凝土EA10,厚度:30mm
防水层	环氧黏结剂,用量:0.78L/m²
防腐层	环氧富锌漆
钢板	喷砂除锈,清洁度:Sa2.5级;粗糙度:50～100μm

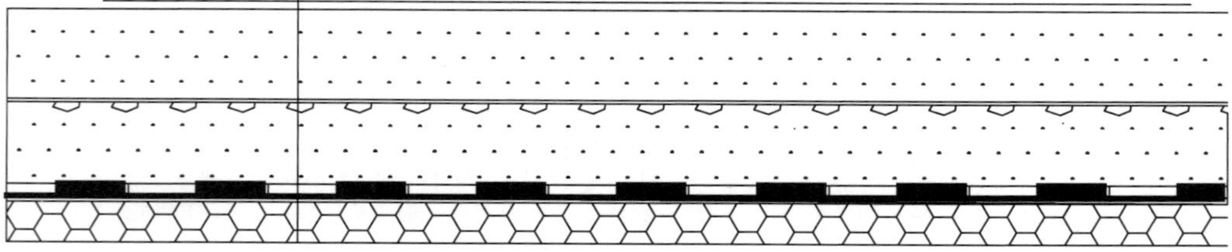

图1-14 双层环氧沥青铺装典型结构

环氧沥青混凝土铺装层的特点是:铺装强度高、整体性好、高温时抗塑流和永久变形能力强,低温抗裂性能好;具有良好的抗疲劳性能和较好的抵抗化学物质侵蚀的能力。但是,由于环氧沥青中的固化剂在混凝土拌和、摊铺过程中对温度的要求较高,整个施工环境相对于普通沥青混凝土施工要求较为苛刻,而且施工周期相对较长,造价成本高,这些因素都制约了环氧沥青的推广应用。此外,环氧沥青铺装养护时间长,修复难度较大,除"抗磨耗"型混凝土外,环氧沥青铺装施工后表面光滑,宏观构造深度较小,特别是雨天行车安全性相对较差。

4) ECO改性聚氨酯改性混凝土铺装

ECO改性聚氨酯混凝土铺装结构是一种新型桥面铺装体系,ECO分别代表Ecology(生态)、Conservation(节能)和Optimization(优化),并在反复实践和全面论证的基础上,制定了一套自动化、标准化的施工工艺、成套设备和检测体系,已获得20多项国内外专利并在多座新建及维修桥梁工程上得到应用,其施工便捷、路用性能优越获得多方业主的好评。

资料显示,ECO改性聚氨酯混凝土材料作为桥面铺装应用,其主要性能参数多优于传统的材料(改性沥青SMA、浇注式、环氧沥青),主要体现在层间黏结性、防水性、耐磨性、耐高温性、抗车辙性能以及抗氯离子侵入防腐蚀性等方面。鉴于其优良的物理化学性质、力学性能以及快速形成强度的特点,在钢桥面铺装、机场道面和重交通路面的新建及养护工程中具有广阔的应用前景。

ECO改性聚氨酯混凝土铺装结构组合主要分为单层铺装体系与双层铺装体系两种,如图1-15和图1-16所示。由于双层铺装体系能够对铺装上下层材料分别进行设计,充分考虑性能满足和价格满意之间的平衡,能够提供用户的选择,因此,越来越多的非重型地区钢桥面铺装趋向于使用双层铺装体系。

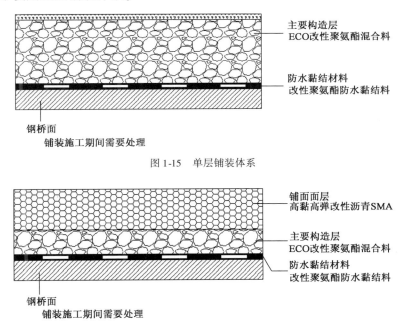

图1-15 单层铺装体系

图1-16 双层铺装体系

ECO改性聚氨酯混凝土铺装结构的特点是:所用改性聚氨酯黏结剂与钢板黏结强度最高可以达到16MPa以上,是传统铺装黏结材料的2倍以上;可与结合料起化学反应形成网络状结构,提高整体强度;拌制而成的ECO改性聚氨酯混凝土加入特殊组分,在有机胶料与无机集料和基质之间形成化学键,能够大幅提高力学强度;采用密集级配设计,胶石比达到15%以上;结合料采用多组分热固性高分子合成材料(完全不含沥青),具有优秀的韧性、延展性和拉伸强度。采用长寿命设计理念,性能优越、施工周期短、施工工艺便捷、局部维修方便,固化时间可以缩短到2h以内,能够快速开放交通,经济可行。采用常温车载拌和,无须设立搅拌站,便捷灵活,具有良好的社会与经济效益。

5)国内典型钢桥面铺装技术比较

(1)环氧沥青混凝土施工要求高,环氧沥青材料主要依赖进口,需要投入专用黏结料洒布车和对拌和楼进行改造,并且属于热固性材料,养护难度较大且费用较高。

(2)浇注式沥青混凝土高温稳定性相对不足,存在一定的高温车辙风险,且需要投入昂贵的专用摊铺机和高温拌和运输设备,施工难度较大。

(3)ECO 改性聚氨酯混凝土施工要求低,原材料完全自主研发,获取方便,价格适中,虽需专门的拌和、摊铺施工设备,但其造价不高;因其具有很好的层间黏结性、防水性、耐磨性、耐高温性、抗车辙性能以及抗氯离子侵入防腐蚀性等性能,不易出现车辙、裂缝、坑槽等病害,使用寿命长。

表 1-3 为典型钢桥面铺装综合性能对比。

典型钢桥面铺装综合性能对比　　　　　表 1-3

铺装方案		双层 SMA 结构	浇注式沥青混凝土结构(GA + SMA)	环氧沥青混凝土结构(双层 EA)	ECO 改性聚氨酯混凝土结构
混凝土	胶/油石比	6%	7%~9%	6%~7%	15%~17%
结合料	聚合物与沥青占比	>95%沥青	>95%沥青	<15%聚合物(美国环氧) <25%聚合物(日本环氧)	100%聚合物
	性质	热塑性	热塑性	半热固性	热固性
	与集料连接	集料主要靠力学及表面吸附	集料主要靠力学及表面吸附	与环氧树脂与沥青形成化学键或裹覆在集料表面	化学键连接无机集料和有机胶
层间结合	防水黏结层拉拔强度	溶剂型沥青橡胶黏结层	反应性树脂黏结层(如 MMA)	环氧沥青黏结层	改性聚氨酯防水黏结材料
		2.0MPa	5.0MPa	2.75MPa	16MPa
	黏结强度	1.84MPa(25℃)	2.85MPa(25℃)	3.17MPa(25℃)	6.2MPa(25℃)
	剪切强度	3.69MPa(25℃)	3.98MPa(25℃)	9.72MPa(25℃)	10.3MPa(25℃)
高温稳定性	黏结强度	0.3MPa(70℃)	0.3MPa(70℃)	1.3MPa(70℃)	4.4MPa(70℃)
	剪切强度	0.20MPa(70℃)	0.71MPa(70℃)	1.65MPa(70℃)	4.3MPa(70℃)
	线膨胀系数(对比钢)	>3 倍	>3 倍	>3 倍	1.1~1.3 倍
	车辙动稳定度(次/mm)	3000(70℃)	350(60℃)	10000(80℃)	23000(80℃)
防水防腐	防水性能	一般	良好	良好	优异
施工	是否需要专门施工机械	不需要	专用拌和设备,Cooker 运输拌和车	环氧沥青混合设备;黏结层洒布设备	专用拌和与摊铺设备
	搅拌温度	170℃	220℃以上	110~130℃/170~185℃	常温搅拌、环保
	结构工艺	多层结构,工序多	多层结构,工序多	多层结构,工序多	单层结构
	能否快速开放交通	SMA 降温	2d	25~40d/3~7d	2h

从四种铺装方案的施工条件对比来看,ECO改性聚氨酯混凝土无论在材料性能、层间黏结力,还是施工环境、工艺、工期及养护等多方面要求,相比于其他三种铺装方案均具有一定的优势。

1.5 钢桥面铺装发展

桥面铺装作为桥梁建设中重要的组成部分,其铺装质量直接影响到行车的安全性、舒适性、桥梁寿命以及投资效益和社会效益。随着经济的增长、战略需求的不断提升,我国的交通工程建设持续高速发展,同时,因为地形和线路原因,高速公路的桥隧比大幅增加,其中,各种结构的大跨径桥梁层出不穷。而大跨径桥梁多采用正交异性钢桥面板,即在钢桥面板内侧焊接纵向加劲肋,这些纵向加劲肋与横隔板(或横肋)正交,从而与钢桥面板一起组成了正交结构异性板。正交异性板的使用大大地降低了桥梁自身静载,增大了桥梁跨径,对改善桥梁结构受力、节约原材料均有很大的作用。正交异性钢桥面板桥梁还具有构件质量轻、运输与架设方便、施工周期短等特点,因而越来越多地在跨径要求大以及有净空限制等地段采用。但是,由于钢桥面铺装承受行车载荷与环境因素的复合作用,如行车与风载的振动、雨雪侵蚀等。同时,由于钢桥面本身具有刚性较小、局部变形大、温度变动范围大且钢板易锈蚀等特性,导致钢桥面铺装层更容易发生病害。这就要求钢桥面铺装层应该具有更好的强度、刚度、抗冲击、耐磨、抵抗高温变形和低温开裂能力,以及良好的抗疲劳、抗老化、抗水损坏性能,并保持与桥面良好的黏结性及变形适应性。

国外最早开展钢桥面铺装研究和实践的是德国。随后,法国、日本、美国等国家也相继开展了这方面的研究,而我国也从20世纪80年代开始了钢桥面铺装技术方面的研究。尽管国内外对钢桥面铺装技术的研究已有近50年的历史,积累了不少经验,但是由于不同地区自然条件不同,特别是气候和交通条件以及桥梁结构形式的差异,不同地区的桥梁对桥面铺装有其特殊的要求。因此,钢桥面铺装仍是目前世界上尚未得到很好解决的一个技术难题。尤其对于一些大跨径桥梁的桥面铺装,由于其交通量大、维护较困难的特点,所以要求铺装层具有更长的使用寿命。这就对桥面铺装质量与铺装材料提出了更高的要求。

目前,大多数国家对钢桥面铺装技术的研究主要集中在铺装材料的改性方面,基本已经形成了以高温拌和浇注式、环氧沥青和改性沥青SMA混凝土三大铺装材料和施工体系。国内也在借鉴国外成熟技术的基础上形成相对应的浇注式铺装、环氧沥青铺装以及ERS(EBCL+RA05+SMA)铺装钢桥面铺装结构,取得了较好的使用效果。但是,纵观国内外,经过多年使用发现,上述技术铺装层在通车后仍会或快或慢或多或少地出现车辙、疲劳、推移、老化、水损害等典型病害。究其原因,主要在于桥面铺装材料自身特性、铺装层结构设计、施工技术等研究方面仍存在不足,如何从桥梁结构的实际工作状态出发,对桥面铺装材料特性、铺装层的力学行为进行分析,从而通过设计计算科学地确定桥面系统与铺装层材料以及铺装层结构的合理尺度,还亟待研究。鉴于此,宁波路宝科技集团研究团队开发了一种新型的桥面铺装材料,对解决钢桥面铺装典型病害有一定的优势。在理论研究的基础上,结合大量的实验与实体工程验证形成桥面铺装的成套关键技术,对现有桥面铺装性能进行全方位的改善,显示出在桥面铺装方面良好的应用前景。

本章参考文献

[1] 黄卫.大跨径桥梁钢桥面铺装设计理论与方法[M].北京:中国建筑工业出版社,2006.
[2] 刘阳,钱振东,张勐.重载和温度耦合作用下钢桥面环氧沥青铺装结构疲劳损伤分析[J].东南大学学报(英文版),2017,33(4):478-483.
[3] 陈仕周,闫东波.钢桥面浇注式沥青混凝土铺装技术[M].北京:人民交通出版社股份有限公司,2015.
[4] 万涛.英国浇筑式桥面铺装混凝土 MA 优化设计[J].中外公路,2012,32(6):278-282.
[5] 樊叶华,杨军,钱振东,等.国外浇注式沥青混凝土钢桥面铺装综述[J].中外公路,2003,23(6):1-4.
[6] 胡建峰,杨维.钢桥面沥青铺装技术研究[J].科技创新与应用,2017(17):207.
[7] 王朝辉,陈谦,高志伟,等.浇注式沥青混凝土现状与发展[J].材料导报,2017,31(5):135-145.
[8] 宗海,戚兆臣,章登精.日本浇注式沥青混凝土钢桥面铺装概览[J].中国高新技术企业,2010(3):163-166.
[9] 招商局重庆交通科研设计院有限公司.公路钢桥面铺装设计与施工技术规范:JTG/T 3364-02—2019[S].北京:人民交通出版社股份有限公司,2019.
[10] 李明月,徐鸥明,曹志飞,等.浇注式沥青混凝土应用与发展现状[J].公路,2019(4):1-5.
[11] 吕伟民.国内外环氧沥青混凝土材料的研究与应用[J].石油沥青,1994,8(3):11-18.
[12] 刘松,邹云华,文俊,等.桥面铺装用环氧沥青制备技术的现状与展望[J].石油沥青,2009,23(6):1-5.
[13] 黄卫,李淞泉.南京长江第二大桥钢桥面铺装技术研究[J].公路,2001(1):37-41.
[14] 马玉然.钢箱梁桥用环氧沥青的制备与性能研究[D].北京:北京化工大学,2013.
[15] 李俊.环氧沥青混凝土在钢箱梁桥面铺装中的应用研究[D].武汉:湖北工业大学,2011.
[16] 黄红明.热拌环氧沥青钢桥面铺装材料评价与应用研究[D].广东:华南理工大学,2013.
[17] 薛昕,王民,张华,等.浇注式沥青混凝土在桥面铺装中的应用与发展现状[J].公路交通科技,2011(5):98-106.
[18] 李志军,程国香.桥面铺装技术及沥青铺装材料的现状与发展[J].石油沥青,2006,20(3):1-7.
[19] 姚鸿儒,王仕峰.桥面铺装用聚合物改性沥青的研究与应用进展[J].石油沥青,2014,28(6):66-71.
[20] 揭志羽.预腐蚀及复杂应力场下钢桥焊接接头疲劳性能研究[D].成都:西南交通大学,2015.
[21] KAYSER J R. The effects of corrosion on the reliability of steel girder bridges[D]. Ann Arbor: University of Michigan,1988.

[22] 董春燕,雷俊卿.公路钢桥的腐蚀与防护:中国公路学会桥梁和结构工程分会2005年全国桥梁学术会议[C].中国杭州,2005.

[23] 刘海龙.锈蚀中等跨径钢箱梁承载力研究[D].镇江:江苏科技大学,2016.

[24] 王世潜,张铮,王毅,等.钢结构桥梁防腐蚀工艺研究与应用[J].天津建设科技,2003(2):17-19.

[25] 卫星,揭志羽,廖晓璇,等.钢结构桥梁焊接节点腐蚀疲劳研究进展[J].钢结构,2019,34(1):108-113.

[26] 于坤,董彩常,姜美文,等.红岛航道桥钢箱梁腐蚀后安全性分析[J].公路交通科技,2010,27(9):78-81.

[27] 董长春.大气腐蚀条件下中等跨径公路钢箱梁桥受力性能评估[D].镇江:江苏科技大学,2015.

[28] ALBRECHT P,CHENG J. Fatigue tests of 8-yr weathered A588 steel weldment[J]. Journal of Structural Engineering,1983,109(9):2048-2065.

[29] ALBRECHT P,SHABSHAB C F,LI W,et al. Remaining fatigue strength of corroded steel beams:International Association for Bridges and Structural Engineering Workshop Lausanne[C]. Switzerland,1990.

[30] ALBRECHT P,LENWARI A. Fatigue strength of weathered a588 steel beams[J]. Journal of Bridge Engineering,2009,14(6):436-443.

[31] 韩晓东.腐蚀环境下节段式钢箱梁的疲劳性能研究[D].南京:南京航空航天大学,2015.

[32] DENG L,YAN W,NIE L. A simple corrosion fatigue design method for bridges considering the coupled corrosion-overloading effect[J]. Engineering Structures,2019,178:309-317.

[33] GKATZOGIANNIS S,WEINERT J,ENGELHARDT I,et al. Correlation of laboratory and real marine corrosion for the investigation of corrosion fatigue behaviour of steel components[J]. International Journal of Fatigue,2019,126:90-102.

[34] HAN Q,WANG X,LU Y. Effect of corrosion on the fatigue behaviour of butt welds of G20Mn5QT cast steel and Q345D hot rolled steel in 3.5-wt% NaCl solution[J]. Fatigue & Fracture of Engineering Materials & Structures,2020,43(11):2703-2714.

[35] BANDARA C S,DISSANAYAKE U I,DISSANAYAKE P. Novel method for developing S-N curves for corrosion fatigue damage assessment of steel structures:6th international conference on structural engineering and construction management[C]. Kandy,Sri Lanka,2015.

[36] AGHOURY I M E,GALAL K. Corrosion-fatigue strain-life model for steel bridge girders under various weathering conditions[J]. Journal of Structural Engineering,2014,140(6):4014026.

[37] ADASOORIYA N D,SIRIWARDANE S C. Remaining fatigue life estimation of corroded bridge members[J]. Fatigue & Fracture of Engineering Materials & Structures,2014,37(6):603-622.

[38] ADASOORIYA N D,PAVLOU D,HEMMINGSEN T. Fatigue strength degradation of corro-

[39] EN 1993-1-9 Eurocode 3: Design of steel structures Part 1-9:Fatigue[S]. 2005.

[40] SHARIFI Y,RAHGOZAR R. Fatigue notch factor in steel bridges due to corrosion[J]. Archives of Civil and Mechanical Engineering,2009,9(4):75-83.

[41] 揭志羽,李亚东,卫星,等.钢桥腐蚀斜焊缝十字接头疲劳性能研究[J].中国铁道科学,2017,38(5):37-43.

[42] 揭志羽,李亚东,卫星,等.人工蚀坑对复杂应力场下钢桥焊接接头疲劳寿命的影响[J].铁道学报,2017,39(8):148-153.

[43] 吴阿明.桥梁钢结构腐蚀与疲劳应力研究[D].西安:长安大学,2013.

[44] 王玉鹏.海洋环境下正交异性钢桥面板疲劳应力分析[D].大连:大连理工大学,2017.

[45] 郁大照,陈跃良,柳文林,等.服役环境下腐蚀坑等效为表面裂纹的有效性分析[J].应用力学学报,2011,28(1):79-84.

[46] 任克亮,吕国志,陈跃良.腐蚀结构损伤评估方法[J].机械强度,2007,29(6):992-996.

[47] NOVAK S R. Corrosion-fatigue crack initiation behavior of four structural steels[C]//Corrosion Fatigue:Mechanics, Metallurgy, Electrochemistry, and Engineering. ASTM International,1983.

[48] JIE Z,LI Y,WEI X. A study of fatigue crack growth from artificial corrosion pits at welded joints under complex stress fields[J]. Fatigue & Fracture of Engineering Materials & Structures,2017,40(9):1364-1377.

[49] XU Q,SHAO F,BAI L,et al. Corrosion fatigue crack growth mechanisms in welded joints of marine steel structures[J]. Journal of Central South University,2021,28(1):58-71.

[50] NOWAK A S,SZERSZEN M M. Reliability profiles for steel girder bridges with regard to corrosion and fatigue[J]. Journal of Theoretical and Applied Mechanics,2001,39:339-352.

[51] 叶肖伟,傅大宝,倪一清,等.考虑钢材锈蚀的桥梁焊接节点概率疲劳寿命评估[J].空间结构,2012,18(4):88-95.

[52] ZHANG W,YUAN H. Corrosion fatigue effects on life estimation of deteriorated bridges under vehicle impacts[J]. Engineering Structures,2014,71:128-136.

[53] 张振浩,陈济功,朱迅.基于神经网络的斜拉桥钢箱梁局部连接细节腐蚀疲劳可靠度研究[J].中国公路学报,2019,32(12):186-196.

[54] ZHANG Y,ZHENG K,HENG J,et al. Corrosion-fatigue evaluation of uncoated weathering steel bridges[J]. Applied Sciences,2019,9(17):3461.

[55] HOSSEINI A,SAHRAPEYMA A,MAREFAT M. A reliability-based methodology for considering corrosion effects on fatigue deterioration in steel bridges-Part I:Methodology[J]. International Journal of Steel Structures,2013,13(4):645-656.

[56] LI S L,XU Y,ZHU S Y,et al. Probabilistic deterioration model of high-strength steel wires and its application to bridge cables[J]. Structure and Infrastructure Engineering,2015,11(9):1240-1249.

[57] Albrecht P, Hall Jr T T. Atmospheric corrosion resistance of structural steels[J]. Journal of materials in civil engineering, 2003, 15(1):2-24.
[58] 赵煜. 基于锈蚀损伤的组合钢桥结构状态评估及疲劳寿命预测[D]. 西安:长安大学, 2007.
[59] 王卫东. 钢箱梁桥常见病害及其检测[J]. 城市道桥与防洪, 2014(12):131-135.
[60] 张波, 王晓乾, 董彩常, 等. 青岛海洋大气中桥梁结构钢的腐蚀模型对比研究[J]. 公路交通科技, 2013, 30(1):69-73.
[61] 丁国清, 张波. 钢在自然环境中的大气腐蚀研究进展[J]. 装备环境工程, 2010, 7(3):42-48.
[62] 梁彩凤, 侯文泰. 钢的大气腐蚀预测[J]. 中国腐蚀与防护学报, 2006, 26(3):3129-3135.
[63] 刘威, 赵选民, 邓春龙, 等. 灰色神经网络模型在海水腐蚀预测中的应用[J]. 中国腐蚀与防护学报, 2008, 28(4):201-204.
[64] 萧彧星, 吴光海, 孙宁, 等. BP神经网络在碳钢和低合金钢大气腐蚀数据预测中的应用[J]. 腐蚀科学与防护技术, 2011, 23(2):171-174.
[65] 徐懋刚. 跨海斜拉桥钢箱梁锈蚀退化分析及预养护[J]. 城市道桥与防洪, 2017(4):130-133.
[66] 陈谦, 王朝辉, 陈渊召, 等. 基于极限学习机的钢桥面板腐蚀评估及预测[J]. 材料导报, 2020, 34(14):14099-14104.
[67] 张波, 邵新鹏, 董彩常, 等. 青岛海湾大桥钢箱梁腐蚀后的安全性分析[J]. 中国腐蚀与防护学报, 2012, 32(4):353-356.
[68] 郑重, 方太云, 梁清宇, 等. 腐蚀后节段式钢箱梁的热点应力研究[J]. 新技术新工艺, 2016(7):41-43.
[69] 胡超雄. 考虑耐久性的斜拉桥钢主梁目标可靠指标的合理取值研究[D]. 长沙:长沙理工大学, 2017.
[70] 王玉鹏. 海洋环境下正交异性钢桥面板疲劳应力分析[D]. 大连:大连理工大学, 2017.
[71] 朱志伟, 章世祥, 王丹, 等. 典型病害对中小跨径钢箱梁的影响研究[J]. 公路交通技术, 2019, 35(4):87-93.
[72] 刘海龙, 陆森强, 赵伟. 在役锈蚀中等跨径钢箱梁桥抗弯性能可靠性评估[J]. 钢结构, 2016, 31(6):98-102.
[73] 卫星, 揭志羽, 廖晓璇, 等. 钢结构桥梁焊接节点腐蚀疲劳研究进展[J]. 钢结构, 2019, 34(1):108-113.
[74] 董彩常, 陈跃良, 丁继峰, 等. 红岛航道桥钢箱梁疲劳寿命分析及腐蚀影响[J]. 腐蚀与防护, 2014, 35(3):292-293.
[75] 林照远, 杨建喜, 孙宝民. 基于试验的锈蚀桥梁钢构件疲劳评估方法[J]. 结构工程师, 2018, 34(2):129-133.
[76] 董长春. 大气腐蚀条件下中等跨径公路钢箱梁桥受力性能评估[D]. 镇江:江苏科技大学, 2015.

[77] 贾晨,邵永松,郭兰慧,等.建筑结构用钢的大气腐蚀模型研究综述[J].哈尔滨工业大学学报,2020,52(8):1-9.

[78] 曹琛,郑山锁,胡卫兵,等.大气环境腐蚀下钢结构力学性能研究综述[J].材料导报,2020,34(11):11162-11170.

[79] 王世潜,张铮,王毅,等.钢结构桥梁防腐蚀工艺研究与应用[J].天津建设科技,2003(2):17-19.

[80] 丁国清,张波.几种典型钢在西部大气环境中的腐蚀行为及预测研究[J].腐蚀科学与防护技术,2011,23(1):69-74.

[81] SOUTHWELL C R, BULTMAN J D, HUMMER J C. Estimating of service life of steel in seawater[C]//Seawater corrosion handbook. New Jersey: Noyes Data Corporation, 1979: 374-387.

[82] MELCHERS R E. Probabilistic modelling of immersion marine corrosion[M]//Structural Safety and Reliability. Rotterdam: BaIkema, 1998: 1143-1149.

[83] ALBRECHT P, NAEEMI A H. Performance of weathering steel in bridges[R]. NCHRP, 1984.

[84] 于坤,董彩常,姜美文,等.红岛航道桥钢箱梁腐蚀后安全性分析[J].公路交通科技,2010,27(9):78-81.

[85] GUEDES S C, GARBATOV Y. Reliability of maintained, corrosion protected plates subjected to non-linear corrosion and compressive loads[J]. Marine Structures, 1999, 12(6): 425-445.

[86] MELCHERS R E. Modeling of marine corrosion of steel specimens[M]. Philadelphia: ASTM special technical publication, 1997.

[87] MELCHERS R E. Pitting corrosion of mild steel in marine immersion environment-Part 1: Maximum pit depth[J]. Corrosion, 2004, 60(9): 824-836.

[88] 揭志羽.预腐蚀及复杂应力场下钢桥焊接接头疲劳性能研究[D].成都:西南交通大学,2015.

[89] 贾法勇.不锈钢与铝合金焊接接头疲劳评定的热点应力方法及局部法研究[D].天津:天津大学,2004.

[90] 李娟.镁/铝合金焊接接头疲劳评定的热点应力法研究[D].太原:太原理工大学,2011.

[91] IIW. Recommendations for fatigue design of welded joints and components[S]. Wilhelmshaven, Germany: 2016.

[92] DET N V. Fatigue design of offshore steel structures[S]. 2010.

[93] 胡鹏.基于热点应力法的正交异性桥面板的疲劳性能研究[D].南京:东南大学,2015.

[94] 拉达伊.焊接结构疲劳强度[M].郑朝云,张式程,译.北京:机械工业出版社,1994.

[95] 中交公路规划设计院有限公司.公路钢结构桥梁设计规范:JTG D64—2015[S].北京:人民交通出版社有限公司,2015.

第 2 章

ECO 改性聚氨酯混凝土钢桥面铺装设计

2.1 概　　述

在现有的材料与技术条件下,钢桥是桥梁工程建设实现快速、轻便、防震、工厂化、长大化的最佳结构,同时,钢桥面铺装材料的性能及铺装技术对钢桥的应用与发展有着举足轻重的作用。我国和世界各国一样均花费了大量的人力物力对此进行研究。钢桥面铺装技术的核心在于铺装层混凝土材料与界面黏结性能两个方面。当前,国内常用技术方案主要可归结于以下几类:最早使用的双层 SMA 铺装技术;美国引进技术形成的双层环氧沥青混凝土(EA)铺装技术;引进英国的浇注式沥青玛碲脂(MA)铺装技术;引进日本的浇注式沥青混凝土(GA) + SMA 铺装技术,以及近几年国内有所应用的树脂沥青组合体铺装技术。这些技术在国内外均有一定的成功经验,但在我国特有的重超载的条件下,均出现了不同程度的早衰损坏情况。

钢桥面铺装之所以成为工程难题其主要原因,一是钢板表面光滑,夏天高温季节局部地区钢桥表面温度可达 70℃ 以上,在此温度条件下,铺装层在光滑的钢板上的黏结、防滑移以及防水防腐等问题变得异常严峻;二是因结构自重和经济原因,钢桥铺装一般都不能做得很厚,常规设计要求总厚度为 20～80mm 的铺装层不仅要在钢桥面板和 U 形加劲肋的支撑条件下能承受沉重的车轮荷载且自身不变形、保持路面的平整和行车舒适,同时又要求铺装层作为桥梁结构的一部分具有追随钢桥一起变形的能力,防止因变形能力不足发生开裂等。这种自相矛盾的要求使铺装层设计和材料选择变得异常困难。此外,再加上工程造价和施工方便可靠等因素,钢桥面铺装面临的困难比一般道路的路面铺装更多。

目前,包括材料与工程技术研究人员在内的广大研究人员对钢桥面铺装成败的原因已有了较深刻的认识,加之我国现有成体系的钢桥面铺装都为国外引进或消化吸收的技术,所以开发一种或更多质量可靠、费用合理、维修方便并拥有自主知识产权的钢桥面铺装技术意义重大。

2.1.1　聚合物混凝土桥面铺装材料

聚合物混凝土胶结料以环氧树脂(Epoxy)、甲基丙烯酸甲酯(MMA)、聚氨酯树脂(Polyurethane)的应用最为广泛。

环氧树脂是分子中含有两个以上环氧基团聚合物的总称,它是环氧氯丙烷与双酚 A 或多元醇的缩聚产物。环氧树脂属于热固性树脂,双酚 A 型环氧树脂的热固性和较高的固化强度使得环氧树脂铺装材料具有很好的高温稳定性和抗车辙能力。

甲基丙烯酸甲酯(MMA)是以丙烯酸酯单体为主要成分,经高分子聚合而成的树脂(聚合体),具有低温固化、快速固化、超强抗紫外线、耐磨耗、耐高低温差等特点,同时它也兼具一定的硬度和韧性。但 MMA 存在中等毒性,且固化速率较快,用于钢桥面铺装应用时,对施工速度、施工技术要求等较为严苛。

聚氨酯树脂是指在大分子主链中含有氨基甲酸酯的聚合物,简称 PU,主要是由有机多元异氰酸酯(TDI、MDI、HDI 等单体或聚合物)和端羟基或氨基化学物为原料制备而成。聚氨酯兼具高硬度和柔韧性,表现出"硬而韧"的特点。优异的抗冲击性能使其比"硬而脆"的环氧树脂表现出更好的力学特性,因此,采用聚氨酯材料配置而成的铺装结构,不仅具有较高的强度,也满足一定的柔韧性。作为目前最耐磨的高分子材料,聚氨酯在同等情况下的磨损质量远低于环氧树脂等材料,因此,将其应用在对磨耗要求极为严苛的道路铺装领域会有非常不错的效果。

此外,聚氨酯也具有很好的抗滑性能、优异的耐腐蚀性能,正常使用寿命比环氧树脂高出若干倍。有相关研究人员将聚氨酯材料作为改性剂加入基质沥青中,配置聚氨酯改性沥青,路用性能表现良好。

2.1.2 聚合物混凝土铺装结构

1)铺装层厚度分析

沥青混凝土铺装结构为考虑高温稳定性、低温抗裂及防水防腐的要求,多采用较大厚度,但合理的铺装厚度才能实现使用性能和内部受力之间的平衡。应力应变分析简化模型可以为铺装层厚度分析提供参考:

$$\varepsilon = \frac{M\left(H + \dfrac{h}{2}\right)}{EI} \tag{2-1}$$

$$\tau_{xy} = \frac{qlH}{4I}(2a - H) \tag{2-2}$$

式中:ε——铺装层表面弯曲应变;

H——钢板厚度;

h——铺装层厚度;

M——所承受的弯矩;

E——钢板弹性模量;

I——换算结构抗弯惯矩;

τ_{xy}——铺装层与钢板间的最大剪应力;

q——外荷载;

l——加劲肋间距;

a——中性轴坐标。

由式(2-1)可以看出,ε 与 h 正相关,较小的厚度可以改善铺装层表面的弯曲应变。已知增大铺装层厚度 h 可以增大结构抗弯惯性矩 I,由式(2-2)可以发现,增大铺装厚度,有利于降低层间剪应力,但钢材的弹性模量要远大于铺装材料,对结构抗弯惯性矩提升有限。此外,铺装层厚度的增加,也会使中性轴上移,使$(2a - H)$的值增大,因此,增加铺装厚度对降低层间剪应力的作用有限。

数值模型也可用于铺装层合理厚度的分析。研究表明,铺装层弹性模量较小时,铺装层厚度的增加对最大弯沉量的降低作用有限,铺装层厚度从 30mm 增加到 70mm 时,最大弯沉值降低微小。当铺装层弹性模量较大时,增加铺装层厚度对最大弯沉值的减小明显,且随着厚度的增加,纵向最大拉应力呈现出较为明显的降低趋势,但横向最大拉应力、横向最大层间剪应力、纵向最大层间剪应力则并没有随着铺装层厚度的增加而有明显的降低。

2) 组合/复合结构铺装体系

组合/复合结构铺装体系是从控制疲劳开裂、层间剪切破坏、车辙等破坏形式的角度出发的。研究人员在复合/组合结构桥面铺装体系的研究中提出过不同的方案,包括轻质聚合物水泥砂浆(LPCM)+SMA13 铺装;高韧性轻质混凝+SMA13 铺装;超高性能混凝土(UHPC)+聚合物混凝土薄层铺装(TPO);薄层活性粉末混凝土(RPC)+沥青磨耗层铺装等方案。以上方案大多采用了弹性模量较大的材料作为铺装下层;采用抗车辙能力、抗磨耗性能优异的材料作为铺装上层,直接承受车辆荷载。

3) 超薄层铺装结构体系

超薄层铺装体系充分利用了聚合物混凝土的超高力学特性,在满足力学性能和正常使用要求的基础上,尽可能地减小铺装层厚度,减小桥梁二期恒载。根据施工工艺的不同,可将超薄层铺装结构体系分成三类:砂浆法薄层铺装、撒布法薄层铺装和预拌法薄层铺装。聚合物混凝土超薄层铺装结构体系,用较小的铺装层厚度即可满足钢桥面铺装的要求,相对于普通沥青混凝土铺装有着较为明显的优势。

铺装恒载轻。薄层铺装较小的自重可以在很大程度上减少桥梁二期恒载,有效改善钢结构桥梁的受力性能。

综上,聚合物混凝土具有以下特点。

(1) 摩擦因数大。聚合物混凝土铺装体系采用高强度集料,配合耐磨耗性能优异的聚合物胶结料,所形成的铺装层耐磨性能优异,可长期保持较大的摩擦因数。

(2) 密实度高,耐化学腐蚀。聚合物混凝的密实度高、不透水、耐化学腐蚀,既可以向上作为路面磨耗层,又可以向下作为钢桥面板的防腐防水层,兼具抗离子渗透能力。

(3) 全寿命成本低,经济效益好。采用薄层铺装的聚合物混凝土铺装体系可以减少铺装材料的使用,降低总成本;聚合物薄层混凝土的使用寿命较长,在桥梁使用年限内对铺装层维护修补的总体花费要远低于采用普通沥青混凝土。

(4) 可改善铺装层的内力。钢桥面板和铺装层组合体系实际上形成了一个"叠合板"效应,铺装层厚度越大,弹性模量越大,铺装层在"叠合板"中的刚度贡献越大,分配的内力也越大。所以,从铺装层内力分配角度来说,当钢桥面板的刚度满足要求后,薄层铺装可以有效地改善铺装层的应力分配,从而改善铺装层的使用情况。

2.2 ECO 改性聚氨酯混凝土桥面铺装结构

2.2.1 ECO 改性聚氨酯混凝土铺装基本概念与机理

1) 基本概念

钢桥面铺装:铺设于钢桥面顶板之上,供车辆安全舒适行驶,对钢桥面板具有保护作用的铺装结构。

磨耗层:钢桥面铺装的表面层,直接与汽车轮胎接触的层次,提供承载、抗滑等功能。

保护层:位于磨耗层之下,起到承载和保护钢桥面板作用的层次。

改性聚氨酯防水黏结层:由改性聚氨酯黏结剂组成,用于钢桥面板与改性聚氨酯混凝土之间,起防水、黏结作用的层次。

钢桥面改性聚氨酯混凝土铺装:由改性聚氨酯混凝土摊铺而成的桥面铺装,主要由防水黏结层、改性聚氨酯混凝土铺装层组合而成。

钢桥面复合型改性聚氨酯混凝土铺装:由改性聚氨酯混凝土与改性沥青混凝土摊铺而成的双层桥面铺装,主要由防水黏结层、改性聚氨酯混凝土保护层、黏层、改性沥青混凝土磨耗层组合而成。

改性聚氨酯黏结剂:由改性聚氨酯材料组成,用于钢桥面板与改性聚氨酯混凝土之间,起防水、黏结作用的材料。

改性聚氨酯混凝土:由改性聚氨酯与一定级配的集料在常温下拌和形成的一种热固性聚合物混凝土。

黏层:用于复合型改性聚氨酯混凝土结构,作用在改性聚氨酯混凝土层和改性沥青磨耗层之间,起黏结作用的层次。

胶石比:改性聚氨酯混凝土中改性聚氨酯结合料与集料质量比的百分数。

断裂伸长率:在特定温度条件下,改性聚氨酯结合料试件在拉伸断裂时伸长量与拉伸前长度的比值。

拉伸强度:改性聚氨酯结合料试件在特定温度条件下抵抗断裂破坏的极限强度。

表干时间:改性聚氨酯黏结剂或改性聚氨酯结合料按试验步骤制成试件后,直至用手指去触摸表面刚好不沾手指所需的时间。

指干时间:改性聚氨酯黏结剂或改性聚氨酯结合料按试验步骤制成试件后,直至用手指掐不出痕迹所需的时间。

2)铺装机理

(1)防水黏结层采用 ECO 改性聚氨酯专用防水黏结剂,该黏结剂继续与铺装混凝土发生化学反应形成网状结构,提高整体抗拉剪强度,预防推移病害。整体拉拔测试,其强度 > 6MPa,超过其他技术单层 2~3 倍。

(2)主要构造层的结合料采用多组分热固性高分子合成材料,受热不融化,在高温条件下材料的力学性能衰减小、性能稳定,可有效避免车辙病害。低温条件下控温至 -40℃,具有较好的抗冻融破坏和抗盐冻能力,因加入偶联剂,提高了凝结材料和集料的结合能力及稳定性,线膨胀系数大约是钢材的 1.2 倍(一般沥青材料最高的在 3 倍以上),这样由温度引起的剪切内应力较小,更不易出现脱层、推移现象。

(3)采用密级配集料和高含量、低收缩率的固化胶结料,成型的混凝土孔隙率几乎为零,起到良好防水和抗水损害效果。

2.2.2 ECO 改性聚氨酯混凝土铺装结构材料组成

ECO 改性聚氨酯混凝土材料性能优异,黏结力强,其线膨胀系数与桥面钢板的线膨胀系数接近,在其 1.1~1.3 倍之间,10 余年来已应用于多座采用正交异性钢桥面板的公路桥梁,桥型结构包括悬索桥、斜拉桥、钢桁梁桥和钢拱桥等,经工程验证其铺装整体性能依旧良好。ECO 改性聚氨酯混凝土铺装结构因其具有良好的延展性和防水性、耐高温、耐磨性及抗压且抗折强度高的优点逐步在钢桥桥面铺装中得到广泛应用。

1) 单层 ECO 改性聚氨酯混凝土铺装结构材料组成

如图 2-1 所示,单层 ECO 改性聚氨酯混凝土铺装结构材料单一,由改性聚氨酯防水黏结层和改性聚氨酯混合料层组成。摊铺厚度可以从 2cm 到 5cm,较传统钢桥面铺装更薄、自重小。

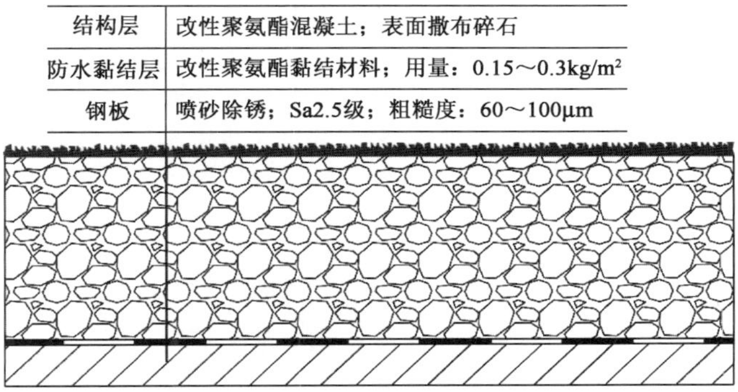

结构层	改性聚氨酯混凝土;表面撒布碎石
防水黏结层	改性聚氨酯黏结材料;用量:0.15~0.3kg/m²
钢板	喷砂除锈;Sa2.5级;粗糙度:60~100μm

图 2-1 单层 ECO 改性聚氨酯混凝土桥面铺装结构

这种铺装结构具有优异的黏结强度、剪切强度等力学性能;优良的抗高温性、低温抗裂性能、随从性及抗疲劳开裂性,良好的防水、防渗透性能及高耐磨性;该铺装方法对施工环境要求不高,不需要特殊的施工机具与工艺要求,适用于跨径较大、刚度较柔、重载交通地区的各类钢结构桥梁。

2) 复合型 ECO 改性聚氨酯混凝土铺装结构

复合型 ECO 改性聚氨酯混凝土桥面铺装结构如图 2-2 所示,包括改性聚氨酯防水黏结层、改性聚氨酯混合料层以及铺面面层,其中在有条件的地区,铺面面层推荐采用高黏高弹改性沥青 SMA。

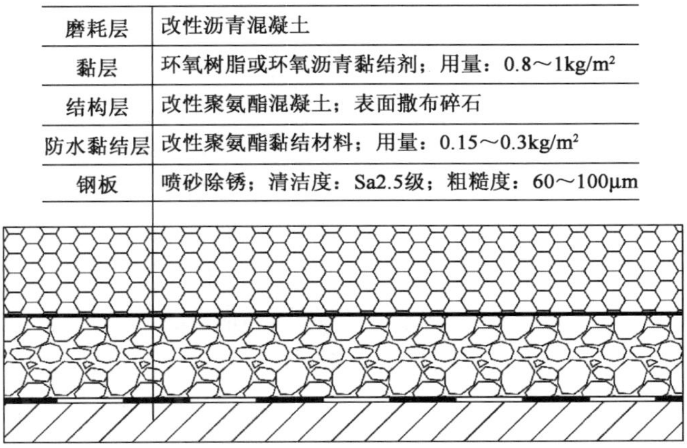

磨耗层	改性沥青混凝土
黏层	环氧树脂或环氧沥青黏结剂;用量:0.8~1kg/m²
结构层	改性聚氨酯混凝土;表面撒布碎石
防水黏结层	改性聚氨酯黏结材料;用量:0.15~0.3kg/m²
钢板	喷砂除锈;清洁度:Sa2.5级;粗糙度:60~100μm

图 2-2 复合型 ECO 改性聚氨酯混凝土桥面铺装结构

复合型 ECO 改性聚氨酯混凝土铺装结构具有如下特点:①很好的延展性,弹性模量小,能很好地跟随梁体变化;②良好的整体性和防水性,黏结强度大,能确保整个桥面不透水、渗水,起到防水、防腐作用;③良好的耐高温性能;④高耐磨性,其耐磨性能是普通水泥混凝土的 10 倍;⑤良好的抗压、抗折强度,能抵抗大流量车辆荷载的重复作用,确保桥面不出现车辙、裂缝等破坏。其对施工环境条件的要求不高,不需要特殊的施工机具与苛刻的工艺要求,工程造价相对低廉且施工方便。由于该结构下层采用 ECO 改性聚氨酯混凝土,可以发挥其各方面性能优点,解决现有铺装体系中的铺装材料与钢桥面结合的问题(相当于将钢桥面转变成混凝土桥面,然后铺设 SMA 沥青面层)。

3)人行道、非机动车道及景观桥的彩色薄层铺装

人行道、非机动车道及景观桥彩色薄层铺装如图 2-3 所示。ECO 人行桥铺装主要由底涂层和面涂层组成。在处理好的钢桥面板表面上涂布改性聚氨酯结合料,然后撒布彩色陶粒或碎石,待结合料固化后扫除多余的彩色陶粒或碎石即可形成粗糙抗滑的底涂层。在底涂层上重复以上操作,即可形成面涂层。

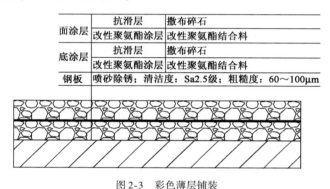

图 2-3 彩色薄层铺装

彩色薄层具有施工便捷、路面颜色种类丰富、色牢度相对稳定、耐久性好、性价比高的特点,尤其在抗滑性能方面,其抗滑值(BPN)值达 70~95,抗湿滑和防侧滑能力突出,在提高路面抗滑性能方面效果显著。

2.2.3 ECO 改性聚氨酯混凝土铺装结构设计验算

1)铺装结构设计要求

钢桥面改性聚氨酯混凝土铺装结构应根据桥梁结构特点、道路等级、交通荷载、恒载限制等因素,结合类似条件的桥面铺装工程经验进行设计与验证。

桥梁结构特点主要包括桥梁类型、桥梁几何特性、桥面系结构特征(桥面顶板厚度、加劲肋间距、横梁或横隔板间距、纵向腹板位置)等,即对桥面铺装受力产生影响的相关桥梁结构参数。道路等级按现行《公路工程技术标准》(JTG B01)执行。

交通荷载因素包括交通量水平和轴载,直接影响桥面铺装的使用寿命。钢桥面铺装轴载换算方法还无法深入理论研究,在有明确研究成果前,交通量换算仍按现行《公路沥青路面设计规范》(JTG D50)执行。

恒载限制影响桥面铺装设计总厚度,通常在桥梁结构设计中已有明确限定,钢桥面铺装

设计时需考虑桥梁恒载限制。

ECO 改性聚氨酯混凝土铺装结构设计年限宜不少于 15 年。交通荷载应根据桥梁主体结构的设计标准确定,交通荷载分级标准应符合现行国家和行业有关标准的规定。

2) 铺装结构设计与验算

(1) 单层 ECO 改性聚氨酯混凝土铺装结构设计要求。

铺装结构层总厚度应满足桥梁设计的恒载限制,具体构造如图 2-4 所示。该铺装结构充分发挥 ECO 改性聚氨酯材料的优异性能,满足重载、超载交通的工况。

结构层	改性聚氨酯混凝土;表面撒布碎石
防水黏结层	改性聚氨酯黏结材料;用量:0.15~0.3kg/m²
钢板	喷砂除锈;清洁度:Sa2.5 级;粗糙度:60~100μm

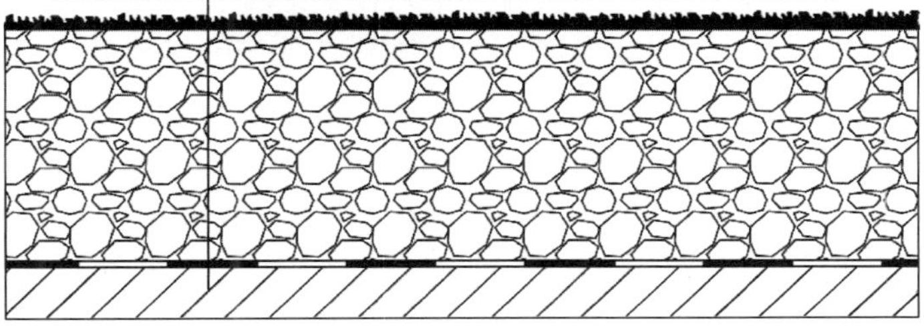

图 2-4 钢桥面单层 ECO 改性聚氨酯混凝土铺装结构图

(2) 复合型改性聚氨酯混凝土铺装结构设计要求。

铺装结构层总厚度应满足桥梁设计的恒载限制,具体构造及厚度范围如图 2-5 所示。在满足设计要求的情况下选用该结构,具有用材少、经济性好的特点。

磨耗层	改性沥青混凝土
黏层	环氧树脂或环氧沥青黏结剂;用量:0.8~1kg/m²
结构层	改性聚氨酯混凝土;表面撒布碎石
防水黏结层	改性聚氨酯黏结材料;用量:0.15~0.3kg/m²
钢板	喷砂除锈;清洁度:Sa2.5 级;粗糙度:60~100μm

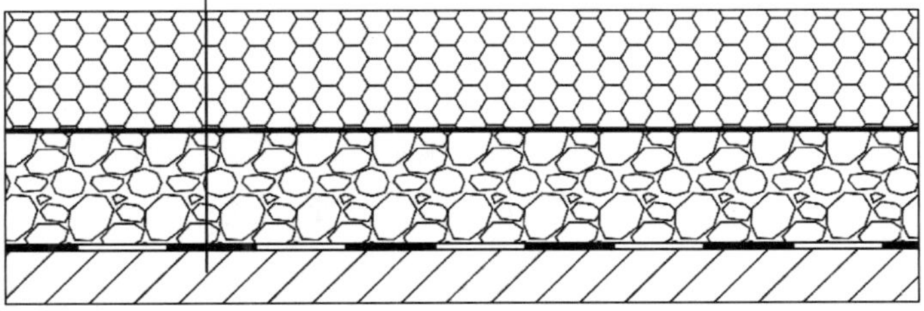

图 2-5 钢桥面复合型改性聚氨酯混凝土铺装结构图

(3) 特殊部位及人行、非机动车桥梁铺装设计要求。

中央分隔带、索区、人行道、非机动车道和检修道等特殊部位的铺装设计应符合以下要求:

中央分隔带和索区等非通行区域钢桥面铺装可采用改性聚氨酯混凝土,铺装层宜密实、不透水,并具备一定的防滑功能。中央人行道、非机动车道和检修道钢桥面铺装应具备一定的舒适、耐磨、防滑和景观功能,可选用改性聚氨酯混凝土铺装方案,还可根据景观需求选用贴面砖或石材等方案。

钢桥面改性聚氨酯混凝土桥面铺装边缘部位、桥面构造物与铺装接触部位宜设置防排水构造,详细设置方法可参照现行《公路钢桥面铺装设计与施工技术规范》(JTG/T 3364-02)的相关规定。

(4)设计与验算。

初步拟定钢桥面铺装结构及厚度后,应对钢桥面板和铺装结构的组合刚度应进行验算。ECO改性聚氨酯钢桥面铺装桥面系指包含钢桥面板、纵向加劲肋、横隔板以及铺装层的桥面系。正交异性钢桥面板刚度直接影响桥面铺装受力和使用寿命,我国钢桥发展初期,桥面铺装发生较多的早期病害正是由于正交异性钢桥面板刚度不足引起。参照日本《道路桥示方书》中顶板体系(即第三体系)的车轮荷载作用下弯曲曲率半径不小于20m且纵向加劲肋腹板间的相对竖向挠度应小于$D/1000$的建议,根据我国现有正交异性钢桥面板刚度分析计算,提出表2-1所列刚度要求。验算荷载应采用现行《公路工程技术标准》(JTG B01)中对应公路-Ⅰ级荷载的车辆荷载,对于城市桥梁应采用现行《城市桥梁设计规范》(GJJ 11)中对应城-A级荷载。验算方法可参照现行《公路钢桥面铺装设计与施工技术规范》(JTG/T 3364-02)和《公路钢结构桥梁设计规范》(JTG D64)的相关规定。刚度验算的技术要求应符合表2-1的规定,当不满足时,应进行专项设计。

钢桥面板与铺装结构组合刚度评价指标技术要求 表2-1

指标	单位	技术要求
桥面变形曲率半径	m	≥20
纵向加劲肋肋间相对挠度	mm	≤$D/1000$

注:D为钢桥面板相邻纵向加劲肋中心距离。

2.3 ECO改性聚氨酯混凝土配合比设计

2.3.1 ECO改性聚氨酯混凝土原材料技术要求

1)改性聚氨酯黏结剂技术要求

改性聚氨酯黏结剂经搅拌均匀后使用,由于改性聚氨酯黏结剂是否表干对黏结强度(混凝土、黏结剂与钢板的整体黏结强度,25℃)影响较大,在未表干前摊铺混凝土,其拉拔强度较大,因此,提出改性聚氨酯黏结剂的表干时间技术要求,具体见表2-2。

黏结剂技术要求 表2-2

试验项目	单位	技术要求	试验方法
表干时间(不覆盖混凝土,25℃)	min	>360	现行《建筑防水涂料试验方法》(GB/T 16777)
表干时间(覆盖混凝土,25℃)	min	≤60	现行《建筑防水涂料试验方法》(GB/T 16777)
吸水率	%	≤0.3	现行《塑料 吸水性的测定》(GB/T 1034)
不透水性(0.3MPa,24h)	—	不透水	现行《建筑防水涂料试验方法》(GB/T 16777)

2）改性聚氨酯结合料主要技术要求

（1）拉伸强度和断裂伸长率。

按《公路工程沥青及沥青混凝土试验规程》（JTG E20—2011）要求，采用针入度、延度、软化点等来表征沥青胶结料的相关力学性能，采用改性聚氨酯为原材料来代替传统的沥青。国内目前尚未有聚氨酯类的高分子聚合物混凝土的标准及规范，而材料的力学性能可以通过拉伸试验进行表征，通过测试材料的拉伸强度和断裂伸长率，直观反映材料的拉伸性能。

结合料的拉伸性能能够一定程度上影响改性聚氨酯混凝土的变形能力和抗车辙能力。对于钢桥面铺装，要求路面在具备一定的变形能力的同时，又不损失车辙性能，因此，对拉伸强度要求较高，对断裂伸长率却没有很高的要求。为此，拉伸强度为不小于10MPa，断裂伸长率为不小于25%。

（2）热固性。

在炎热的夏季，钢桥面温度最高可达70℃，这就对铺装材料的耐热性能提出了较高要求。因此，提出改性聚氨酯结合料热固性要求。

（3）吸水率。

改性聚氨酯结合料的吸水率能一定程度上反映改性聚氨酯混凝土防水渗透的能力，按照现行《塑料 吸水性的测定》（GB/T 1034）进行检测。参考现行《道路与桥梁铺装用环氧沥青材料通用技术条件》（GB/T 30598）并结合相关试验，对钢桥面铺装层混凝土用聚氨酯材料提出吸水率≤3%要求。改性聚氨酯结合料具体技术要求见表2-3。

改性聚氨酯结合料技术要求　　　　　　　　　　表2-3

试验项目	单位	技术要求	试 验 方 法
拉伸强度	MPa	≥10	现行《塑料 拉伸性能的测定》（GB/T 1040）
断裂伸长率	%	≥25	现行《塑料 拉伸性能的测定》（GB/T 1040）
热固性（300℃）	—	不熔化	现行《道路与桥梁铺装用环氧沥青材料通用技术条件》（GB/T 30598）
吸水率	%	≤0.3	现行《塑料 吸水性的测定》（GB/T 1034）

3）改性聚氨酯混凝土集料技术要求

（1）改性聚氨酯混凝土集料应符合现行《公路沥青路面施工技术规范》（JTG F 40）中有关规格的规定，见表2-4。

改性聚氨酯混凝土用粗集料规格　　　　　　　　　　表2-4

规格名称	公称粒径（mm）	通过下列筛孔(mm)的质量百分率(%)											
		106	75	63	53	37.5	31.5	26.5	19.0	13.2	9.5	4.75	2.36	0.6
S1	40~75	100	90~100	—	—	0~15	—	0~5						
S2	40~60		100	90~100	—	0~15	—	0~5						

续上表

规格名称	公称粒径(mm)	106	75	63	53	37.5	31.5	26.5	19.0	13.2	9.5	4.75	2.36	0.6
S3	30~60	100	90~100	—		0~15		0~5						
S4	25~50		100	90~100	—		0~15		0~5					
S5	20~40			100	90~100	—	—	0~15	—	0~5				
S6	15~30					100	90~100	—	—	0~15	0~5			
S7	10~30					100	90~100	—	—	0~15	0~5			
S8	10~25						100	90~100	—	0~15	0~5			
S9	10~20							100	90~100	—	0~15	0~5		
S10	10~15								100	90~100	0~15	0~5		
S11	5~15									100	90~100	40~70	0~15	0~5
S12	5~10										100	90~100	0~15	0~5
S13	3~10										100	90~100	40~70	0~20	0~5
S14	3~5											100	90~100	0~15	0~3

（2）采用天然砾石、机制石英砂、玄武岩等，应当表面粗糙。水洗、风干后用塑料袋密封包装，保持洁净、干燥、无杂质。

（3）集料的公称粒径为0.075~9.5mm，集料级配应符合表2-5的要求。

改性聚氨酯混凝土集料级配要求　　　　　表2-5

筛孔(mm)	9.5	4.75	2.36	0.6	0.3	0.15	0.075
通过率范围	100	60~88	41~72	15~50	6~22	3~10	0~6

（4）粗集料。

粗集料的粒径范围为4.75~9.5mm，其技术要求见表2-6。

粗集料的技术要求 表2-6

试 验 项 目	单位	技术要求	试 验 方 法
表观相对密度	g/cm³	≥2.4	现行《粗集料密度与吸水率试验(网篮法)》
吸水率	%	≤2.0	现行《粗集料密度与吸水率试验(网篮法)》
含水率	%	≤0.3	现行《含土粗集料筛分试验》
坚固性	%	≤12	现行《细集料坚固性试验》
压碎值	%	≤20	现行《粗集料压碎值试验》
泥土杂物含量(冲洗法)	%	≤3.0	现行《粗集料含泥量及泥块含量试验》
针片状颗粒含量	%	≤5	现行《粗集料针片状颗粒含量试验(游标卡尺法)》
洛杉矶磨耗值	%	≤26	现行《粗集料的磨耗试验(洛杉矶法)》
磨光值PSV	—	≥42	《粗集料磨光值试验》

注：试验方法按照现行《公路工程集料试验规程》(JTG E42)规定的方法执行。

(5)细集料。

细集料的粒径范围为0.075~4.75mm，其技术要求见表2-7。

细集料的技术要求 表2-7

试 验 项 目	单位	技术要求	试 验 方 法
表观相对密度	g/cm³	≥2.4	《粗集料密度与吸水率试验(网篮法)》
吸水率	%	≤2.0	《粗集料密度与吸水率试验(网篮法)》
含水率	%	≤0.3	现行《含土粗集料筛分试验》
坚固性(大于0.3部分)	%	≤12	现行《细集料坚固性试验》

注：试验方法按照现行《公路工程集料试验规程》(JTG E42)规定的方法执行。

2.3.2 ECO改性聚氨酯混凝土铺装结构技术要求

1)ECO改性聚氨酯混凝土技术要求

(1)抗压强度。

ECO改性聚氨酯混凝土的力学性能可以通过抗压强度进行评价。沥青混凝土属于柔性路面，其抗压强度较低，水泥混凝土属于刚性路面，抗压强度较高。改性聚氨酯混凝土属于半刚性材料，虽然具备一定的抗压强度，但较传统的水泥混凝土路面相对较低。根据工程应用及试验测试，对抗压强度指标进行明确要求：抗压强度≥30MPa。

(2)70℃车辙动稳定度。

在高温条件下，混凝土在行车载荷反复作用下往往会出现车辙。《公路沥青路面施工技术规范》(JTG F40—2004)中提到，对于SMA混凝土，60℃车辙动稳定度≥3000次/mm；《机场环氧沥青道面设计与施工技术规范》(MH/T 5041—2019)要求环氧沥青混凝土的60℃车辙动稳定度≥12000次/mm。考虑到钢桥面铺装的特殊性，要求铺装材料应具备优异的高温稳定性，提出ECO改性聚氨酯混凝土的70℃车辙动稳定度具体指标为：70℃车辙动稳定度≥

12000次/mm。

(3) 冻融劈裂强度比。

传统沥青路面,在车轮荷载的不断作用下,水分逐渐渗入沥青混凝土内部,使沥青与集料黏结力减小,导致混凝土出现掉粒、松散,继而形成路面坑槽、推移变形等病害。因此,用冻融劈裂试验来评价混凝土材料抗水损害能力。《公路钢桥面铺装设计与施工技术规范》(JTG/T 3364-02—2019)中规定的SMA、AC和环氧沥青混凝土的冻融劈裂强度比技术要求分别是85%、85%和80%。冻融劈裂强度比越高表明其抵抗水损害的能力越强。参考上述规范,结合工程应用及试验,对ECO改性聚氨酯混凝土的冻融劈裂强度比提出具体指标为≥85%。

综合上述要求,ECO改性聚氨酯混凝土的技术要求应符合表2-8的规定。

ECO改性聚氨酯混凝土技术要求 表2-8

试验项目	单位	技术要求	试验方法
车辙动稳定度(70℃)	次/mm	≥12000	现行《机场环氧沥青道面设计与施工技术规范》(MH/T 5041)
冻融劈裂强度比	%	≥85	现行《公路钢桥面铺装设计与施工技术规范》(JTG/T 3364-02)
低温弯曲极限应变(-10℃,50mm/min)	—	≥3000	现行《公路工程沥青及沥青混合料试验规程》(JTG E20)
抗压强度	MPa	≥30.0	现行《混凝土强度检验评定标准》(GB/T 50107)
黏结强度(混凝土、黏结剂与钢板的整体黏结强度,25℃)	MPa	≥5.0	附录A

注:1. 试验方法按照现行《公路工程沥青及沥青混合料试验规程》(JTG E20)规定的方法执行。
　　2. ECO改性聚氨酯混凝土拌和均匀,常温下成型,在室温下放置3d方可保温进行试验。
　　3. 钢桥面板季节性温差较大,对铺装材料的高、低温性能要求较高,因此,提出ECO改性聚氨酯混凝土车辙动稳定度(70℃)和低温弯曲极限应变(-10℃,50mm/min)的技术要求。

2) 黏层

复合铺装结构中,为了有效消除ECO改性聚氨酯混凝土保护层和改性沥青混凝土磨耗层之间的空隙,提高层间结合力,应在该保护层界面上涂布环氧树脂黏结剂或环氧沥青黏结剂。黏层材料的技术要求见表2-9。

黏层材料技术要求 表2-9

试验项目	单位	技术要求	试验方法
不透水性(0.3MPa,24h)	—	不透水	现行《建筑防水涂料试验方法》(GB/T 16777)
吸水率	%	≤0.3	现行《塑料 吸水性的测定》(GB/T 1034)
黏结强度(与保护层,25℃)	MPa	≥1.0	附录A

3) 改性沥青结合料

改性沥青结合料的技术要求应符合《公路工程沥青及沥青混合料试验规程》(JTG E20—2011)第4.5.1条中相关规定,见表2-10。

改性沥青结合料的技术要求　　　　　表 2-10

试验项目	单位	相应于下列气候分区的技术要求						试验方法
		1. 夏炎热区		2. 夏热区		3. 夏凉区		
		普通型	高弹型	普通型	高弹型	普通型	高弹型	
针入度 (25℃,100g,5s)	dmm	30~50	60~80	40~60	70~90	50~70	80~100	现行《沥青针入度试验》
软化点(环球法)	℃	≥90	≥85	≥85	≥80	≥80	≥75	现行《沥青软化点试验》
延度(5cm/min,5℃)	cm	≥20	≥40	≥30	≥50	≥40	≥60	现行《沥青延度试验》
弹性恢复率(25℃)	%	≥75	≥90	≥70	≥85	≥65	≥80	现行《沥青弹性恢复 试验》
闪点	℃	≥240						现行《沥青闪点与燃点试验 （克利夫兰开口杯法）》
135℃黏度	Pa·s	≤3.0						现行《沥青标准黏度的试验》
TFOT （或 RTFOT） 后残留物	质量变化 %	-1.0~+1.0						现行《沥青旋转薄膜加热实验》
	针入度比 (25℃) %	≥65						现行《沥青针入度试验》
	延度 (5℃) cm	≥15	≥25	≥20	≥30	≥25	≥35	现行《沥青延度试验》

4) 改性沥青混凝土用集料

改性沥青混凝土用集料应符合现行《公路工程沥青及沥青混合料试验规程》（JTG E20）的相关规定。

5) 改性沥青混凝土

改性沥青混凝土的技术要求应按现行《公路沥青路面施工技术规范》（JTG F40）中规定的级配，采用马歇尔试验方法进行配合比设计，其性能应符合《公路工程沥青及沥青混合料试验规程》（JTG E20）中的相关规定。

2.3.3 ECO 改性聚氨酯混凝土配合比设计要求

目标配合比设计阶段。从工程实际使用的材料中取代表性样品，以混凝土抗压强度为控制指标确定最佳胶石比，推荐 ECO 改性聚氨酯结合料为集料质量的 15%～17%。

生产配合比设计阶段。对分体式拌和设备，应保持各仓料的配合比稳定。选取目标配合比设计的最佳胶石比以 0.3% 为间隔，选取 3 个胶用量进行混凝土强度试验，通过室内试验及拌和机取样试验综合确定生产配合比的最佳胶用量。对集成式拌和设备，可省略生产配合比设计步骤。

生产配合比验证阶段。按照生产配合比进行试拌及试验段铺筑，并在混凝土养生完成后取样进行强度试验。必要时，应增加高温稳定性、水稳定性、低温抗裂性能的检验。具体设计流程如图 2-6 所示。

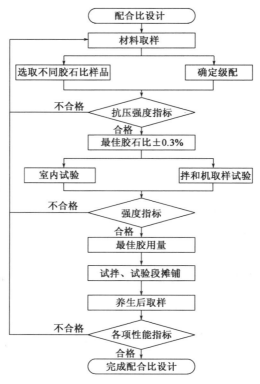

图 2-6　配合比设计流程图

2.4　ECO 改性聚氨酯混凝土的再生利用

钢桥面铺装不同于一般的公路沥青路面铺装,是直接铺设在正交异性钢桥面板上,而正交异性钢桥面板柔度较大,桥面变形较大而刚度相对较小。因此,钢桥面铺装不仅需要一定的强度,还需要能够对钢桥面板进行保护,但钢桥面铺装层在受到交通荷载、气候条件以及温度变化等因素影响时,受力及变形复杂,在这样复杂的荷载影响下,铺装结构极易损坏,桥面铺装的更换就较为频繁,其解体产生的废弃物一般采用掩埋的方式进行处理,但这样的处理方法既对环境造成了一定的污染,又造成了极大的资源浪费。铺装材料的资源回收利用对于自然资源和环境的保护都具有重要意义,于是,各种基于铺装材料再生利用的研究成为热点和难点。

ECO 改性聚氨酯混凝土作为一种性能优异的铺装材料,其耐久性优异,寿命较长,节能环保作为其重要的设计理念之一,在其研发和应用的各个方面均得到体现。虽然 ECO 改性聚氨酯混凝土自应用以来没有出现大面积翻修工程,但针对其材料回收利用的研发已经较为成熟并试用。

ECO 改性聚氨酯混凝土所采用的集料为天然砾石、天然砂等,通过与聚氨酯结合料的拌和形成一种热固性材料,其回收的方法主要是通过将其破碎、清洗、筛分后部分或全部代替天然集料配制使用。但回收后的集料性能与原集料在拌和后的流动性、力学性能等方面均有所改变,因此,需要设计一套检验体系规范再生集料的使用。

与水泥混凝土的再生集料不同，ECO 改性聚氨酯混凝土的再生集料中不含水泥砂浆，不存在孔隙率高、强度低的问题，其集料中的结合料已经完全固化，与石料形成整体，主要问题只是其粗集料形状的改变，因此，需要对粗集料进行研磨处理，通过多次研磨，使得粗集料更易拌和、流动，提高其施工性能，并收集研磨过程中产生的细集料部分。

经过研磨处理的集料在施工性能上与天然石料存在一定的差异，这种差异并不是性能上的差异，而是原有的施工工艺主要针对的是天然集料，与再生集料的适配性还需进一步优化。通过调整拌和速率、拌和时间、摊铺速度、振动频率等参数，对 ECO 改性聚氨酯混凝土再生集料进行一系列施工性能研究，最终确定适用于再生集料的机械参数取值范围。

再生集料与天然集料的力学性能差异则通过配合比设计进行优化。通过调整不同原材料的配比，验证其抗压强度、抗弯拉强度等性能，对其配合比进行优化，得出不同再生集料使用比例下的原材料配合比，试验及工程应用表现优异。

ECO 改性聚氨酯混凝土再生利用工艺如图 2-7 所示。

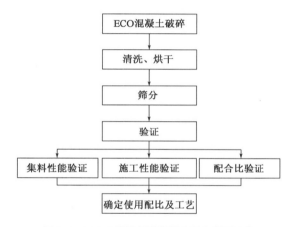

图 2-7　ECO 改性聚氨酯混凝土再生利用工艺

由于 ECO 改性聚氨酯混凝土的特殊性，针对沥青、混凝土的相关研究并不能直接应用于 ECO 再生集料，但也正因为其特殊的性能，使得其再生集料没有出现沥青、混凝土再生集料成本高、二次污染大的问题。通过对 ECO 再生集料的进一步研究，既能够使得 ECO 材料更为节能环保，也能够推动桥面铺装材料再生利用相关研究的进一步发展。

本章参考文献

[1] 宁波路宝科技实业集团有限公司. 公路钢桥面聚酯型聚氨酯混凝土铺装技术指南：T/CHTS 10033—2021[S]. 北京：人民交通出版社股份有限公司，2021.

[2] 招商局重庆交通科研设计院有限公司. 公路钢桥面铺装设计与施工技术规范：JTG/T 3364-02—2019[S]. 北京：人民交通出版社股份有限公司，2019.

[3] 中交路桥技术有限公司. 公路沥青路面设计规范：JTG D50—2017[S]. 北京. 人民交通出版社股份有限公司，2017.

[4] 交通部公路科学研究院. 公路沥青路面施工技术规范：JTG F40—2004[S]. 北京. 人民交通出版社，2004.

第 3 章

ECO 改性聚氨酯混凝土材料力学性能

3.1 铺装材料力学性能要求

　　钢桥梁所处环境条件和桥面系受力较普通混凝土桥梁更为复杂,钢桥面铺装必须具有比一般桥面更好的防水性、柔韧性和耐久性,不仅要考虑铺装材料需满足抗变形及路用性能要求,而且还要考虑钢桥面自身的特点,具体要求是:①铺装层具有较高的强度,能满足行车载荷要求;②夏季具有优良的高温稳定性;③冬季具有优良的低温抗裂性;④具有较好的耐久性、抗老化性、水稳定性和抗疲劳特性;⑤具有优良的随从性,能够适应钢桥面复杂的变形;⑥优秀的防水抗腐蚀性;⑦优良的黏结性能,与钢桥面形成整体;⑧良好的平整度与抗滑性能。

　　对于普通沥青混凝土在路面结构中产生破坏的情况,主要是在高温时由于混凝土抗剪强度不足或塑性变形积累而产生车辙推移等现象,或者低温时抗拉强度不足或变形能力不好而产生裂缝现象。而对于钢桥面铺装材料而言,由温度变化引起的强度不足或变形问题则更加突出。因此,在完成其配合比设计时,需要对其高温稳定性、低温抗裂性、疲劳性能等力学性能进行试验分析研究。同传统钢桥面铺装材料一样,测定其力学性能的主要试验有高温车辙试验、压缩试验、劈裂试验、弯曲试验等。

　　1) 高温稳定性要求

　　沥青路面在高温状态下,当受到比较大的水平力作用时,如果高温稳定性较差,就容易产生剪切变形。而对于钢桥面铺装来说,夏季高温季节时,桥面钢板温度可达到 60~70℃,为避免在汽车荷载作用下铺装层可能产生的车辙、拥包、推移等永久变形,故对铺装层高温稳定性也有很高的要求。

　　用于测试沥青混凝土高温性能的试验方法有很多,包括单轴动静载试验、三轴动静载试验、车辙试验、环道试验、直道足尺试验、现场试验路加速加载试验等。因为车辙试验比较直观,易于实现,并且与铺装材料的实际受力状态较为接近,故一般情况都采用车辙试验来评价其高温稳定性,因此,ECO 改性聚氨酯混凝土也可借助车辙试验来判定其高温稳定性。车辙试验的试件尺寸为 300mm×300mm×50mm,试验轮胎的接地压强为 0.7MPa,试验温度一般为 60℃或 70℃。

　　2) 低温抗裂性要求

　　在车辆载荷作用下,正交异性桥面板上的铺装层位于网格状的肋板部位,形成较大的拉应力,反复作用下容易导致铺装层的疲劳开裂;加上大跨径钢桥桥面变形大,这就要求桥面铺装材料具有更优良的柔韧性和适应变形的能力,以免铺装早期出现疲劳开裂和在较低温度时出现收缩开裂。

衡量铺装层低温抗裂性能的试验方法主要包括等应变加载的破坏试验(如间接拉伸试验、极限弯曲试验、压缩试验等)、直接拉伸试验、弯曲蠕变试验、受限试件温度应力试验、三点弯曲积分试验、线收缩系数试验与应力松弛试验等。通常采用低温极限弯曲试验以及线性收缩试验来评价混凝土的低温性能。

小梁试件采用的尺寸一般为 30mm × 35mm × 250mm，三点加荷法加载，跨径为 200mm，加载速率一般为 50mm/min。

劈裂强度的大小可以反映其出现缩裂问题的可能性。劈裂强度是温度和加载速率的函数，随着温度的下降和加荷速率增大而提高。试件为直径 100mm、高 64.5mm 的圆柱体，采用标准的马歇尔法成型。试验仪器为具有传感器的自动马歇尔仪，且配置有荷载和试件变形的测定记录装置。试验中施加竖向压力，加载速率一般为 50mm/min，并通过传感器测定水平方向变形。

3) 线收缩性能

桥面铺装层处于特殊位置,温度变化幅度和速度远大于普通路面。铺装层与底部桥面钢板的温度变形会相互影响和制约,在铺装层内部及铺装层和钢板连接界面上分别产生拉应力和层间剪应力。如果铺装层和钢板的热收缩系数相差过大,温度应力可能导致铺装层开裂或发生层间滑移。

线收缩试验所需的试件可从车辙板试件上切割得到。试件尺寸为 250mm × 30mm × 35mm。试验时先在常温下测定其长度,然后将试件放置在表面涂有润滑剂的石英玻璃板上,在小梁两端各新贴一个架有千分表的铝制圆柱,千分表指针抵住小梁两端,如图 3-1 所示。温度区间内试件的线性收缩系数计算式如式(3-1)所示。依次测定试件在 5℃、0℃、−5℃、−10℃ 和 −15℃ 时的长度。

$$C = \frac{\varepsilon_e}{\Delta T} \tag{3-1}$$

式中：C——温度区间内试件的线收缩系数，$℃^{-1}$；

ΔT——温度区间，℃；

ε_e——收缩应变，$\varepsilon_e = \dfrac{L_e - L_0}{L_0}$；

L_e、L_0——温度区间内高、低温时试件的长度，mm。

图 3-1　改性聚氨酯混凝土收缩试验示意图

4) 良好的层间结合性能要求

钢板与防水层之间、防水层与铺装层之间都必须具有良好的黏结力,以使各层能够形成牢固的整体,保证荷载作用或者温度变化时的共同作用。与钢板黏结牢固是与钢板保证良好的变形随从性的必要条件。为提高铺装与钢板之间的黏结力,一方面应尽可能选择与钢板和铺装下层黏结能力强且高温稳定性、抗剪能力好的材料,另一方面还可以尽可能提高铺装下层的密实度。

5) 良好的钢板变形随从性要求

足够的强度与刚度以及良好的变形随从性是钢桥桥面铺装首先应该具备的性能之一。钢桥面板本身的变形、位移、振动比较大。大跨径钢箱梁桥的主梁变形大,且变形复杂,对钢板的变形随从性不好,将可能产生两种类型的破坏:其一为铺装层与钢板之间相互错动的剪切破坏,该现象主要存在于黏结层中;其二则为铺装层的弯曲破坏。而铺装层的强度与刚度较差则使轮迹带的混凝土产生挤压损坏的可能性增加。

6) 厚度要求

为减轻桥梁的恒载以及保证混凝土铺装层的变形随从性,要求铺装层的厚度不宜太厚。但是混凝土铺装层又要具有足够的强度与刚度,并且提供铺装层的荷载分散能力与抗疲劳能力。因此,混凝土铺装层又不宜太薄。在实际施工过程中,混凝土铺装层的厚度设计还要兼顾施工摊铺与压实的效果。

3.2 高温稳定性

高温稳定性是指在高温条件下,混凝土处于行车荷载反复作用下抵抗永久变形的能力。可以采用高温车辙试验评价铺装材料在高温条件下抵抗重复荷载的能力,试件尺寸为 $300\mathrm{mm} \times 300\mathrm{mm} \times 50\mathrm{mm}$,评价指标为动稳定度(次/mm),计算方法如式(3-2)所示,试验温度为 $60\mathrm{℃}$,胶轮胎压为 $0.7\mathrm{MPa}$[参考《公路工程沥青及沥青混合料试验规程》(JTG E20—2011)]。动稳定度越大,表明混凝土材料抵抗车辙变形的能力越强。

$$DS = \frac{(t_2 - t_1) \times N}{d_2 - d_1} \times C_1 \times C_2 \tag{3-2}$$

式中:DS——沥青混凝土动稳定度,次/mm;

d_1——试验时间 t_1 对应变形量,mm,一般取 15min;

d_2——试验时间 t_2 对应变形量,mm,一般取 45min;

C_1——试验机的类型系数,以曲柄连杆方式驱动加载轮往返运行时取 1.0;

C_2——试件系数,制备试件宽度 300mm 时取 1.0;

N——试验机的碾压速率,通常为 42 次/min。

相关研究采用 ECO 改性聚氨酯混凝土、改性 SMA 沥青混凝土,以及环氧沥青混凝土进行对比。ECO 改性聚氨酯混凝土和环氧沥青混凝土动稳定度均高于 20000 次/mm,具有较好的高温稳定性。为了进一步评价高温条件下的动稳定度表现,在 80℃ 下对 ECO 改性聚氨酯混凝土进行了动稳定度测试,混凝土试件几乎没有变形,反映出其具有优良的高温性能,结果见表 3-1。动稳定度测试结果如图 3-2 所示,高温车辙试验如图 3-3 所示。

高温稳定性 表 3-1

材　　料	60℃动稳定度(次/mm)	80℃动稳定度(次/mm)
ECO-10 改性聚氨酯混凝土	38182	23045
SMA-13 沥青混凝土	7071	3247
EA-10 沥青混凝土	24770	16162

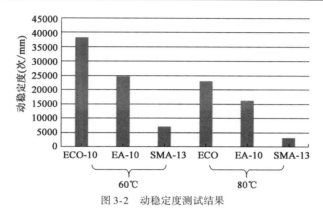

图 3-2　动稳定度测试结果

图 3-3　高温车辙试验

3.3　力学性能

1）抗压强度

对 ECO 改性聚氨酯混凝土和水泥混凝土的力学性能通过抗压强度进行评价。抗压强度采用 150mm×150mm×150mm 的立方体标准试件，按照标准养护方法养护后进行测试。加载速率为 0.5MPa/s，当试件接近破坏而开始迅速变形时，停止调整试验机油门，直至试件破坏，记录破坏极限荷载 $F(\text{N})$。抗压强度根据式(3-3)计算。图 3-4 为抗压强度测试试验，表 3-2 为各铺装材料抗压强度测试结果。

$$f_{cu} = \frac{F}{A} \tag{3-3}$$

式中：f_{cu}——混凝土立方体抗压强度，MPa；

F——极限荷载,N;
A——受压面积,mm^2。

图 3-4 抗压强度测试试验

铺装材料抗压强度测试结果　　　　表 3-2

材　　料	抗压强度(MPa)
ECO 改性聚氨酯混凝土	43.11
C50 水泥混凝土	62.90
C30 水泥混凝土	32.12

结果反映出,ECO 改性聚氨酯混凝土的抗压强度满足 C40 强度等级的要求。

2) 黏结强度

黏结强度用于评价混凝土材料与下承层之间的黏结强度,测试时拉伸速率为 10mm/min,试验温度为 25℃和 70℃。试验过程中,保持拉力垂直作用于试件,同时保证温度在规定范围内,测试示意图如图 3-5 所示,测试结果见表 3-3,测试结果统计如图 3-6 所示。

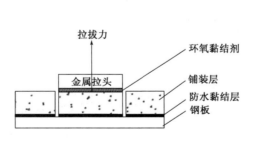

图 3-5 黏结强度测试示意图

黏结强度按式(3-4)计算:

$$P = \frac{F}{S} \tag{3-4}$$

式中:P——试件的黏结强度,MPa;

F——试件破坏时的极限荷载,N;
S——拉头底面面积,mm^2。

黏结强度测试结果 表 3-3

材　料	25℃黏结强度(MPa)	70℃黏结强度(MPa)
ECO-10 改性聚氨酯混凝土	6.23	4.41
SMA-13 改性沥青混凝土	1.92	0.37
EA-10 环氧沥青混凝土	4.83	1.33

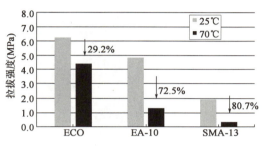

图 3-6　黏结强度测试结果统计

结果表明,在测试温度下,聚氨酯胶结料与钢板具有较强的黏结强度,大于环氧沥青胶结料与改性沥青胶结料。此外,聚氨酯胶结料温度敏感性最低,常温和高温的拉拔强度差异最小,70℃时仍能保持较高的黏结强度。表 3-4 为 ECO 改性聚氨酯混凝土与其他铺装材料拉拔试验对比结果。

ECO 改性聚氨酯混凝土与其他材料拉拔试验对比结果 表 3-4

铺装材料	编　号	拉拔强度 MP(25℃)	要求	破坏界面位置
环氧沥青混凝土	EP-1	2.99		铺装材料内部
	EP-2	3.37		铺装材料内部
	EP-3	3.14		钢板与黏结剂界面
	平均值	3.17		—
SMA 混凝土	SM-1	1.92		铺装材料内部
	SM-2	1.76		铺装材料内部
	SM-3	1.85	≥2.75	拉头脱开
	平均值	1.84		—
浇注式混凝土	GA-1	2.91		铺装材料内部
	GA-2	2.76		钢板与黏结剂界面
	GA-3	2.89		铺装材料内部
	平均值	2.85		—
ECO 改性聚氨酯混凝土	ECO-1	6.60		铺装材料内部
	ECO-2	6.20		铺装材料内部
	ECO-3	6.90		铺装材料内部
	平均值	6.54		—

3) 剪切强度

采用压剪方法测定混凝土材料与钢板之间的剪切强度,以评价混凝土材料的抗剪能力。压剪试验的加载速率采用 10mm/min,试验温度为 25℃和 70℃,试件尺寸为 100mm×100mm。图 3-7 为剪切强度示意图,图 3-8 为混凝土材料抗剪切强度测试试验,表 3-5 为三种混凝土在 25℃和 70℃下的剪切强度测试结果,图 3-9 为三种混凝土的剪切强度测试统计结果。

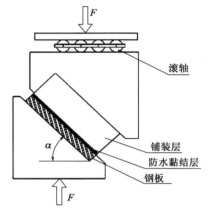

图 3-7 剪切强度示意图

图 3-8 抗剪切强度测试试验

三种混凝土在 25℃和 70℃下的剪切强度 表 3-5

材 料	25℃抗剪强度(MPa)	70℃抗剪强度(MPa)
ECO 改性聚氨酯混凝土	9.72	4.38
SMA-13 改性沥青混凝土	3.69	0.20
EA-10 环氧沥青混凝土	9.72	1.65

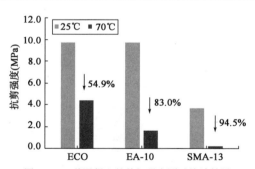

图 3-9 三种混凝土的剪切强度测试统计结果

剪切强度按式(3-5)计算:

$$\tau = \frac{F}{S} \times \sin\alpha \tag{3-5}$$

式中:τ——试件的剪切强度,MPa;
  F——试件破坏时的极限荷载,N;
  S——试件受剪面积,mm^2;
  α——试件受剪角度,45°。

结果表明,三种混凝土在测试结束后全部表现为混凝土内部断裂,可以视为剪切强度在理论上大于测试值。ECO改性聚氨酯混凝土的抗剪强度在两个测试温度下均大于环氧沥青混凝土和SMA-13改性沥青混凝土,表现出较好的抗剪切性能。

3.4 低温抗弯拉性能

为了评价ECO改性聚氨酯混凝土在低温下的抗弯拉性能,采用试验温度为 -20℃和 -10℃,并对比其与沥青混凝土在低温(-10℃)下的抗弯拉性能。试验通过小梁弯曲最大弯拉应变和弯曲劲度模量来评价混凝土材料的抗弯拉性能,参照《公路工程沥青及沥青混合料试验规程》(JTG E20—2011)的试验方法。试件尺寸为 250mm×30mm×35mm,加载速率为 50mm/min。抗弯拉强度、最大弯拉应变和弯曲劲度模量分别按式(3-6)、式(3-7)和式(3-8)计算。表 3-6 为低温抗裂性能测试结果,图 3-10 ~ 图 3-12 分别为最大弯拉应变、弯曲劲度模量与抗弯拉强度统计结果。

$$R_B = \frac{3 \times L \times P_B}{2 \times b \times h^2} \quad (3-6)$$

$$\varepsilon_B = \frac{6 \times h \times d}{L^2} \quad (3-7)$$

$$S_B = \frac{R_B}{\varepsilon_B} \quad (3-8)$$

式中:R_B——破坏时试件的抗弯拉强度,MPa;

ε_B——破坏过程中试件的最大弯拉应变值,$\mu\varepsilon$;

S_B——试件对应弯曲劲度模量,MPa;

b——试件跨中断面宽度,mm;

h——试件跨中断面高度,mm;

L——试件跨径,mm;

P_B——试件跨中断面宽度,mm;

d——破坏时刻试件跨中挠度值,mm。

低温抗裂性能 表 3-6

材　料	最大弯拉应变($\mu\varepsilon$)	弯曲劲度模量(MPa)	抗弯拉强度(MPa)
ECO改性聚氨酯混凝土	3545	7870	27.9
SMA-13改性沥青混凝土	2893	4908	14.2
EA-10环氧沥青混凝土	2706	7760	21.0

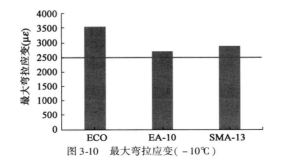

图 3-10　最大弯拉应变(-10℃)

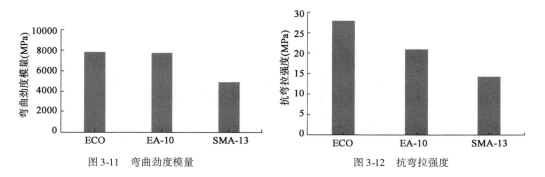

图 3-11　弯曲劲度模量　　　　　图 3-12　抗弯拉强度

混凝土低温抗弯拉性能与劲度模量密切相关,温度下降,混凝土弯拉变形能力降低,导致劲度模量急剧增大,发生开裂。由表 3-6 和图 3-10 可知,ECO 改性聚氨酯混凝土的最大弯拉应变大于环氧沥青混凝土和 SMA-13 改性沥青混凝土的最大弯拉应变,表现出较好的低温韧性和抗裂能力;ECO 改性聚氨酯混凝土的弯曲劲度模量与环氧沥青混凝土没有显著差异,并且显著大于 SMA-13 改性沥青混凝土,表明这两种模量较大的混凝土随着温度降低容易产生较大的温度应力;抗弯拉强度方面,ECO 改性聚氨酯混凝土大于环氧沥青混凝土和 SMA-13 改性沥青混凝土,表现出较好的低温强度。

3.5　水 稳 定 性

水分进入道面空隙后,在车轮荷载的不断作用下,逐渐渗入胶结料与集料界面,使胶结料与集料黏结力降低。胶结料丧失黏结力后,裹覆膜将从集料表面剥落,导致混凝土出现掉粒、松散,继而形成路面坑槽、推移变形等损坏现象,严重影响行车舒适性及安全性。因此,水稳定性是评价混凝土路用性能的一项重要指标。本节研究采用冻融劈裂试验来评价混凝土材料抗水损害能力。试件成型后按照标准饱和水试验方法真空饱水 15min,恢复常压后在水中放置 0.5h,然后放入塑料袋中并加水 10mL,扎紧袋口放入 -18℃恒温冰箱 16h。取出塑料袋再放入 60℃恒温水槽 24h。劈裂强度是以 50mm/min 的速率对冻融前后试件进行加载,得到极限破坏荷载 $F(N)$,然后计算劈裂破坏强度之比[参考《公路工程沥青及沥青混合料试验规程》(JTG E20—2011)]。劈裂强度比越大,表明试件抵抗水损害的能力越强。根据式(3-9)、式(3-10)计算劈裂抗拉强度。

$$R_{T1} = 0.006287 P_{T1}/h_1 \tag{3-9}$$
$$R_{T2} = 0.006287 P_{T2}/h_2 \tag{3-10}$$

式中:R_{T1}——未经过冻融处理的第一组单个时间劈裂抗拉强度,MPa;
　　　R_{T2}——未经过冻融处理的第二组单个时间劈裂抗拉强度,MPa;
　　　P_{T1}——第一组单个试件试验荷载值,N;
　　　P_{T2}——第二组单个试件试验荷载值,N;
　　　h_1——第一组每个试件高度,mm;
　　　h_2——第二组每个试件高度,mm。
冻融劈裂抗拉强度比的计算如式(3-11)所示:

$$\text{TSR} = \frac{\overline{R}_{T1}}{R_{T2}} \times 100 \tag{3-11}$$

式中：$\overline{R}_{T1}$——未经过冻融处理的第一组有效试件劈裂抗拉强度平均值，MPa；

$\overline{R}_{T2}$——经过冻融循环处理的第二组有效试件劈裂抗拉强度平均值，MPa；

TSR——冻融劈裂试验强度比，%。

水稳定性测试结果见表3-7，冻融劈裂测试结果统计如图3-13所示。

水稳定性测试结果　　　　　　　　表3-7

材　料	冻融前强度(MPa)	冻融后强度(MPa)	冻融劈裂强度比(%)
ECO改性聚氨酯混凝土	7.85	7.3	93
EA-10环氧沥青混凝土	5.24	4.8	91

图3-13　劈裂试验

结果表明，ECO改性聚氨酯混凝土的劈裂强度在冻融前后均远大于环氧沥青混凝土，即具有较大的间接拉伸强度。ECO改性聚氨酯混凝土的冻融劈裂强度比大于环氧沥青混凝土。

3.6　耐久性能

混凝土材料的耐久性通过单面冻融法和耐磨试验来评价。单面冻融法又称盐冻法[参见《普通混凝土长期性能和耐久性能试验方法标准》（GB/T 50082—2009）]，适用于测定混凝土试件在大气环境中且与盐接触的条件下，以能够承受的冻融循环次数或表面剥落质量或超声波相对动弹性模量来评价的混凝土抗冻性能。冻融试验如图3-14所示。

图3-14　冻融试验过程

耐磨性试验[参见《水泥混凝土耐磨性试验方法》(现行)]是以试件磨损面上单位面积的磨损量作为评定混凝土耐磨性的相对指标,采用200N负荷下磨30转,记录试件质量,然后在200N负荷下磨60转,记录剩余质量。耐磨性试验如图3-15所示。

通常用单位面积磨损量来评价耐磨性能,按式(3-12)计算:

$$G_C = \frac{m_1 - m_2}{A} \tag{3-12}$$

式中:G_C——试件的单位面积磨损量,kg/m^2;
m_1——试件初始质量,kg;
m_2——试件磨损后的质量,kg;
A——试件磨损面积,m^2,A 取 0.0125。

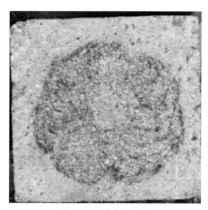

图3-15 耐磨性试验

表3-8为耐久性能测试结果。

耐久性能测试结果 表3-8

材 料	单位面积磨损量(kg/m^2)	剥落物质量(g/m^2)	吸水率(%)
ECO改性聚氨酯混凝土	0.4	0	1.6
水泥混凝土	5.18	28.8	8.8

结果表明,ECO改性聚氨酯混凝土具有较强的耐磨性能,单位面积磨损量远小于普通水泥混凝土,并且ECO改性聚氨酯混凝土在盐溶液冻融循环过程中表面不出现剥落,具有很好的抗冻性能。

3.7 抗渗性能

混凝土材料的抗渗性能通过抗氯离子渗透试验[参见《普通混凝土长期性能和耐久性能试验方法标准》(GB/T 50082)]和抗水渗透试验(参见现行《水泥混凝土抗渗性试验方法》)来评价。抗氯离子渗透试验采用快速氯离子迁移系数法(RCM法),RCM试验试件采用直径为100mm、高度为50mm的圆柱体试件,养护后进行测试。测试中首先将试件在饱和面干状态下置于真空容器中进行真空处理,然后在真空泵仍然运转的情况下,将蒸馏水配置的饱和氢氧化钙溶液注入容器,溶液高度应保持将试件浸没,在试件浸没1h后恢复常压,并应继续浸泡18h。将试件安装在RCM装置中,应将电源的阳极用导线连至橡胶桶阳极板,并将阴极用导线连至试验槽中的阴极板。按照初始电流、电压与试验时间的关系施加电压,测定最终温度和最终电流,并测定氯离子构造深度。

混凝土非稳态氯离子迁移系数可按式(3-13)计算:

$$D_{RCM} = \frac{0.0239 \times (273 + T)}{(U-2)t}\left[X_d - 0.0238\sqrt{\frac{(273+T)LX_d}{U-2}}\right] \tag{3-13}$$

式中:D_{RCM}——混凝土的非稳态氯离子迁移系数,精确到0.1×10^{-12},m^2/s;
U——所用电压的绝对值,V;

T——阳极溶液的初始温度和结束温度的平均值,℃;

L——试件厚度,mm;

X_d——氯离子渗透深度的平均值,mm;

t——试验持续时间,s。

混凝土抗渗试验从水压为 0.1MPa 开始加压,每隔 8h 增加水压 0.1MPa,并随时注意观察试件端面情况,一直加至 6 个试件中有 3 个试件表面发现渗水,记下测试的水压力,即可停止试验,从而确定抗渗等级。混凝土的抗渗等级以每组 6 个试件中 4 个未发现渗水现象时的最大水压力表示。抗渗等级按式(3-14)计算:

$$S = 10H - 1 \tag{3-14}$$

式中:S——混凝土抗渗等级;

H——第三个试件顶面开始有渗水时的水压力,MPa。

结果表明,ECO 改性聚氨酯混凝土具有较强的抗氯离子渗透性能,非稳态氯离子迁移系数远小于普通水泥混凝土的非稳态氯离子迁移系数,电通量为 0C(表 3-9)。此外,ECO 改性聚氨酯混凝土的抗水渗透等级达到 P12,试验过程中达到最高水压力仍不存在渗水现象。

抗 渗 性 能　　　　　　表 3-9

材　　料	抗氯离子渗透(m^2/s)	电通量(C)	抗水渗透等级
ECO 改性聚氨酯混凝土	0.2×10^{-12}	0	P12
水泥混凝土	1.5×10^{-12}	—	P6

综上所述,根据测试依据试验规程和技术标准,针对改性沥青混凝土、环氧沥青混凝土、ECO 改性聚氨酯混凝土和水泥混凝土进行了相应的评价测试,从以下几个方面阐述测试结论:

(1)ECO 改性聚氨酯混凝土采用粗、细两档砾石作为集料,集料的压碎值和磨耗率满足规范要求,针片状颗粒含量低,坚固性较好。集料的细粉含量少,砂当量较大,较为洁净。

(2)根据沥青混凝土马歇尔设计方法,得到改性沥青混合料和环氧沥青混合料的设计配合比,并对其路用性能进行测试。结果表明,60℃下 ECO 改性聚氨酯混凝土的高温稳定性大于环氧沥青混合料的高温稳定性,远大于 SMA-13 改性沥青混合料的高温稳定性。这主要是由于 ECO 改性聚氨酯混凝土的抗弯拉模量较大,重复荷载作用下能够产生较小的累积变形。

在测试温度(-10℃)条件下,ECO 改性聚氨酯混凝土的低温最大弯拉应变大于 SMA-13 改性沥青混凝土的低温最大弯拉应变,大于环氧沥青混凝土的低温最大弯拉应变,具有较好的低温抗开裂能力。

在常温(25℃)和高温(70℃)条件下,ECO 改性聚氨酯混凝土的剪切强度和拉拔强度大于环氧沥青混凝土的剪切强度和拉拔强度,远大于 SMA-13 改性沥青混凝土的剪切强度和拉拔强度。并且,其力学性能随温度改变变化最小。

ECO 改性聚氨酯混凝土在标准冻融循环后的间接劈裂强度比为 93%,满足规范技术要求,并且大于环氧沥青混凝土在标准冻融循环后的间接劈裂强度比。

综上所述,聚氨酯混凝土具有较好的高温稳定性、低温抗裂性、与钢板的黏结强度和剪切强度较高、较好的抗水损害能力。

(3) 根据水泥混凝土配合比设计方法,制备了水泥混凝土试样,经过 28d 标准养生,对其力学性能和耐久性进行了测试。ECO 改性聚氨酯混凝土的抗压强度、抗弯拉强度和抗弯拉弹性模量大于水泥混凝土的抗压强度、抗弯拉强度和抗弯拉弹性模量,属于 C40 强度等级。

(4) ECO 改性聚氨酯混凝土耐磨损失仅为 $0.4 kg/m^2$,远小于普通水泥混凝土的耐磨损失,有 13 倍的差距,其盐溶液冻融循环后表面剥落为 0,其抗氯离子渗透系数远小于水泥混凝土的抗氯离子渗透系数,有 8.5 倍的差距,其抗水渗透等级为 P12。由此说明,ECO 改性聚氨酯混凝土具有较好的耐磨性能、抗冻性能、抗氯离子渗透性能和抗水渗透性能。

本章参考文献

[1] 《中国公路学报》编辑部. 中国桥梁工程学术研究综述·2014[J]. 中国公路学报,2014,27(5):1-96.

[2] 黄卫. 大跨径桥梁钢桥面铺装设计理论与方法[M]. 北京:中国建筑工业出版社,2006.

[3] 覃淑媛. 广东省北江马房大桥正交异性钢桥面板沥青铺装层通过技术鉴定[J]. 石油沥青,1992(1):55.

[4] 陈仕周,闫东波. 钢桥面浇注式沥青混凝土铺装技术[M]. 北京:人民交通出版社股份有限公司,2015.

[5] 《中国公路学报》编辑部. 中国路面工程学术研究综述·2020[J]. 中国公路学报,2020,33(10):1-66.

[6] 付斌. 福州鼓山大桥钢桥面铺装结束研究[D]. 重庆:重庆交通大学,2013.

[7] AI C,RAHMAN A,WANG F,et al. Experimental study of a new modified waterproof asphalt concrete and its performance on bridge deck[J]. Road Materials and Pavement Design,2017,18(3):270-280.

[8] CHEN C,EISENHUT W,LAU K,et al. Performance characteristics of epoxy asphalt paving material for thin orthotropic steel plate decks[J]. International Journal of Pavement Engineering,2020,21(3):397-407.

[9] LIU X,ZHOU C J,FENG D C,et al. Experimental study on interlayer shear properties of ERS pavement system for long-span steel bridges[J]. Construction and Building Materials,2017,143.

[10] WANG L,GONG H,HOU Y,et al. Advances in pavement materials,design,characterization,and simulation[J]. Road Materials and Pavement Design,2017,18(3):1-11.

[11] 李俊. 环氧沥青混凝土在钢箱梁桥面铺装中的应用研究[D]. 武汉:湖北工业大学,2011.

[12] 公路工程沥青及沥青混合料试验规程:JTG E20—2011[S]. 北京:人民交通出版社,2011.

[13] JIANG Z Q,TANG C H,YANG J,et al. A lab study to develop polyurethane concrete for bridge deck pavement[J]. International Journal of Pavement Engineering,2020.

[14] WANG Y,et al. Influence of freeze-thaw cycles on properties of asphalt-modified epoxy repair materials. Construction and Building Materials,2013,41:580-585.

[15] 何建彬.聚氨酯混合料压实特性研究[D].北京:北京建筑大学,2019.

[16] 祁冰.适用于桥面铺装的聚氨酯(PU)改性沥青及混合料性能研究[D].西安:长安大学,2018.

[17] 李彩霞.聚氨酯改性沥青的制备及混合料路用性能评价[J].武汉理工大学学报(交通科学与工程版).2017,41(6):958-962.

[18] 顾亚峰.薄层聚合物混凝土在钢桥面铺装的应用和技术研究[D].重庆:重庆交通大学,2016.

[19] 刘人锋,殷国栋.环氧树脂聚合物薄层钢箱梁桥面铺装的应用[J].技术讨论,2015,5(20).

[20] 殷国栋,张红光.钢桥面聚氨酯铺装层特性及施工技术研究[J].公路交通科技(应用技术版),2018,7:196-199.

[21] 同济大学机场工程研究中心民航飞行区设施耐久与运行安全重点实验室.ECO改性聚氨酯混凝土综合性能评价与对比分析[R].上海:同济大学机场工程研究中心民航飞行区设施耐久与运行安全重点实验室,2019.

第 4 章

ECO 改性聚氨酯混凝土钢桥面铺装力学性能

4.1　ECO 改性聚氨酯混凝土钢桥面铺装层力学分析

钢桥面板和桥面铺装层构成完整的桥梁通行系统,其恒载由桥面板承担。在铺装层与桥面板的交接面上,根据连续性条件,桥面铺装层的应变分量与桥面板的应变分量应相等,进而可以计算出铺装层的应力大小。

针对正交异性钢桥面板铺装层力学分析问题,研究人员大多运用有限元分析法。日本学者采用有限单元法,通过 8 节点空间等参单元分析了带加劲肋的桥面顶板,得出了车辆荷载作用下桥面铺装表面出现最大横向拉应力的位置,并且从控制铺装层受拉破坏的角度提出了加劲肋间距、横梁间距、钢板厚度等参数的推荐值。欧美学者也曾对桥面板进行了有限元分析,Gunther 等从钢桥面板厚度、主梁附近补强加劲肋、沥青铺装层的材料特性及铺装层强度等方面探讨了影响铺装层耐久性的因素。

我国正交异性钢桥面铺装的受力分析数值模型有整体模型法、多尺度模型法(混合单元法)、子模型法、简化模型法等。其中,整体模型法为建立带有桥面铺装结构的桥梁整体板壳模型进行分析,这种有限元分析方法是最精确的,但是受到计算机内存的限制,加之建模复杂,很少有桥面铺装分析采用此种方法。模型通常选取纵向 3 个横隔板的间距,横向 4～8m,一般不包含纵向腹板,有个别模型包含两道纵向腹板,横向包含 6～14 个 U 形肋,荷载为 0.7MPa,作用面积为 0.6m×0.2m。

而桥面铺装层所处的环境复杂,要得到桥面铺装层在实际环境中真实的受力状态,数值模拟应该尽可能接近实际情况。整体模型法是最接近实际情况的有限元方法,但由于单元数量限制,需要找到一种最接近整体模型法的替代性有限元方法。

从目前已建成的大跨径钢桥来看,钢桥面铺装层的主要破坏类型有车道部位纵向裂缝和波浪推移,以及局部拥包(沥青包、高温气包)、网裂、粉碎性裂缝等,完全成功的案例还不多。可以说,钢桥面铺装仍是全世界尚需努力突破的一个技术难题。

本节主要介绍 ECO 改性聚氨酯混凝土铺装层结构在交通荷载以及环境等综合因素作用下的工作状态和应力变形特性,为桥面铺装提供必需的理论依据和设计指标。

4.1.1 有限元分析基本参数和模型

1) 正交异性钢桥面铺装体系分析模型

由于铺装层完全依附于桥面钢板与桥面系统之上,因此,它的工作状态完全不同于柔性路面的沥青面层,也不同于刚性路面上的沥青铺砌层。而且,混凝土铺装层开裂破坏主要与钢桥面板局部受力变形有关,因此,不能套用路面结构力学模型,必须与桥面系统共同作用,进行整体性力学分析。本小节取沥青混凝土、ECO 改性聚氨酯混凝土与正交异性钢桥面局部梁段作为计算对象,分析计算采用的正交异性钢桥面铺装体系模型如图 4-1 所示,正交异性板板宽 4.8m(含 8 个梯形加劲肋),板长 $0.005m + 3.75 \times 3m + 0.005m = 11.26m$(横隔板间距 3.75m)。有限元模型如图 4-2 所示。

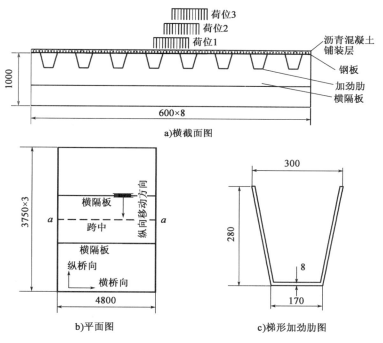

图 4-1 正交异性板体系分析模型示意图(尺寸单位:mm)

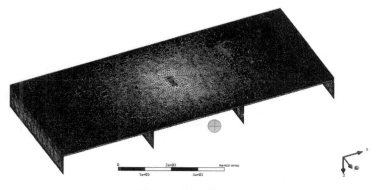

图 4-2 有限元模型图

分析横桥向最不利荷位时,根据梯形加劲肋和正交异性钢桥面板的几何特性,考虑车载相对加劲肋不同横向位置对铺装层有不同的影响,车载按图4-1a)所示分三种情况,即:荷位1——车载施加于两加劲肋中心之间的正上方;荷位2——车载以一加劲肋边为中心对称施加于正上方;荷位3——车载对称施加于一加劲肋正上方。车载在纵桥向作用于两横隔板的跨中 a-a 断面,如图4-1b)所示。

分析纵桥向的最不利荷位时,采用行车载荷到横隔板距离分别为0mm、200mm、400mm、600mm、800mm、1000mm、1200mm、1400mm、1600mm,在横隔板正上方和跨中11个特征位置进行纵向加载的应力分析,荷载移动方向如图4-1b)所示。分析时,荷载的横向分布取横桥向最不利荷位。

正交异性板体系中钢板、梯形加劲肋和横隔板均采用16Mnq钢材,其主要物理指标见表4-1。正交异性钢桥面铺装体系中各组成构件的详细几何尺寸见表4-2。

16Mnq 钢材的主要物理指标 表4-1

弹性模量 E(MPa)	剪切模量 G(MPa)	泊松比 μ
210000	81000	0.3

正交异性钢桥面铺装体系各组成构件的详细尺寸 表4-2

参　数	值
铺装层厚度	50mm
钢板厚度	14mm
横隔板厚度	10mm
横隔板间距	3.75m

2)载荷条件

在铺装层受力分析计算中,根据《公路工程技术标准》(JTG B01—2014)中汽超-20车队中550kN重车的两根重轴(每根轴重140kN)进行加载。《公路工程技术标准》(JTG B01—2014)规定将每侧双轮转化为单轮轮重70kN,车轮与铺装层接地面积取0.6m(宽)×0.2m(长),不考虑冲击系数,荷载大小为0.583MPa,荷载位置在具体分析时具体确定。

3)基本假设和边界条件

根据铺装层与桥面系统的完整性,混凝土铺装层开裂破坏主要与钢桥面板局部受力变形有关。在分析过程中假设沥青混凝土铺装层、ECO改性聚氨酯混凝土连续、完全弹性、均匀、各向同性,铺装层与钢板的层间接触为完全连续,钢桥面板变形微小。此外,由于铺装层通常是在正交异性钢桥桥面板完全施工结束后才铺筑,正交异性钢板自重对铺装层的受力无影响,因此,钢桥面板和铺装层的自重不计。

边界条件采用铺装层和钢板无水平位移而允许竖向位移,横隔板在底部固结。

4.1.2　ECO 改性聚氨酯混凝土铺装层不利荷位确定

1)横桥向最不利荷位确定

(1)铺装层内部最大拉应力(拉应变)分析。

通过有限元分析软件计算得到在单轮均布荷载作用下,铺装层的横向最大拉应力、横向最大拉应变和纵向最大拉应力和纵向最大拉应变。对比计算分析时,沥青混凝土铺装层与 ECO 改性聚氨酯混凝土的厚度均取 5cm,沥青混凝土弹性模量值分别取 500MPa、1000MPa、1500MPa 和 2000MPa,而 ECO 改性聚氨酯混凝土弹性模量值范围为 7000~14000MPa,对比计算结果见表 4-3。

单轮荷载作用下铺装层最大拉应力和拉应变　　　　表 4-3

弹性模量 E (MPa)	荷位	最大主应力 σ (MPa)	横向最大拉应力 σ_{xmax} (MPa)	纵向最大拉应力 σ_{zmax} (MPa)	横向最大拉应变 ε_{xmax} ($\times 10^{-6}$)	纵向最大拉应变 ε_{zmax} ($\times 10^{-6}$)
500	荷位 1	0.1278	0.1278	0.0371	283	71
500	荷位 2	0.2795	0.2132	0.0550	461	80
500	荷位 3	0.2395	0.2386	0.0475	485	88
1000	荷位 1	0.2232	0.2232	0.0710	224	67
1000	荷位 2	0.4363	0.3771	0.0753	406	71
1000	荷位 3	0.4225	0.4226	0.0758	412	71
1500	荷位 1	0.2985	0.2985	0.1080	188	65
1500	荷位 2	0.5365	0.4930	0.1095	355	68
1500	荷位 3	0.5595	0.5595	0.1082	361	67
2000	荷位 1	0.3667	0.3677	0.1388	172	64
2000	荷位 2	0.6207	0.5789	0.1345	311	65
2000	荷位 3	0.6440	0.6440	0.1203	321	64
10500	荷位 1	2.1633	0.66237	0.50295	58	39
10500	荷位 2	2.3129	0.74494	0.48557	67	38
10500	荷位 3	2.6865	0.70459	0.4418	68	36

根据表 4-3 中的数据分析可得,铺装层内的横向最大拉应力 σ_{xmax} (或横向最大拉应变 ε_{xmax}) 均远大于纵向最大拉应力 σ_{zmax} (或纵向最大拉应变 ε_{zmax}),因此,横桥方向是铺装层内部拉应力的主要控制方向,铺装层出现的开裂破坏主要原因是由横向拉应力引起的纵桥向裂缝。同时可以看到,横向最大拉应力 σ_{xmax} 与最大主应力 σ 很接近,而铺装层是三维空间体,其最大主应力方向不易确定,且不能直接测量出来,因此,可以将横向拉应力作为铺装层设计的一个重要控制指标,通过控制铺装层的最大拉应力,进而控制铺装层的开裂破坏。

铺装层模量的改变对铺装层内部受力影响很大。随着铺装层模量的增大,不管是沥青混凝土铺装层还是 ECO 改性聚氨酯混凝土铺装层在整个复合结构中所占的刚度比例均上升,铺装层内部的最大横向拉应力 σ_{xmax}、最大纵向拉应力 σ_{zmax} 均增大,但横向与纵向的最大拉应变均减小。沥青混凝土铺装层弹性模量的变化反映了温度的变化情况,在温度降低时,沥青混凝土模量值增大,铺装层内部的最大拉应力增大,拉应变减小;当温度升高时,沥青混凝土模量值变小,铺装层内部的最大拉应力减小,拉应变增大。而 ECO 改性聚氨酯混凝土受温度的变化影响很小,故能保证较大的模量,从而其拉应变远小于沥青混凝土。

荷位的改变对铺装层的最大横向拉应力 σ_{xmax} 的影响很大,三种荷位作用下产生的铺装层最大横向拉应力 σ_{xmax} 的柱状比较图如图 4-3 所示。

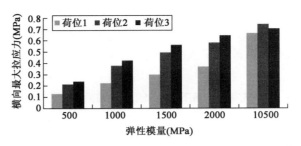

图4-3 对应不同模量各荷位作用下铺装层最大横向拉应力比较

从图4-3中的最大横向拉应力柱状比较图可以看出,对于相同荷位,最大横向拉应力 σ_{xmax} 随着模量的增大而增大。对于相同的弹性模量,在荷位1时,铺装层最大横向拉应力最小,荷位2次之,荷位3最大。

从上述分析可知,横桥向拉应力可以作为整个铺装层拉应力控制指标。以此作为控制指标时,横桥向最不利荷位是荷位3,即车载对称施加于加劲肋的正上方处。

(2)铺装层与钢桥面板的层间剪应力分析。

铺装层与钢板间的黏结破坏是目前钢桥面铺装层破坏的另一类常见破坏类型。黏结层的破坏直接影响到铺装层与钢板的复合作用,加速铺装层本身的破坏,并且修补工作量巨大。目前对它的处理只有将黏结破坏区域的铺装层清除重铺,代价很大。因此,铺装层与钢板的层间剪应力是控制黏结破坏的主要控制指标。在三种横向特征荷位作用下,对应不同的铺装层材料弹性模量,铺装层与钢板的层间剪应力的计算结果见表4-4。

单轮荷载作用下铺装层与钢板的层间最大剪应力　　　　表4-4

弹性模量 E(MPa)	荷 位	层间横向最大剪应力 τ_{xmax}(MPa)	层间纵向最大剪应力 τ_{zmax}(MPa)
500	荷位1	0.0987	0.0268
	荷位2	0.1721	0.0906
	荷位3	0.1528	0.0851
1000	荷位1	0.1642	0.1214
	荷位2	0.2126	0.1222
	荷位3	0.1778	0.1144
1500	荷位1	0.2238	0.1471
	荷位2	0.2572	0.1477
	荷位3	0.2093	0.1385
2000	荷位1	0.2642	0.1683
	荷位2	0.2772	0.1686
	荷位3	0.2225	0.1588
10500	荷位1	0.3155	0.17152
	荷位2	0.59755	0.19658
	荷位3	0.47869	0.19352

从表4-4中的计算结果可以看出,横向荷位的改变对层间横向剪应力和纵向剪应力均有影响。因此,在对层间剪应力进行分析时,必须考虑横向荷位的影响。在同一荷位作用下,铺装层与钢板的层间横向最大剪应力明显大于层间纵向最大剪应力,因此,层间剪应力的控制方向是横桥方向,铺装层与钢板的层间黏结破坏的主要控制指标就是层间横向剪应力。

随着铺装层弹性模量的增大,铺装层与钢板层间的最大剪应力 $\tau_{x\max}$(包括横向剪应力与纵向剪应力)也不断增大。沥青混凝土铺装层的模量改变时,在三种荷位作用下,层间最大横向剪应力的计算结果如图4-4所示。同样,沥青混凝土铺装层弹性模量的变化反映了温度的改变,在温度降低时,沥青混凝土模量值增大,铺装层内部的横向最大剪应力增大;当温度升高时,沥青混凝土模量值变小,铺装层内部的横向最大剪应力减小。ECO改性聚氨酯混凝土模量较沥青混凝土更大,承受更大的剪应力,但根据剪切试验结果,ECO改性聚氨酯混凝土相比于沥青混凝土有更大的剪应力安全余量。

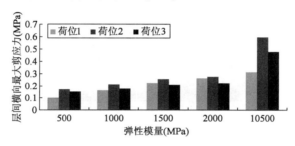

图4-4 对应不同模量各荷位作用下铺装层层间最大横向剪应力比较

(3)铺装层表面最大弯沉分析。

沥青混凝土路面的弯沉(回弹弯沉)是指路面在垂直荷载作用下产生的垂直变形。路表弯沉是沥青混凝土路面设计的一个重要指标,它不仅能反映路面各结构层及土基的整体强度和刚度,而且与路面的使用状态存在一定的内在联系,同时弯沉值的测定也比较方便,所以这项指标得到了广泛采用。钢桥面铺装层通常采用薄层混凝土铺装,虽然铺装层的支撑并非一般道路上的基层和土基,而是正交异性钢板,但铺装层表面的弯沉仍能反映铺装层与正交异性钢桥面板的整体强度和刚度,而且能反映铺装层的使用性能,因此,铺装层的表面弯沉也作为钢桥面铺装层受力分析的一个力学指标。在不同的荷位作用下,沥青混凝土铺装层与ECO改性聚氨酯混凝土铺装层表面的最大弯沉的计算结果见表4-5和图4-5。

单轮荷载作用下铺装层表面最大弯沉值   表4-5

弹性模量 E(MPa)	荷 位	铺装层表面最大弯沉 $l_{\max}$(mm)
500	荷位1	0.6985
	荷位2	0.7845
	荷位3	0.8443
1000	荷位1	0.6679
	荷位2	0.7421
	荷位3	0.7967

续上表

弹性模量 E(MPa)	荷 位	铺装层表面最大弯沉 l_{max}(mm)
1500	荷位1	0.6527
	荷位2	0.7177
	荷位3	0.7678
2000	荷位1	0.6417
	荷位2	0.6993
	荷位3	0.7456
10500	荷位1	0.5380
	荷位2	0.5514
	荷位3	0.5728

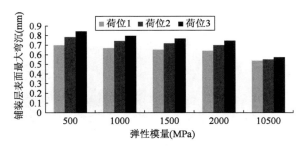

图 4-5 对应不同模量各荷位作用下铺装层表面最大弯沉比较

从表 4-5 和图 4-5 分析可得，随着沥青混凝土模量不断增大，正交异性钢板复合结构的整体刚度不断增大，在相同荷载作用下，铺装层表面最大弯沉不断减小。对于相同的沥青混凝土弹性模量，荷位 3 作用下的铺装层表面弯沉最大，荷位 2 次之，荷位 1 最小，所以当以铺装层表面最大弯沉作为控制指标时，荷位 3——车载对称施加于加劲肋的正上方处为最不利荷位。而 ECO 改性聚氨酯混凝土弹性模量大，其在垂直荷载作用下产生的垂直变形很小，反映了 ECO 改性聚氨酯混凝土铺装层的整体强度和刚度很好，有利于延长钢桥面的使用寿命。

2）纵向最不利荷位分析

(1) 铺装层内部最大拉应力分析。

分析纵桥向的不利荷位时，横桥向荷载位置采用前面分析的不利荷位 3，即荷载对称施加于加劲肋的正上方处，如图 4-6 所示。表 4-6 列出了在不同的纵向位置时对应于单轮荷载作用下沥青混凝土铺装层与 ECO 改性聚氨酯混凝土铺装层的最大横向拉应力计算结果。

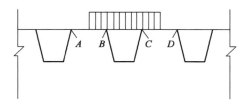

图 4-6 肋顶局部图

荷位纵向变化铺装层的最大横向拉应力　　　　　　　　　　　表 4-6

纵向荷位 (mm)	拉 应 力		
	沥青混凝土最大横向拉应力 $\sigma_{L\,xmax}$（MPa）	ECO 改性聚氨酯混凝土最大横向拉应力 $\sigma_{ECO\,xmax}$（MPa）	最大横向拉应力 σ_{xmax} 出现的位置
横隔板正上方	0.01987	0.11328	轮下面肋顶 B
0	0.01701	0.22401	轮下面肋顶 B
200	0.02866	0.41241	轮左侧的肋顶 A
400	0.04369	0.53584	轮左侧的肋顶 A
600	0.06097	0.68071	轮左侧的肋顶 A
800	0.08055	0.71271	轮左侧的肋顶 A
1000	0.08830	0.68071	轮左侧的肋顶 A
1200	0.10064	0.71062	轮左侧的肋顶 A
1400	0.11073	0.73305	轮左侧的肋顶 A
1600	0.11901	0.72665	轮左侧的肋顶 A
跨中	0.11929	0.71636	轮左侧的肋顶 A

从表 4-6 中结果可知，ECO 改性聚氨酯混凝土铺装层的最大横向拉应力大于普通沥青混凝土铺装层，但根据试验结果，其抗弯拉强度安全余量较沥青混凝土铺装更大。

（2）ECO 改性聚氨酯混凝土铺装层与钢桥面板的层间剪应力分析。

对应不同的纵向荷位，铺装层与钢桥面板的层间最大横向剪应力的计算结果见表 4-7。从表 4-7 中的数据可以看出，当荷载从横隔板正上方不断向跨中移动时，铺装层与钢板的层间最大横向剪应力值变化很小，其最大值与最小值相差只有 0.0092MPa，但铺装层与钢板间的最大横向剪应力也是在车载位于两横隔板之间的跨中 a-a 截面位置处出现。同样，ECO 改性聚氨酯混凝土最大横向剪应力也远大于沥青混凝土，说明其抵抗纵向剪切的能力很强。

不同纵向荷位作用下铺装层与钢板的层间最大横向剪应力　　　　　表 4-7

纵向荷位 (mm)	剪 应 力	
	沥青混凝土铺装层与钢桥面板层间最大横向剪应力 τ_{Lxmax}（MPa）	ECO 改性聚氨酯混凝土铺装层与钢桥面板间最大横向剪应力 $\tau_{ECOxmax}$（MPa）
横隔板正上方	0.027101	0.06038
0	0.032508	0.09985
200	0.033743	0.20065
400	0.030943	0.2294
600	0.034323	0.23208
800	0.02756	0.23986
1000	0.030083	0.23208
1200	0.031607	0.22369
1400	0.031963	0.20757

续上表

纵向荷位 (mm)	剪应力	
	沥青混凝土铺装层与钢桥面板层间最大横向剪应力 τ_{Lxmax}(MPa)	ECO改性聚氨酯混凝土铺装层与钢桥面板层间最大横向剪应力 $\tau_{ECOxmax}$(MPa)
1600	0.025487	0.2003
跨中	0.028786	0.19872

综上所述,本小节利用有限元分析软件,对单轮荷载作用下钢桥面铺装层的受力状况进行了探讨,同时分析了纵向荷位的改变对桥面铺装层受力的影响,可以得出以下几点结论:

(1)钢桥面铺装层的最大横向拉应力(拉应变)远大于最大纵向拉应力(拉应变),铺装层出现的开裂破坏主要是横向拉应力引起的纵桥向裂缝,且最大拉应力出现在荷载边缘外梯形加劲肋肋顶处,因此,可以将横向拉应力作为铺装层设计的一个重要控制指标。

(2)通过比较不同横向荷位作用下的铺装层横向最大拉应力(拉应变),荷位3是横桥向的最不利荷位,即车载对称施加于加劲肋正上方处。

(3)铺装层模量的改变对铺装层内部的受力影响很大,沥青混凝土铺装层模量的变化随温度改变很大,而ECO改性聚氨酯混凝土铺装层模量受温度的变化影响很小,故能保证较高的模量,反映出ECO改性聚氨酯混凝土能够很好地抵抗桥面的纵、横向裂缝。

(4)荷载纵向位置的变化对铺装层最大横向拉应力的影响很大,通过比较荷载位于纵向不同位置时铺装层横向最大拉应力,发现当荷载位于两横隔板之间的跨中时为纵向最不利荷位。

(5)当以钢桥面铺装层与钢板的最大层间剪应力作为控制指标时,横向最不利荷位是荷位2,即均布荷载对称施加于加劲肋侧肋的顶部,纵桥向最不利荷位是荷载作用在两横隔板之间的跨中。

4.1.3 ECO改性聚氨酯混凝土铺装层厚度确定

钢桥面铺装的工程造价除了直接与材料特性相关外,还与施工难度、劳动力市场价值等多种因素有关。而且,钢桥面铺装体系的各主要组成部分的受力特性、所用材料的特性、施工难度等各不相同,采用统一的造价作为目标函数来衡量难度很大。单从材料费用的角度来看,可以将铺装层结构的最小质量作为目标函数来确定ECO改性聚氨酯混凝土铺装层的厚度,如式(4-1)所示:

$$W = \rho_a A_a h_a g + \rho_b A_b h_b g + \rho_g h_g g \tag{4-1}$$

式中:W——铺装结构总质量;

A_a、A_b——上层铺装面积与下层铺装面积;

h_a、h_b、h_g——上层材料厚度、下层厚度和钢板厚度;

ρ_a、ρ_b、ρ_g——分别为上层材料密度、下层材料密度和钢的密度;

g——重力加速度。

减小铺装层总质量不但可以减少材料用量、降低造价、加大跨径,而且可以改善桥梁结构的整体受力情况,对整个桥梁设计来说是很有利的。但是,对于铺装层来说,并不是越轻越好。因为桥面铺装面积是确定的,铺装层材料越轻即意味着铺装层越薄,由于钢桥面铺装层不仅要起保护桥面板的作用,而且还面对非常恶劣的自然环境,要满足对钢板变形的随从性,保证行车的安全和长期的使用性能。所以,桥面铺装原则上定为两层,也就是上、下两层,上层要有很好的平坦性和优越的抗滑性,同时为了抵抗由于车辆行车时产生的剪切力,上层还必须具备抗流动、抗磨耗能力,以免形成车辙。另外,下层是使上层与桥板成为一体,以确保这一整体的耐久性。因此,铺装层材料必须具备一定的厚度。对于钢板来说,如果过薄,在车辆荷载的作用下产生的变形也必然会增大,因此,对钢板厚度也有一定的取值。在目标函数中,由于纵向加劲肋和横隔板的尺寸变化引起的重量改变非常小,所以只取铺装层材料和钢板的重量作为目标函数。ECO 改性聚氨酯混凝土铺装层上层材料密度取为 2.5g/cm^3,铺装层下层材料的密度取为 2.2g/cm^3,钢板密度为 7.8g/cm^3,则其目标函数如式(4-2)所示:

$$G = 2.5 \times h_a + 2.2 \times h_b + 7.8 \times h_g \tag{4-2}$$

确定钢桥面铺装层厚度时需要注意的是:

(1)钢桥桥面是一个各项参数相互影响的整体,各项参数对铺装层荷载产生的应力、应变和弯沉值都有一定的影响,但影响的程度不同,在对正交异性钢桥面铺装体系进行设计时,既要综合考虑所有参数的影响,更要重点把握关键参数的影响。

(2)在荷载作用下将铺装层表面产生最大应力、应变、弯沉以及局部挠跨比作为限制条件,对铺装层厚度、材料、横隔板间距、钢板厚度以及梯形加劲肋刚度等参数需进行综合考虑。

4.2 ECO 改性聚氨酯混凝土铺装层对移动载荷的响应

随着社会经济的发展和高等级公路通车里程的增加,公路运输中车速快、载重大的状况变得非常普遍。在高速、重载车辆的作用下,路面结构的动态效应更加显著,由此产生的材料松散、疲劳开裂等动态破坏模式在路面损坏现象中也变得尤为突出,在桥面铺装中也是如此。目前,在桥面铺装的结构设计中普遍采用的是静力学模式,一般都是把车辆荷载看成是静止不动的,这在荷载较小、车速较低的情况下是适用的,然而这与桥面铺装体系的实际受力状况有一定的差异,特别是在明显的运动荷载作用下,静力荷载模式与车辆行驶过程中对桥面铺装层的实际作用力之间的差异越来越大,而且也难以对动态荷载作用下的桥面铺装层的破坏现象作出合理的描述和控制。因此,进行钢桥面铺装层动力学分析具有重要的理论价值和实践指导意义。

4.2.1 行车载荷的动力特性

行车荷载的作用实际上是一种非平稳的随机过程,该过程受很多因素的影响,如交通量、轴载、车速、车型、车面平整度、汽车本身的激励作用以及车与桥面之间的耦合等。其作用力的大小、形式及作用点都是时间的函数。如果把桥面铺装结构看成一个系统,则行车荷载的冲击作用则为该系统的激励或输入,桥面铺装层相应产生的响应,如位移、应力、形变等为该系统的响应或输出,其过程如图4-7所示。激励与响应以及该振动系统内部参数都是动态的,并且相互影响。

图4-7 桥面铺装层激励与响应示意图

4.2.2 行车移动载荷的形式

在桥面铺装结构动力学研究中,首先要对车辆荷载的特性进行研究。目前,常用的车辆荷载的类型主要有以下三种形式:

(1) 动力荷载。通过建立车辆振动模型,计算得到车辆附加动荷载,然后利用动荷载系数将动荷载的影响反映到桥面结构设计或桥面使用性能评估中。可以把桥面不平整视为一个确定函数来分析车辆附加的动压力。

(2) 移动恒载。即把车辆荷载简化为沿行驶方向移动的常量荷载,其大小等于车辆的自重。这种荷载形式在目前的地面结构动力学模型中较为多见,常见的有点源移动荷载、线源移动荷载和圆形均布移动荷载等。

(3) 移动随机荷载。由于桥面不平整是一个典型的随机过程,所以车辆作用于桥面的附加动荷载也具有随机性。事实上,桥面结构所承受的车辆荷载不仅是大小变化的,而且在空间分布上具有瞬态特征,另外由于桥面不平整是一个随机过程,所以车辆荷载也具有随机性。由此可见,单用前两种荷载形式描述车辆荷载是并不是很完整的。对于第三种形式,虽然更接近于真实的车辆荷载,但是增加了问题的复杂性,很难用室内试验和计算机软件来模拟。

4.2.3 动载特性影响因素

1) 车速

行车速度对车-路系统的影响很大。当车速很低,车辆处于缓行状态时,可以认为加载已非动态,按常规静载模式分析即可。随着车速的增加,作用于路面的动力系数迅速增大。当车速从8km/h增加到50km/h时,动力系数可增加50%~100%。车速对路面结构的破坏早已引起了人们足够的重视,国内外也做了大量的试验,如CHENSS(1987)和MONISCL(1988)指出,路面结构内部的应力随速度的增加而增大,当速度由0m/s增加到27m/s时,应力增加7%。而AASHO(1962)试验测得当速度从0m/s增加到18m/s时,内部应力增加了40%的现象。

虽然由于研究方法的不同和所用的力学模型有所差别,得出的结论在数值上也有点偏差,但是都反映出行车速度对桥面结构动态响应具有显著的影响。

2) 车型

路面上行驶的车辆是一个庞大的荷载群体,既有大吨位的重载汽车,也有相对轻巧的小汽车,各种大、中、小型车辆表现出不同的动力荷载特性。车辆的固有频率 f 随车型的变化而变化,其大小为:

$$f = \frac{1}{2\pi}\sqrt{\frac{K}{m}} \tag{4-3}$$

式中：K——悬架刚度；

m——车辆轴重和载重，均由车辆种类决定。

车辆固有频率增大，对桥面的冲击作用力也相应增大，桥面产生的动力效应也增强。

3）桥面的平整度

车与桥面相互作用时，在振动的任意时刻满足力的平衡与变形协调条件，彼此之间互为影响。在随机激振荷载模拟中，以桥面表面波形作为振动输入源时的分析结果表明：桥面表面越平顺，汽车行驶就越平稳，产生的冲击力将大幅减小。这也是桥面平整度一直以来是桥面铺装层一项严格检测指标的原因。好的平整度不仅可以提高行车舒适性，而且有利于减小桥梁结构承受动载的作用。

4.2.4 模型建立

通过建立桥面铺装体系的三维有限元模型，应用有限元分析软件对钢桥面铺装层在车辆移动荷载作用下的受力特性进行分析，并考虑不同的行驶车速对铺装层的受力影响。

1）分析模型

分析模型如图4-1所示，取钢箱梁顶面板、加劲肋、横隔板和铺装层作为整体，建立有限元分析模型，模型纵桥向取11.25m（三跨横隔板长度3.75×3m），横桥向取4.8m（共8个梯形加劲肋0.6×8m）。8个加劲肋、3跨、4块横隔板、桥面顶板、加劲肋以及横隔板均采用16Mn低合金钢。桥面铺装采用两层，铺装上层材料为沥青混凝土，铺装下层材料采用ECO改性聚氨酯混凝土，所有材料均采用线性弹性模型，铺装体系模型参数见表4-8。

钢桥面铺装体系模型的参数　　　　表4-8

铺装体系结构	厚度(mm)	弹性模量(MPa)	泊松比	密度(kg/m³)
ECO改性聚氨酯混凝土下层	35	7000~14000	0.3	2200
沥青混凝土上层	25	300	0.3	2500
钢桥面板	14	210000	0.3	7800
梯形加强肋	8	210000	0.3	7800
横隔板	10	210000	0.3	7800

2）边界条件

根据分析模型及有限元的特点，边界条件采用铺装层和钢板无水平位移而允许竖向位移，横隔板底部固结处理，铺装层表面自由，其上面承受车辆移动荷载的作用。

3）荷载及求解

为了方便，本处将车辆荷载看成是移动恒载，并考虑行车速度对铺装层受力的影响，分析铺装体系在车辆移动荷载作用下的动态响应。计算荷载选用汽-20车队中重车后轴的一侧轮胎，轴重140kN，车轮与铺装层接地面积取0.6m（宽）×0.2m（长），并考虑30%的冲击系数，接地压强为0.758MPa，荷位采用图4-1a)中的荷位3，即车载对称施加于一加劲肋的正上方。移动荷载从离一侧横隔板边缘2230mm以一定的速度移至离横隔板边缘9030mm处。为了对车辆移动荷载进行数值模拟，采用阶跃荷载进行加载，施加于一组单元上的轮载持续时间为 0.0072s，相当于车速为 100km/h。当采用不同的车速时，只需改变轮载在每个单元上持续的时间。在通用有限元分析软件中采用 Full 法，并用瞬态求解器进行动力方程的求解。

4.2.5 仿真结果分析

1) 不同车速移动荷载作用下铺装层表面横向拉应力比较

分析不同车速的移动荷载作用下铺装层表面处的横向拉应力时，也仅考虑图 4-8 所示的 A 位置处的铺装层表面的横向拉应力。不同速度的车辆移动荷载作用下 A 位置处铺装层表面最大横向拉应力值及与静力作用下的计算结果的比较见表 4-9，不同车速的移动荷载作用下 A 位置处的铺装层表面拉应力随荷载移动的结果变化图如图 4-8 所示。

表 4-9 移动荷载作用下最大横向拉应力及与静力作用的对比表

车速（km/h）	最大横向拉力（MPa）	与静力作用比较（%）
20	0.70084	+38.27
60	0.72678	+43.34
100	0.76971	+51.83
140	0.81709	+61.18

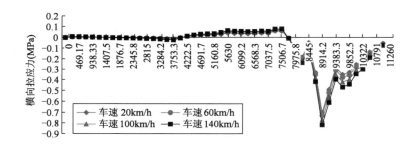

图 4-8 不同车速的移动荷载作用下的铺装层表面横向拉应力

从表 4-9 和图 4-9 中可以看出，在车辆移动荷载作用下，铺装层表面的拉应力随着荷载的移动呈现出波动变化的形式，而且铺装层表面的最大横向拉应力比在静载作用下的铺装层表面的最大横向拉应力大，20km/h、60km/h、100km/h 和 140km/h 的车速荷载分别比静力作用下的计算结果大了 38.27%、43.34%、51.83% 和 61.18%。由此可见，车辆行驶速度对铺装层表面的横向拉应力影响很大，而且随着车辆行驶速度的增大，铺装层表面产生的最大横向拉应力也不断增大。因此，有必要对一些轴重比较大的车辆在通过大桥时实行限速行驶。

2) 不同车速的移动荷载作用下铺装层纵向拉应力比较

图 4-9 是第二块横隔板边缘在图 4-6 所示 B 位置处铺装层表面的纵向拉应力随移动荷载作用的结果变化图。从图 4-9 中可以看出，在车辆移动荷载作用下铺装层表面的纵向拉应力随着荷载的移动呈现波动变化的形式。但是在不同的车辆移动荷载作用下，铺装层表面的纵向拉应力变化不太明显，因此，随着车速的变化，铺装层表面的纵向拉应力值的变化不大。

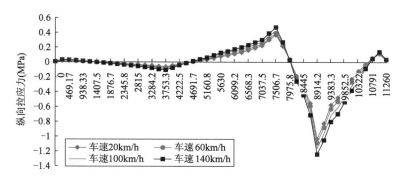

图4-9 不同车速的移动荷载作用下的铺装层表面纵向拉应力

3）不同车速的移动荷载作用下铺装层表面竖向位移比较

分析铺装层表面的弯沉时，仅考虑了图4-8所示的 C 位置处表面的竖向位移。不同车速的移动荷载作用下 C 位置处铺装层表面竖向位移与静力作用下的结果的比较见表4-10，在不同车速移动荷载作用下，C 位置处的铺装层表面竖向位移随荷载移动的变化如图4-10所示。

移动荷载作用下铺装层表面竖向位移及与静力作用的对比表　　　表4-10

车速（km/h）	铺装层表面竖向位移（mm）	与静力作用比较（%）
20	1.6295	+114.00
60	1.6308	+114.176
100	1.6313	+114.241
140	1.6559	+117.47

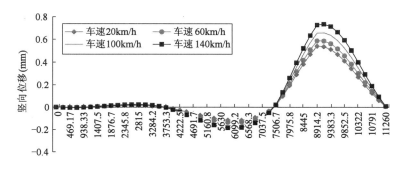

图4-10 不同车速的移动荷载作用下铺装层表面竖向位移

从表4-10和图4-10中可以看出，在车辆移动荷载作用下，铺装层表面的竖向位移随着车辆荷载的移动呈现出波动变化形式，并且铺装层表面的竖向位移比在静力荷载作用下的铺装层表面的竖向位移大，20km/h、60km/h、100km/h 和 140km/h 的车辆移动荷载作用下的铺装层表面的竖向位移分别比静力荷载作用下的计算结果大了 114.00%、114.176%、114.24% 和 117.47%，而且随着车辆行驶速度的增加，铺装层表面产生的竖向位移也在不断增大。

综上所述,利用通用有限元分析软件的瞬态动力学分析方法,对单轮荷载作用下钢桥面铺装层在车辆移动荷载作用下的受力状况进行了探讨,综合分析可以得出以下几点结论:

(1)车辆移动荷载对钢桥面铺装层竖向变形和应力的影响比较复杂,铺装层所产生的应力和变形随着车辆荷载的移动呈现波动变化形式。

(2)在车辆移动荷载作用下铺装层表面的横向拉应力大于静载作用下的横向拉应力,而且随着车速的增大,铺装层表面的横向拉应力也不断增大。但是,车速的变化对纵向拉应力的影响较小。

(3)在车辆移动荷载作用下铺装层表面的竖向变形大于静力荷载作用下铺装层表面的竖向变形,而且随着车速的增大,铺装层表面的竖向变形也不断增大。

4.3 ECO改性聚氨酯混凝土钢桥面铺装性能理论分析与实测研究

在钢桥的上部结构中,桥面铺装层是直接承受车辆荷载的重要组成部分,也是经常出现早期病害的易损部位,这直接影响了钢桥的通行能力与运营状况。钢桥面铺装施工条件相对严格,又经常承受超重的车辆荷载,因此是桥梁建设和维护中的难点和热点问题,越来越多的学者对其展开了力学性能的研究,以适应桥梁建设的需求。目前国内外提出了多种钢桥桥面铺装体系,常见的有单层沥青玛碲脂、双层环氧沥青混凝土、浇注式沥青混凝土、UHPC组合式桥面铺装等。于力、张晓东等结合自身工程维修养护经验,对目前广泛运用于钢桥面铺装的环氧沥青混凝土铺装展开了研究,评价了环氧沥青混凝土铺装层的力学性能,并对其施工质量控制提出了一定的建议。王贤良等根据一系列试验确定了GMA浇注式沥青混凝土的最佳级配,对其高、低温、抗水以及疲劳性能进行了评价。苏子元等依托实际工程并结合有限元软件,对浇注式沥青混凝土在寒冷地区的应用展开了技术研究,确定了GA疲劳寿命分析方法和一系列施工控制指标,为浇注式沥青混凝土铺装在寒冷地区的应用提供了一定的技术支持。李兴海等对钢桥桥面铺装材料的疲劳试验方法进行了改进,定量评估了沥青坑槽病害修复界面的疲劳性能和修复效果。银力等结合实际修复工程,对桥面铺装病害进行分析,通过有限元分析确定铺装层受力特性并结合大量的试验确定了铺装材料级配,最终确定最优修复方案,为钢桥桥面铺装修复技术方案选型提供了指导。除了对原有铺装体系力学性能以及修复技术展开研究外,不少学者也开始研究新型高强度材料在铺装中的应用,柴彩萍、孙劲舟、邓露、邵旭东、邓鸣等分别研究了ECC、RPC以及UHPC等高性能混凝土在钢桥桥面铺装中的应用,并通过试验以及有限元理论分析验证了其良好的路用性能。

本节以明州大桥钢桥面铺装层维修工程为依托,该工程采用宁波路宝科技实业集团有限公司自主研发的ECO改性聚氨酯混凝土铺装层更换了原有环氧沥青混凝土铺装层,对更换铺装前后的钢桥面板进行了力学性能测试,包括重载车辆作用下的静力与动力试验,验证了ECO改性聚氨酯混凝土铺装层对于钢桥面受力性能的改良效果,为提高钢桥桥面铺装质量提供了一定的技术支持。

4.3.1 ECO 改性聚氨酯混凝土钢桥面铺装静载试验

1）静载试验方案

为了检验试验桥梁桥面板结构当前的受力状况是否达到设计及规范要求,反映不同桥面铺装层对于桥面板结构受力性能的影响,开展了明州大桥钢桥桥面铺装的静载试验,试验车辆按规范选取 35t 标准轴重车辆,如图 4-11 所示。

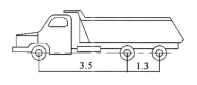

a) 静力试验加载车辆尺寸　　　　　　　　　b) 静力试验加载车辆

图 4-11　静力试验的加载车辆(尺寸单位:m)

测试断面选取明州大桥北侧边跨桥面铺装层破损严重两处断面进行现场测试,分别为断面 A 和断面 B,其中,断面 A 距离北侧伸缩 4.675m,断面 B 距离北侧伸缩缝 17.297m,如图 4-12 所示。

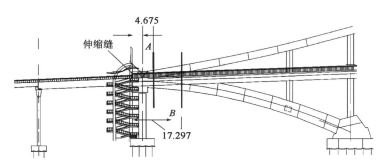

图 4-12　桥梁静载试验的测试断面(尺寸单位:m)

静载试验主要测量指标是应变和裂缝,分别在桥面铺装更换前、更换中和更换后进行车辆加载试验,共有 6 个工况,见表 4-11。

静荷载试验工况及测试内容(单位:$\mu\varepsilon$)　　　　　　表 4-11

工　况	工况描述	测试内容	
		应变	裂缝
Ⅰ	更换前断面 A	钢箱梁顶板正应变	可能出现的裂缝
Ⅱ	更换前断面 B	钢箱梁顶板正应变	可能出现的裂缝
Ⅲ	更换中断面 A	钢箱梁顶板正应变	可能出现的裂缝
Ⅳ	更换中断面 B	钢箱梁顶板正应变	可能出现的裂缝

续上表

工况	工况描述	测试内容	
		应变	裂缝
V	更换后断面 A	钢箱梁顶板正应变	可能出现的裂缝
VI	更换后断面 B	钢箱梁顶板正应变	可能出现的裂缝

(1)应变测试。

分别在断面 A 和断面 B 桥面板底部和横向加劲板底部布置振弦式传感器和应变片,主要由振弦式传感器进行测试,应变片测试作为辅助参考,如图 4-13 所示。

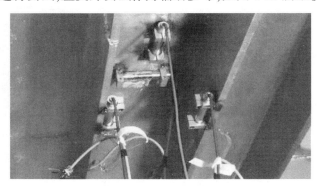

图 4-13 应变测试仪器布置图

断面 A 在两个箱室布置测点,每个箱室布置 4 个测点,每个测点均有一个振弦式传感器和一个应变片,其中 1、5 测点为桥面板顺桥向测点,2、6 测点为桥面板横桥向测点。测点 3、测点 4、测点 7 和测点 8 分别布置在桥面板相邻两横向加劲肋底部,如图 4-14a)所示;横桥向布置,如图 4-14b)所示。

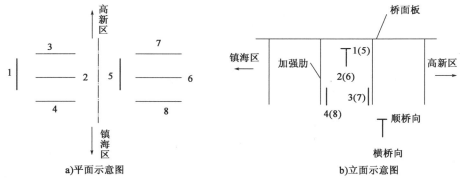

图 4-14 应变测试仪器布置图

断面 B 在典型 U 形肋及相邻桥面板布置测点,共 6 个测点。其中,测点 1 和测点 2 为 U 形肋底部横桥向和顺桥向测点,测点 3 和测点 4 为相邻桥面板(东侧)底部横桥向和顺桥向测点,测点 5 和测点 6 为 U 形肋脚处(西侧)横桥向和顺桥向测点。断面 B 测点布置,具体如图 4-15 所示。

(2)裂缝观测。

在加载时,目测桥面板裂缝情况,对产生的裂缝用裂缝观测仪(图 4-16)测量宽度,用钢卷尺测量长度。

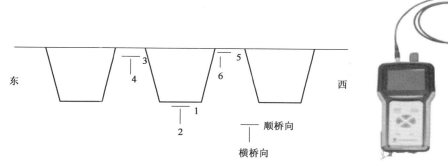
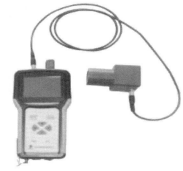

图 4-15　断面 B 测点布置图　　　　图 4-16　CW50 裂缝宽度观测仪

2) 静载试验理论分析方案理论分析

采用有限单元法,用有限元软件 MSC. MARC 建立明州大桥主桥北侧(镇海区侧)边跨的有限元模型(图 4-17),分析该边跨在试验车辆荷载作用下钢桥面板的应力和应变。

该模型由 99347 个节点、101098 个单元组成,其中 100756 个单元为四节点壳单元,用来模拟桥面顶板、底板、U 形肋、I 形肋、横隔板等,342 个单元为两节点梁单元,用来模拟端横梁的加强部分。理论分析的工况与试验相同,如图 4-18 所示,工况 I、III、V 分别为桥面板铺装更换前、更换中、更换后 A 截面上载重汽车加载的情形,分析此时 A 截面钢桥面板的应力。如图 4-19 所示,工况 II、IV、VI 分别为桥面板铺装更换前、更换中、更换后 B 截面上载重汽车加载的情形,分析此时 B 截面钢桥面板的应力。理论分析采用和静力加载试验一致的载重汽车。

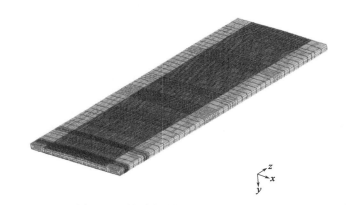

图 4-17　明州大桥主桥北侧边跨有限元模型

图 4-18　工况 I、III、V 时载重汽车后桥作用于断面 A

图 4-19 工况 Ⅱ、Ⅳ、Ⅵ时载重汽车作用于断面 B

计算以上 6 种工况下结构的应力,判断结构的强度,计算结构的应变,与实测应变比较,说明理论与试验结果的可靠性。通过理论分析,说明不同桥面铺装对钢桥面板受力性能的影响,也可以进一步提出钢桥面板改进的方向。

3) 静载试验结果分析

试验结果与理论计算比较,工况 Ⅰ、Ⅲ、Ⅴ下各测点应变的实测值与理论值见表 4-12 ~ 表 4-14。

工况 Ⅰ 下各测点应变的实测值与理论值(单位:με) 表 4-12

测点编号	初始应变	加载实测值 S_t	卸载实测值 S_p	弹性应变 $S_e = S_t - S_p$	理论值 S_s	校验系数 S_e/S_s	相对残余应变 S_p/S_e(%)
1	0	309	4	305	101	3.02	1.3
2	0	54	2	52	19	2.74	3.7
3	0	39	3	36	49	0.73	7.7
4	0	41	1	40	51	0.78	2.4
5	0	137	22	115	102	1.13	16
6	0	42	16	26	9	2.89	38
7	0	2	1	1	−8	−0.13	50
8	0	1	−1	2	−9	−0.22	−100

工况 Ⅲ 下各测点应变的实测值与理论值(单位:με) 表 4-13

测点编号	初始应变	加载实测值 S_t	卸载实测值 S_p	弹性应变 $S_e = S_t - S_p$	理论值 S_s	校验系数 S_e/S_s	相对残余应变 S_p/S_e(%)
1	0	430	5	425	151	2.81	1.2
2	0	95	4	91	24	3.79	4.2
3	0	34	2	32	54	0.59	5.9
4	0	28	2	26	50	0.52	7.1
5	0	176	7	169	150	1.13	4.0
6	0	10	1	9	10	0.90	10
7	0	−3	−1	−2	−8	0.25	33.3
8	0	2	0	2	−12	−0.17	0

工况 V 下各测点应变的实测值与理论值（单位：με）　　　　表 4-14

测点编号	初始应变	加载实测值 S_t	卸载实测值 S_p	弹性应变 $S_e = S_t - S_p$	理论值 S_s	校验系数 S_e/S_s	相对残余应变 S_p/S_e(%)
1	0	285	39	246	72	3.42	13.7
2	0	58	12	46	14	3.29	20.7
3	0	42	5	37	40	0.93	11.9
4	0	39	1	38	42	0.90	2.6
5	0	134	26	108	74	1.46	19.4
6	0	21	5	16	5	3.20	23.8
7	0	18	4	14	-8	-1.75	22.2
8	0	29	5	24	-7	-3.43	17.2

工况 Ⅰ、Ⅲ、Ⅴ 下各测点应变的实测值大小规律一致：1 号测点应变（顺桥向）最大，5 号测点应变（顺桥向）次之。以工况 Ⅰ 为例，分别为 305με 和 115με。顶板横桥向测点应变（测点 2~4 和 6~8）小于顺桥向测点，说明 A 断面桥面板的顺桥向抗弯刚度较小，容易发生弯曲变形。同时，工况 Ⅰ、Ⅲ、Ⅴ 下车辆加载过程中，桥面板未发现裂缝发展。

如图 4-20 ~ 图 4-22 所示，工况 Ⅰ、Ⅲ、Ⅴ 理论应变值大小规律一致：以工况 Ⅰ 为例，1 号测点、5 号测点位置的理论值分别为 101με 和 102με，实测应变均大于理论应变，原因在于桥面板在测试断面都存在原有人孔的焊接，焊接面的存在削弱了原有结构的连续性，降低了结构刚度。1 号测点所在位置的结构强度削弱程度大于 5 号测点所在位置的结构强度削弱程度。

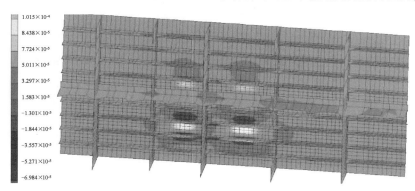

图 4-20　工况 Ⅰ 下桥面板底部的顺桥向应变图

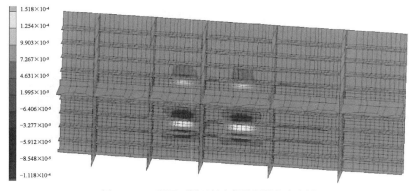

图 4-21　工况 Ⅲ 下桥面板底部的顺桥向应变图

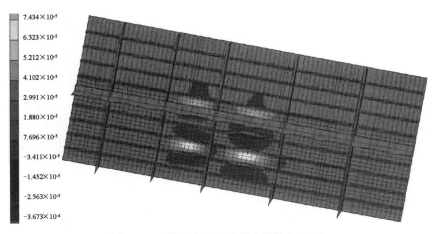

图 4-22 工况 V 下桥面板底部的顺桥向应变图

如图 4-23 ~ 图 4-25 所示,工况 I、Ⅲ、V 下桥面板底部的最大 Mises 应力分别为 20.63MPa、31.1MPa 和 15MPa,均远小于结构的许用应力。虽然实测应变比理论应变大,但是对应的应力仍然小于钢材的许用应力,满足强度要求。

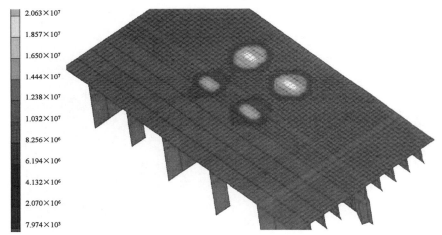

图 4-23 工况 I 的桥面板底部的 Mises 应力图

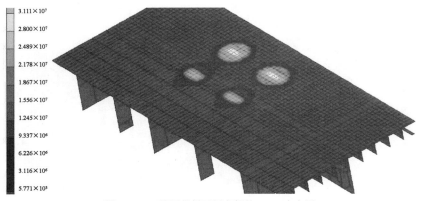

图 4-24 工况 Ⅲ 的桥面板底部的 Mises 应力图

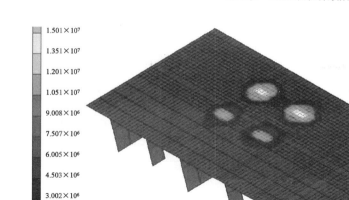

图 4-25 工况 V 的桥面板底部的 Mises 应力图

工况 II、IV、VI 下各测点应变的实测值与理论值见表 4-15 ~ 表 4-17。

工况 II 下各测点应变的实测值与理论值（单位：$\mu\varepsilon$）　　表 4-15

测点编号	初始应变	加载实测值 S_t	卸载实测值 S_p	弹性应变 $S_e = S_t - S_p$	理论值 S_s	校验系数 S_e/S_s	相对残余应变 S_p/S_e (%)
1	0	−24	−2	−22	−37	0.59	8.3
2	0	117	2	115	136	0.85	1.7
3	0	−6	−2	−4	−13	0.31	33.3
4	0	−14	−1	−13	−28	0.46	7.1
5	0	−47	−6	−41	−27	1.52	12.8
6	0	−49	−2	−47	−37	1.27	4.1

工况 IV 下各测点应变的实测值与理论值（单位：$\mu\varepsilon$）　　表 4-16

测点编号	初始应变	加载实测值 S_t	卸载实测值 S_p	弹性应变 $S_e = S_t - S_p$	理论值 S_s	校验系数 S_e/S_s	相对残余应变 S_p/S_e (%)
1	0	−79	−3	−76	−78	0.97	3.8
2	0	146	1	145	159	0.91	0.7
3	0	24	1	23	−24	−0.96	4.2
4	0	−29	−2	−27	−35	0.77	6.9
5	0	−47	3	−50	−20	2.50	−6.4
6	0	−21	−2	−19	−39	0.49	9.5

工况 VI 下各测点应变的实测值与理论值（单位：$\mu\varepsilon$）　　表 4-17

测点编号	初始应变	加载实测值 S_t	卸载实测值 S_p	弹性应变 $S_e = S_t - S_p$	理论值 S_s	校验系数 S_e/S_s	相对残余应变 S_p/S_e (%)
1	0	−12	4	−16	−23	0.70	−33.3%
2	0	105	4	101	123	0.82	3.9%

续上表

测点编号	初始应变	加载实测值 S_t	卸载实测值 S_p	弹性应变 $S_e = S_t - S_p$	理论值 S_s	校验系数 S_e/S_s	相对残余应变 $S_p/S_e(\%)$
3	0	-19	2	-21	-17	1.24	-10.5%
4	0	-9	-3	-6	-21	0.29	33.3%
5	0	-35	-2	-33	-23	1.43	5.7%
6	0	32	1	31	-35	-0.89	3.1%

工况Ⅱ、Ⅳ、Ⅵ下各测点应变的实测值大小规律一致，U形肋底部的顺桥向应变（2号测点）最大。以工况Ⅱ为例，弹性应变为 $115\mu\varepsilon$，说明 B 断面桥面板的 U 形肋起到了较大的承受车轮荷载作用。

如图 4-26～图 4-28 所示，工况Ⅱ、Ⅳ、Ⅵ下各测点理论值大小规律一致。以工况Ⅱ为例，主要测点（U 形肋底部的 1 号点、2 号点）的理论值分别为 $-37\mu\varepsilon$ 和 $136\mu\varepsilon$，均大于实测应变值，残余应变较小，说明该断面受力性能良好。同时，各工况下车辆加载过程中，结构未出现裂缝。

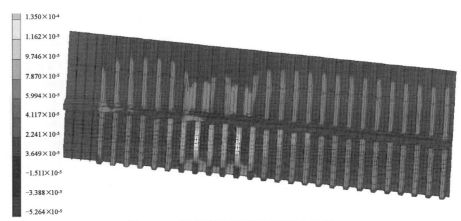

图 4-26 工况Ⅱ下桥面板底部的顺桥向应变图

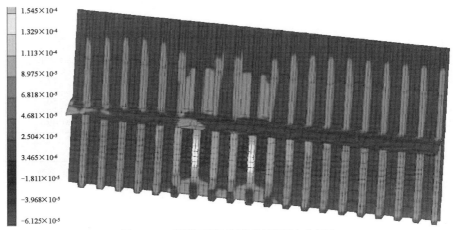

图 4-27 工况Ⅳ下桥面板底部的顺桥向应变图

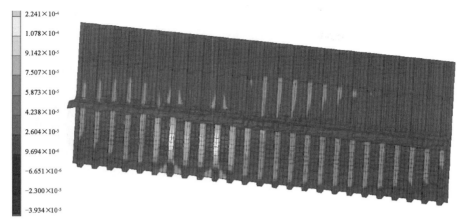

图 4-28 工况Ⅵ下桥面板底部的顺桥向应变图

如图 4-29 ~ 图 4-31 所示,工况Ⅱ、Ⅳ、Ⅵ下的桥面板底部的最大 Mises 应力分别为 26.6MPa、30.4MPa 和 24.4MPa,均远小于结构的许用应力。因为实测的主要测点应变小于理论应变,因此,实际结构的应力也小于钢材的许用应力,满足强度要求。

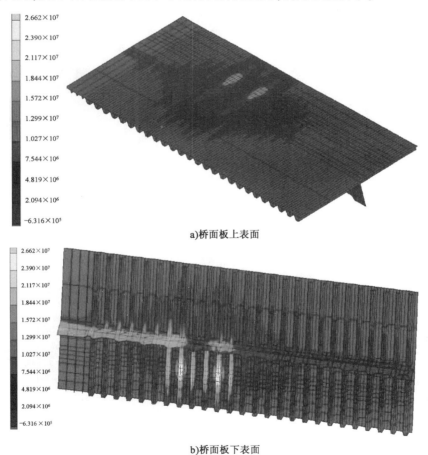

a) 桥面板上表面

b) 桥面板下表面

图 4-29 工况Ⅱ的桥面板底部的 Mises 应力图

a) 桥面板上表面

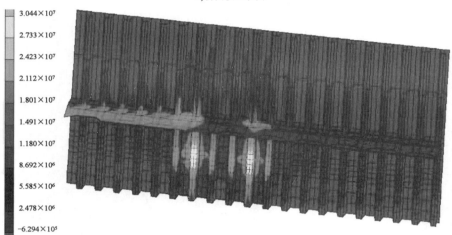

b) 桥面板下表面

图 4-30 工况Ⅳ的桥面板底部的 Mises 应力图

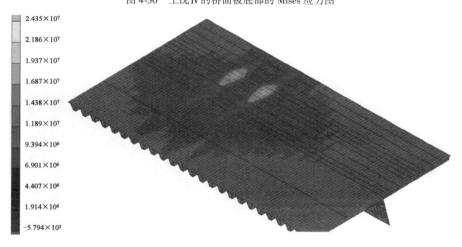

a) 桥面板上表面

图 4-31

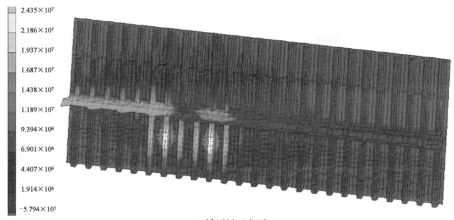

b)桥面板下表面

图 4-31 工况Ⅵ的桥面板底部的 Mises 应力图

4）试验结果评价

（1）断面 A 测试结果评价。

表 4-18 为断面 A 在工况Ⅰ、Ⅲ、Ⅴ下的结构实测应变，表 4-19 为相应的理论应变。结果表明，工况Ⅲ下测点应变最大，其次是工况Ⅰ，工况Ⅴ最小。尤其是测点 1、测点 2 和测点 5，这三个桥面板顶板上的测点应变最大，变化趋势也最明显。理论与实测结果表明：

①桥面铺装层能改善桥面板的受力状况；

②更换 ECO 改性聚氨酯混凝土桥面铺装层后，桥面板应变比原桥面铺装层的小，受力状态有所改善；

③主要测点，例如测点 1、2、5，理论应变小于实测应变，原因在于断面 A 桥面板有多处焊接，包括测点附近，影响了桥面板的受力整体性；

④桥面板加劲肋上的应变远小于桥面板顶板上的应变，这说明此处桥面板加劲肋在试验加载状态下，承受荷载的效果不是非常显著，相比理论分析要小，其原因可能是由于桥面板底部横向加劲肋未连续，两箱室之间未连接，影响了结构受力的整体性；

⑤结构 Mises 应力小于许用应力，满足强度要求。

断面 A 不同工况下各测点应变的实测值对比（单位：$\mu\varepsilon$） 表 4-18

断面 A 测点	弹性应变		
	工况Ⅰ	工况Ⅲ	工况Ⅴ
1	305	425	246
2	52	91	46
3	36	32	37
4	40	26	38
5	115	169	108
6	26	9	16
7	1	−2	14
8	2	2	24

断面 A 不同工况下各测点应变的理论值对比（单位：με） 表4-19

断面 A 测点	弹 性 应 变		
	工况 Ⅰ	工况 Ⅲ	工况 Ⅴ
1	101	151	72
2	19	24	14
3	49	54	40
4	51	50	42
5	102	150	74
6	9	10	5
7	−8	−8	−8
8	−9	−12	−7

（2）断面 B 测试结果评价。

表4-20 为断面 B 在工况 Ⅱ、Ⅳ、Ⅵ下的结构实测应变，表4-21 为相应的理论应变。结果表明，工况 Ⅳ 下测点应变最大，其次是工况 Ⅱ，工况 Ⅵ 最小。尤其是测点 1 和测点 2，这两个 U 形肋上的测点应变最大，变化趋势也最明显。理论与实测结果表明：

①桥面铺装层能改善桥面板的受力状况；

②更换 ECO 改性聚氨酯混凝土桥面铺装层后，桥面板应变比原桥面铺装层要小，受力状态有所改善；

③主要测点，例如测点 1、2，理论应变略大于实测应变，说明结构承受荷载有一定的安全余量；

④桥面板 U 形肋上的应变远大于桥面板顶板上的应变，U 肋具有很好的受力性能，承受荷载的效果明显；

⑤结构 Mises 应力小于许用应力，满足强度要求。

断面 B 不同工况下各测点应变的实测值对比（单位：με） 表4-20

断面 B 测点	弹 性 应 变		
	工况 Ⅱ	工况 Ⅳ	工况 Ⅵ
1	−22	−76	−16
2	115	145	101
3	−4	23	−21
4	−13	−27	−6
5	−41	−50	−33
6	−47	−19	31

断面 B 不同工况下各测点应变的理论值对比（单位：με） 表4-21

断面 B 测点	弹 性 应 变		
	工况 Ⅱ	工况 Ⅳ	工况 Ⅵ
1	−37	−78	−23
2	136	159	123
3	−13	−24	−17
4	−28	−35	−21
5	−27	−20	−23
6	−37	−39	−35

4.3.2 ECO改性聚氨酯混凝土钢桥面铺装动载试验

1)动载试验方案

为了测试桥跨结构的测试断面在移动车辆荷载作用下的冲击系数以及在跳车荷载作用下的自振频率,开展了载重汽车通过测试断面的行车试验和跳车试验两大类动载试验,一共有4种试验工况:

工况Ⅰ:桥面铺装更换前,在桥面无任何障碍的情况下,用一辆载重汽车以大约30km/h的车速驶过桥跨结构断面 A 和断面 B,测定车轮下的箱梁桥面板的动应变。

工况Ⅱ:桥面铺装更换后,在桥面无任何障碍的情况下,用一辆载重汽车以大约30km/h的车速驶过桥跨结构断面 A 和断面 B,测定车轮下的箱梁桥面板的动应变。

工况Ⅲ:桥面铺装更换前,进行跳车试验,具体方法是将障碍物分别放置在断面 A 和断面 B,车辆经过障碍物对桥面板产生一定的激振作用,测试桥面板底部的动应变。

工况Ⅳ:桥面铺装更换后,进行跳车试验,具体方法是将障碍物分别放置在断面 A 和断面 B,车辆经过障碍物对桥面板产生一定的激振作用,测试桥面板底部的动应变。

动载试验车辆与静载试验相同,本次振动测试采用北京东方所INV3062网络分布式采集仪,采用全桥应变片采集动载实验时的动应变。动应变测点布置位置与静载试验应变位置一致,但测点数量减少,具体布置示意图如图4-32 和图4-33 所示。

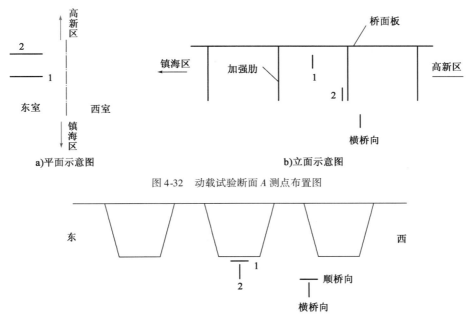

图 4-32 动载试验断面 A 测点布置图

图 4-33 动载试验断面 B 测点布置图

2)动载试验结果分析

(1)跑车试验测试结果。

由于试验时无法达到封闭交通的测试条件,车速受到限制,因此,只进行了35t载重汽车以30km/h 的车速从南向北通过测试断面的行车试验。载重汽车以30km/h 车速通过桥面铺装更换前（工况Ⅰ）、更换后（工况Ⅱ）的断面 A 时，测试得到测点 2 的动应变如图 4-34 所示。跑车试验中断面 A 测点 1 的动应变不明显，分析原因可能是车轮离测点 1 较远，而桥面板上的测点 1 对车轮位置的敏感程度比加劲肋底部的测点 2 高。

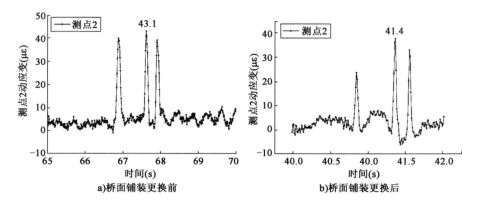

a) 桥面铺装更换前　　　b) 桥面铺装更换后

图 4-34　跑车试验时断面 A 测点的动应变

断面 A 在行车试验中的桥面板应变冲击系数见表 4-22。铺装层更换后，断面 A 在行车试验中的荷载冲击系数从 0.20 减小到 0.15，说明桥面板受力性能有所提升。

断面 A 桥面板行车试验的冲击系数计算　　表 4-22

断面 A	桥面铺装更换前			桥面铺装更换后		
参数	静态应变($\mu\varepsilon$)	动应变($\mu\varepsilon$)	冲击系数	静态应变($\mu\varepsilon$)	动应变($\mu\varepsilon$)	冲击系数
测点 2	36	43.1	0.20	36	41.4	0.15

载重汽车以 30km/h 的车速通过桥面铺装更换前（工况Ⅰ）、更换后（工况Ⅱ）的断面 B 时，测试得到测点 1、2 的动应变如图 4-35 所示。

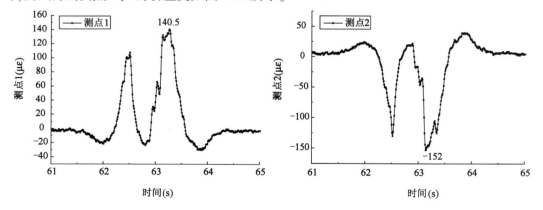

a) 桥面铺装更换前

图 4-35

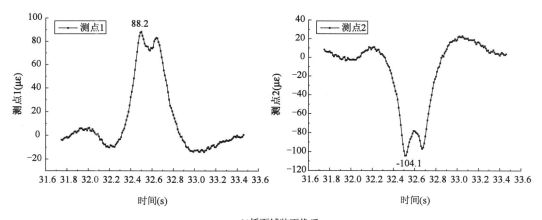

b)桥面铺装更换后

图 4-35 跑车试验时断面 B 测点的动应变

由图 4-35 可知,横桥向应变测点 1 数值在两次试验中分别为 140.5με 与 88.2με,差别很大,不能作为判断依据。纵桥向测点 2 应变为主要应变,数值较大且相对稳定,因此作为主要动应变作为判断依据。求得桥面铺装更换前、后断面 B 的冲击系数,结果见表 4-23。铺装层更换后,断面 B 在行车试验中的荷载冲击系数从 0.32 减小到 0.03,说明桥面板受力性能得到提升。

断面 B 桥面板行车试验的冲击系数计算   表 4-23

断面 B	桥面铺装更换前			桥面铺装更换后		
参数	静态应变(με)	动应变(με)	冲击系数	静态应变(με)	动应变(με)	冲击系数
测点2	115	152	0.32	101	104.1	0.03

(2)跳车试验测试结果。

在跳车试验中,将 35t 车辆中、后轮轴的中心置于断面 A 或断面 B,然后将两根木条组成的障碍物放入车辆中、后轮之间,起动车辆跳过该障碍物,记录此过程中的桥面板的动应变,结果如图 4-36 所示。

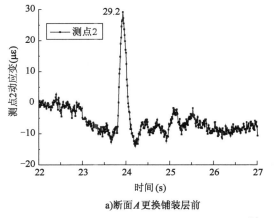

a)断面 A 更换铺装层前

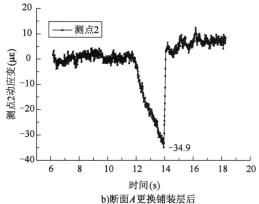

b)断面 A 更换铺装层后

图 4-36

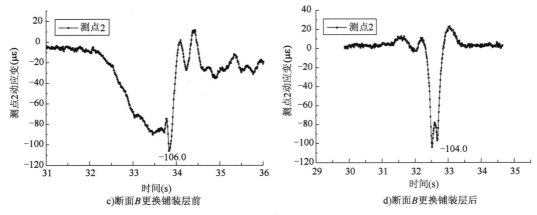

c) 断面B更换铺装层前　　　　d) 断面B更换铺装层后

图 4-36　跳车时的动应变

对图 4-36 中的动应变进行峰值-周期分析,获得跳车试验中桥面板的冲击系数,结果见表 4-24。铺装层更换前后,断面 A 桥面板的自振频率从 2.7Hz 升高到 3.8Hz;断面 B 桥面板的自振频率从 3.0Hz 升高到 4.4Hz,说明桥面铺装层更换后,桥面板的刚度有所增加,导致自振频率变大。

跳车试验得到的桥面板自振频率(单位:Hz)　　表 4-24

工况	Ⅲ	Ⅳ	Ⅲ	Ⅳ
工况描述	跳车			
	更换铺装前	更换铺装后	更换铺装前	更换铺装后
断面	A	A	B	B
自振频率	2.7	3.8	3.0	4.4

3) 动载试验测试结果

对比工况Ⅰ、Ⅱ跑车试验结果,桥面在载重汽车行车试验时,桥面铺装层更换为 ECO 改性聚氨酯混凝土后的冲击系数小于桥面铺装更换前的冲击系数,如断面 A,其桥面测点 1 的冲击系数由更换前的 0.21 降低到更换后的 0.15,断面 B 的冲击系数则由 0.32 降低到 0.03。结果表明,更换 ECO 改性聚氨酯混凝土铺装后,降低了运动车辆对桥面板的冲击作用。对比工况Ⅲ、Ⅳ跳车试验结果,桥面在载重汽车跳车试验时,桥面铺装层更换为 ECO 改性聚氨酯混凝土后的桥面振动频率大于桥面铺装更换前的振动频率,如断面 A 自振频率在更换前为 2.7Hz,更换后为 3.8Hz;断面 B 自振频率则由 3.0Hz 提高到了 4.4Hz。说明铺装层更换为 ECO 改性聚氨酯混凝土后的桥面刚度大于桥面铺装层更换前的桥面刚度。

综上所述,我们可以获得以下结论:

(1) 桥面铺装层更换为 ECO 改性聚氨酯混凝土后,桥面板应变比原桥面铺装层时要小,改善了桥面板的受力性能。

(2) 在桥面板距离伸缩缝 4.675m 的断面 A 处,理论应变小于实测应变,原因在于断面 A 桥面板有多处焊接,影响了该处桥面板的受力整体性。

(3) 桥面板 U 形肋上的应变远大于桥面板顶板上的应变,U 形肋具有很好的受力性能,承受荷载的效果明显。

(4) ECO 改性聚氨酯混凝土铺装替换普通沥青混凝土铺装前后的静载试验与理论分析

表明：钢结构中的 Mises 应力小于许用应力，且有一定的安全余量，满足强度要求。

（5）桥面铺装层更换为 ECO 改性聚氨酯混凝土后，汽车的冲击系数小于桥面铺装更换前的冲击系数，说明更换 ECO 改性聚氨酯混凝土铺装后，降低了运动车辆对桥面板的冲击作用。

（6）桥面铺装层更换为 ECO 改性聚氨酯混凝土后，测试断面的桥面板自振频率大于桥面铺装更换前的振动频率，这说明铺装层更换为 ECO 改性聚氨酯混凝土后，桥面板刚度有所提高，有利于其受力性能的改善。

第 5 章

ECO 改性聚氨酯混凝土钢桥面铺装施工工艺

5.1　ECO 改性聚氨酯混凝土施工特点

（1）使用 ECO 改性聚氨酯混凝土铺筑的桥面，其优良的随从性与抗疲劳开裂性能可以减少维修养护的费用，延长桥面的使用寿命，总的费用不仅不会增加，反而会有很大的节省。

（2）ECO 改性聚氨酯混凝土铺装技术因其超薄设计加常温施工，使其具有低排放、低资源、低能耗的特点。

（3）ECO 改性聚氨酯混凝土铺装具有材料性能优越、单层结构设计、局部维修方便的特点，并且固化时间可以缩短到 2h 以内，快速开放交通，经济可行，符合长寿命设计理念。

（4）ECO 改性聚氨酯混凝土铺装材料采用常温车载拌和，无须设立搅拌站，便捷灵活。对于新建桥梁，可将施工周期缩短到原有的 1/3 以内。对于市政桥梁、交通要道桥梁的桥面维修、更换，完全可以做到"夜间封道，白天开放"，大幅提高社会效益和畅通效益。

（5）桥面系一体化施工时，该混凝土可用于伸缩缝安装，解决伸缩缝过渡段混凝土易损等问题。

（6）施工自动化程度高，采用全机械化施工，从而提高了施工精准度，有效降低了施工难度，减少了人为操作误差。

综上所述，与浇注式、SMA 沥青类等铺装技术相比较，使用 ECO 改性聚氨酯混凝土铺装材料虽然增加了工程项目的初期投资，但其长远的经济效益显著。而且长寿命特性可以大幅提高高速公路运营的安全性，具有显著的经济和社会效益。

5.2　ECO 改性聚氨酯混凝土桥面铺装施工工艺

ECO 改性聚氨酯材料与沥青类材料不同，无须加热拌和，采用常温搅拌运输，无有毒气体排放，施工过程便捷、环保。25℃气温条件下，摊铺完成后最快 2h 就可以开放交通。由于其材料特性，其施工工艺与沥青类材料的施工具有很大差别。为此，针对 ECO 改性聚氨酯混凝土的材料特性，研究人员专门研发了成套的专用施工设备与具体施工工艺。ECO 改性聚氨酯混凝土桥面铺装施工流程如图 5-1 所示。

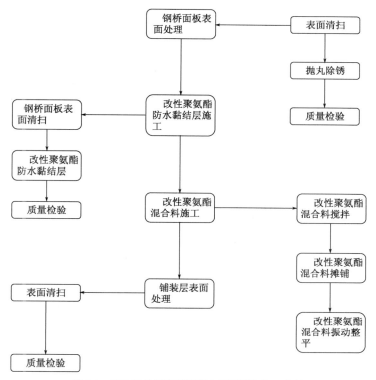

图 5-1 ECO 改性聚氨酯混凝土桥面铺装施工流程

5.2.1 钢桥面表面处理

ECO 改性聚氨酯黏结剂施工之前应对钢桥面进行表面处理。

1）施工准备

（1）检查焊接成型后的钢桥面表面外观,应确保桥面无焊瘤、飞溅物和毛刺等,若与之不符,则应通过机械打磨予以清除。

（2）清除表层松散物和附着油脂,对污染部位进行清洗。保持钢板清洁、干燥、无污染、无针孔、无飞边、无毛刺等。

（3）如需使用化学溶剂清洗,作业人员应穿戴安全防护镜、橡皮手套和安全防护服;清洗时,现场严禁吸烟,严禁电焊作业。

（4）准备金属磨料。喷砂除锈所用的金属磨料应符合现行《涂覆涂料前钢材表面处理》（GB/T 8923）的有关规定,应采用颗粒形状为丸粒和砂粒的金属磨料配合使用,其比例应视粗糙度要求、钢桥面板表面状况,在施工前通过试验段确定。

（5）准备抛丸机具。抛丸除锈施工应使用全自动无尘抛丸设备,使用丸粒金属磨料打砂后的钢桥面板表面形状与采用砂粒金属磨料打砂后的钢桥面板表面形状是不同的。即使在相同清洁度和粗糙度情况下,黏结剂与钢板的结合力也不同。因此,工艺上要求两种金属磨料配合使用。

2）抛丸除锈

（1）除锈和涂装作业中,应测量大气温度、湿度及钢板温度,抛丸除锈应选择预计有至少

10h 的晴好天气进行作业。作业前,测量大气温度、湿度及钢板温度,要求大气相对湿度不大于85%,钢板温度高于露点温度。检查钢桥面板的外观,确保表面无杂物和附着物。经检验合格且表面干燥后方可进行抛丸作业。施工期间具体环境要求见表5-1。

抛丸除锈环境要求　　　　　表5-1

检测项目	技术要求	检测仪器	检测频率
环境温度	≥0℃	温度计	随时
空气相对湿度	≤85%	湿度计	随时
风速	≤10m/s	风速计	随时

抛丸机抛丸所用磨料应采用符合国家标准要求的铸钢丸和铸钢砂,粒度宜为0.7~1.0mm,磨料必须保持干燥、清洁,不得使用被油脂等污染了的磨料。

(2)对无法用回收式真空抛丸机抛丸的边角处及桥面凹坑等部位应用手提式真空抛丸机进行补充抛丸,对于抛丸机未处理到的局部钢板,应采用人工打磨。粗糙度 R_a 为 100~150μm。

(3)抛丸机作业速度应连续匀速,沿纵向顺序进行,建议行走速度为80cm/min,每次行走距离不超过10m,两边抛丸处互相搭接5cm,先抛一遍。如钢板锈蚀程度较严重,再抛一遍,并用表面清洁度标准及对照图谱检测,直至清洁度达到 Sa2.5 级,粗糙度 R_a 为 60~100μm。

(4)抛丸除锈施工所需的磨料选择金属混合磨料(30%钢丸和70%钢砂),其清洁、干燥性能需符合要求,粒度和形状需均满足抛丸处理后对表面粗糙度的要求,磨料清洁(不含油、杂物)、干燥(不含水)。抛丸时,压缩空气须清洁、干燥,不含油和水。抛丸除锈后应立即使用空气压缩机对桥面板再次进行清洁,完成后应检查桥面板的清洁度和粗糙度。针对抛丸机无法处理的边角部位,采用人工用打磨机打磨的方法进行处理,使清洁度、粗糙度达到要求。

(5)抛丸除锈作业完成后,应将散落的钢丸和钢砂回收,并进行全面的清扫处理。

(6)抛丸除锈过程中应实行区域封闭施工,严禁无关人员进入,防止钢丸高速溅出伤人。操作人员应穿戴防护服、护目罩、干净的鞋套或者专用鞋子进入抛丸作业区域,同时佩戴作业帽、毛巾、口罩、手套等用品,避免汗水、头发等杂物掉落作业面。

(7)各工序施工时应保持基面清洁干燥,不得有水分或油污残留。已施工完毕的区域应进行保护,严禁油脂和杂物等污染。图5-2所示为抛丸除锈施工。

图5-2　抛丸除锈施工

(8)质量检查。

根据现行《涂覆涂料前钢材表面处理 喷射清理后的钢材表面粗糙度特性》(GB/T 13288)规定,钢桥面抛丸除锈后,清洁度及粗糙度的检查,可以采用目视方法,通过与标准试样对比进行检查。具体做法为:在天然散射光线或无反射光的白色透视光线下进行。必要时可以借助放大倍数不大于7的放大镜检查。将样块靠近待测钢材表面的某一定点进行目视比较,以与钢材表面外观最接近的样块所标示的粗糙度等级作为评定结果。其表面抛丸质量应符合表5-2的技术要求,不合格部分应重新处理。

钢桥面抛丸检验标准　　　　表5-2

试验项目	单位	技术要求	试验方法	检验频率
清洁度	—	Sa2.5级	标准图谱比较法	1000m² 检查6处
粗糙度	μm	60~100	粗糙度仪	1000m² 检查6处

5.2.2 改性聚氨酯防水黏结层施工

(1)在抛丸除锈后4h内完成桥面防水黏结层施工。作业前确保防水黏结层涂布作业面清洁、干燥、无浮锈、无尘埃。气温不得低于0℃,不得高于35℃,有雾、下雨或者相对湿度大于85%时不得施工。黏结剂宜采用电动搅拌机搅拌均匀,搅拌时间应控制在50~70s之间。

(2)宜采用人工涂布或机械喷涂方式将搅拌好的黏结剂均匀地涂敷在抛丸好的钢桥面板上,涂刷顺序为从高至低,依次进行,通过划定涂刷区域及控制用量,使涂布满足均匀、无堆积、无流滴的要求,用量以0.15~0.3kg/m²为宜。黏结剂应洒布满待摊铺区域,局部涂布不到位处应采用人工修补。

(3)因与ECO改性聚氨酯混凝土摊铺同步进行,需合理控制涂刷防水黏结剂的提前量,控制提前量为摊铺前30m,过短会影响摊铺进度和质量,过长易造成黏结剂干燥、失效。防水黏结层已干区域必须重新补刷。对于ECO改性聚氨酯混凝土与其他桥面铺装系统的接触面,也应加涂黏结剂。在坡度较大的地段施工时,如发生流淌现象导致胶膜厚度不均,应进行补涂处理。

(4)操作人员穿戴防护衣、鞋套、毛巾、口罩等个人防护用品,施工过程中禁止烟火、保持清洁。

(5)防水黏结层涂刷之后,无关人员不得踩踏造成污染,严禁无关机械进入造成破坏,严禁器械在涂刷的防水黏结层上拖划,必要人员及机械进入已涂刷区域时,人员鞋底及衣物必须经过严格清洁,机械的轮胎必须经过清理。

(6)质量检查。改性聚氨酯黏结剂施工质量应符合表5-3的技术要求。通过划定涂刷区域及控制用量,达到控制防水黏结层厚度的目的,采用目测的方法检验黏结剂均匀性。

改性聚氨酯黏结剂检测标准　　　　表5-3

检测项目	检查频度	质量要求或允许偏差	试验方法
用量	3点/1000m²	0.15~0.3kg/m²	T 0982
均匀性	随时	无漏涂	目测

5.2.3 ECO 改性聚氨酯混凝土摊铺施工

ECO 改性聚氨酯混凝土应在黏结剂表面干燥之前完成摊铺,工艺流程如图 5-1 所示。具体工艺过程如下。

1)施工准备

(1)检查施工环境,要求气温不得低于 0℃ 和高于 35℃,且遇雾、雨或相对湿度大于 85% 时不得施工。

(2)派专人检查各机械设备,如搅拌车、摊铺机等运行状况,检查完毕后调试设备,确保机械能够正常工作。

(3)确保混凝土生产配合比已通过验证,符合级配要求。

(4)确定施工组员划分,现场施工范围布置。

2)ECO 改性聚氨酯混凝土拌和

(1)采用专用车载式搅拌车进行现场常温拌和,施工前由专人检查搅拌车工作状态,对各组分结合料以及集料的出料速度进行严格校核并做好记录。

(2)根据生产配合比,确定螺旋输送机电机的转速频率为 80~160Hz,在生产过程中随时从搅拌车电脑显示器中核对各组分比例,且每天铺装的材料须经自动打印后进行复检。

(3)搅拌车配备两个料仓,每车搅拌量为 15t,每车上料时间为 30min。

(4)为保证连续供料,施工采用两台以上搅拌车轮流搅拌供料。ECO 改性聚氨酯混凝土拌和现场如图 5-3 所示。

3)ECO 改性聚氨酯混凝土摊铺

在防水黏结层未胶化之前进行摊铺工作,主要摊铺过程如图 5-4 所示。

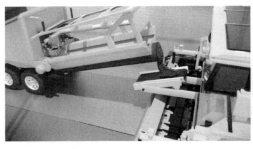

图 5-3 混凝土拌和　　　　　　　图 5-4 混凝土摊铺

(1)搅拌车和摊铺机在摊铺开始位置就位,搅拌车出料口与摊铺机接料斗位置进行衔接。现场专人查看验证混凝土合适性,如符合要求,则进行拌和出料。

(2)安装摊铺机铝制找平梁,调节所需摊铺厚度,设专人调节 4 个液压升降装置,控制底部振动熨平板的高度,使振动熨平板距离桥面的高度为铺装厚度。打开自动控制系统,准备开始摊铺。摊铺过程中,摊铺机会根据特定长度范围内行走基面平均高度自动调节摊铺厚度,以确保摊铺后桥面的平整度。

(3)搅拌车开始出料,摊铺机开始摊铺,设专人对铺装层边角及搭接处进行处理,保证密实,接缝平顺。

(4)摊铺方向为纵向面从低往高进行。

(5)摊铺后立即在摊铺段进行专人平板推行,保证摊铺层表面主胶能够均匀分布。

(6)摊铺机覆盖不到的部位,安排专人用小型电动振动器提浆,同时对表面再次整平确保不露骨。

(7)施工交界面处理:尽量避免设置施工缝,如因故停工或第二天继续施工,横断面需要处理成45°斜坡。人工修边时用抹刀从上到下抹成斜坡,抹的过程需要把斜坡压结实,否则易造成混凝土松散,影响强度,同时还要保证整体的平整度。后次施工须在前次施工交界面上涂刷防水黏结层,以增强两个界面的黏结强度,之后方可在交界面上继续摊铺。

(8)质量检查。ECO改性聚氨酯混凝土施工质量控制要求应符合表5-4所列技术要求。对于不能满足该技术要求的部分,应及时返工。

ECO改性聚氨酯混凝土施工质量控制要求　　　　表5-4

类型	检查项目	检测频率	质量要求	试验方法
结合料	拉伸强度、断裂伸长率	1次/d	符合本章相关规定	现行《塑料 拉伸性能的测定》(GB/T 1040)
集料	颗粒组成(筛分)、含水率	1次/d		现行《粗集料含水率试验》
混凝土	抗压强度	1~2次/d		现行《混凝土强度检验评定标准》(GB 50107)
	车辙动稳定度	必要时		现行《沥青混合料马歇尔稳定度试验》
	冻融劈裂强度比	必要时		现行《沥青混合料冻融劈裂试验》

注:"必要时"是指施工各方任何一个部门对其质量产生怀疑,提出需要检查时,或是根据需要商定的检查频度。

5.2.4 铺装层表面处理

(1)摊铺整形后即进行ECO改性聚氨酯混凝土的表面处理,表面处理工艺采用碎石撒布,满铺均匀撒布在整平后的混凝土铺装表面上,形成均匀分布,颗粒相互重叠。碎石能吸走ECO改性聚氨酯混凝土上多余的胶,并能形成一定的粗糙度,保证桥面获得良好的摩擦因数。

(2)采用专用碎石撒布机撒布,撒布量为$6kg/m^2$,并用单位量纸检测撒布量是否符合要求。

(3)撒布过程中禁止一切人员进入,对于机械未撒布均匀的部位,采用人工补撒。图5-5为碎石撒布示意图。

图5-5 碎石撒布示意图

5.2.5 后期养护及质量要求

1)养生

(1)施工完成后,安排专人值守重点部位,防止无关人群进入养生区域。

(2)严禁任何人踩踏未凝固的ECO改性聚氨酯混凝土铺装表面。做好施工区域清理工作,防止杂物落于未凝固的铺装层。

(3)养生后强度达到设计值70%以上方能准许人员、机械进入。

2）质量要求及标准

桥面铺装材料、各工序控制项目的质量要求及标准,还须符合现行《公路工程集料试验规程》(JTG E42)、现行《公路工程质量检验评定标准 第一册 土建工程》(JTG F80/1)以及相关的施工技术规范、规程要求。

5.3 改性沥青 SMA 铺装施工工艺

在铺装完 ECO 改性聚氨酯混凝土后,在其凝固前作表面拉毛或均匀撒布碎石提高表面抗滑性能,之后喷洒环氧树脂黏结剂或环氧沥青黏结剂作为黏层,喷洒用量为 $0.8 \sim 1.0 kg/m^2$,黏层施工后在其上铺高黏高弹改性沥青 SMA 形成表面磨耗层,如图 5-6 所示。其施工工艺流程如图 5-7 所示。

图 5-6 高黏高弹改性沥青 SMA

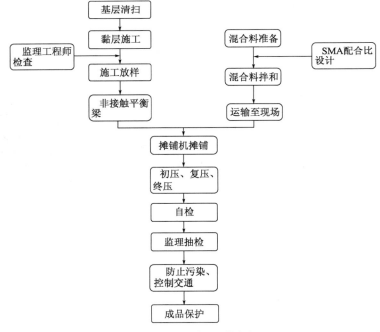

图 5-7 SMA 施工工艺流程

5.3.1 SMA改性沥青混凝土拌和

1)拌和前检验

(1)拌和站的计量秤要进行标定。

(2)为防止混凝土出现不均匀现象,控制冷料的上料速度和各种材料的称量,拌和时将集料充分烘干。

(3)粗、细集料分类堆放并插上标志牌,注明产地、规格,集料堆放时采用分层堆放的方法,逐层向上堆放以防离析。对每个料源的材料进行抽样试验,并经监理工程师批准。

(4)对细集料设置钢结构雨棚进行覆盖,有效地控制细集料的含水率,提高拌和站产量以及SMA混凝土的质量。

2)SMA改性沥青混凝土的拌和

(1)拌和时间:SMA沥青混凝土干拌时间15s,矿粉较沥青延迟3s加入,加沥青、纤维后湿拌45s,总的生产时间为60~70s。

(2)拌和配合比:由工地实验室出具当天生产配合比,并根据拌和站实际拌和情况,若出现待料或溢料情形,可对配合比进行微调;严禁控制室操作人员随意调整称料的比例,以避免混凝土配合比混乱。

(3)开盘前和结束后,两次在各热料仓下料口取料,进行筛分试验,验证当天的实际生产级配曲线是否满足目标配合比设计级配范围要求。如发现生产配合比与目标配合比相差很大,需增加筛分频率,以实际筛分数据为准,适当调整热料仓比例,直到生产配合比曲线满足目标配合比设计级配范围要求。

(4)对于生产出的沥青混凝土,用目测法观察其均匀性,检查有无花白料、离析、结团现象,压实过程中混凝土有无推移、拥包等现象;严格控制油石比和矿料级配,避免油石比不当而产生泛油和松散现象。

(5)逐盘监测各热料仓的集料、矿粉、沥青以及混凝土总量的称量数据,观察是否有超差现象,若有,应及时分析原因避免超差。

(6)拌和站应配备专用的纤维稳定剂投料装置,直接将纤维自动加入拌和站的拌锅或称量斗中;也可采用人工进行投放,根据拌和站每锅的产量计算出所需纤维,纤维应用塑料袋装起来,投放时可将塑料与纤维一并投放。

(7)沥青的加热温度、矿料的加热温度、沥青混凝土的出厂温度,应符合表5-5的要求,出厂温度大于195℃的混合料应做废弃处理。

施工温度要求 表5-5

施 工 阶 段	SMA沥青混凝土拌和
沥青加热	170~180℃
集料加热	185~195℃
混凝土出厂	170~185℃
混凝土料废弃	195℃

5.3.2　SMA 改性沥青混凝土的运输

(1)采用自卸汽车运输混凝土,要求车辆干净,车厢底板和侧板清洁、光滑,并涂上油水混合物的隔离剂,箱底出现积液时及时清理,并用三层棉被或篷布严密包裹,减少在运输过程中的温度损失。采用数字显示插入式温度计检测沥青混凝土的出厂温度和运到现场的温度,温度计插入深度须大于 150mm。在运料货车侧面中部设专用检测孔,孔口距车厢底面约 300mm。

(2)从拌和站向运料车上放料时,每卸一斗混凝土挪动一下汽车位置,按照前、后、中装料,并设专人负责。运料车在运输过程中,保证匀速、慢行。车速一般控制在 30~40km/h 之间。

(3)运料车在停车卸料时,不能将篷布或棉被卷起。在卸料中运料车分两次起斗,并与摊铺机配合好,不能撒落混凝土在下层,如有撒落需及时清理。

(4)连续摊铺过程中,运料车在转运车前 10~30cm 处停住,卸料过程中运料车挂空挡,靠摊铺机推动前进。

(5)已经离析或结成不能压碎的硬壳、团块或运料车卸料时残留于车上的混凝土应运至集中地点进行卸料。

5.3.3　SMA 改性沥青混凝土的摊铺

SMA 改性沥青混凝土的摊铺应采用两台同型号性能基本一致的摊铺机进行组合梯形摊铺,或采用大宽度防离析摊铺机一次成型。摊铺机在开始受料前将在受料斗表面薄涂少量的隔离剂,以防止混凝土黏附。清洗摊铺机时用油盘承接清洗下来的废油,避免废油滴漏在路面上。

摊铺机起步时,根据上一次摊铺(相接处)的厚度确定摊铺机熨平板的仰角。摊铺机应保持摊铺的连续性,有专人指挥,一车卸完下一车立即跟上。

影响摊铺机作业速度的因素包括拌和站产量(供料能力)、施工机械配套情况、摊铺温度、摊铺宽度等。摊铺机速度的拟定根据式(5-1)计算:

$$V = 100Q \cdot C/(60b \cdot h \cdot r) \tag{5-1}$$

式中:V——摊铺速度,m/min;

Q——混凝土的供给能力,t/h;

C——摊铺机的效率参数,一般取 0.9;

b——1 台摊铺机的摊铺宽度,m;

h——压实后的厚度,cm;

r——压实后沥青混凝土毛体积密度,t/m³。

结合实际施工情况及现有的拌和设备、摊铺设备以及施工经验,在摊铺机起步 5m 左右时,摊铺速度可适当设低,使熨平板和夯锤温度上升接近至混凝土温度再调整至正常摊铺速度,做到缓慢、均匀、不间断摊铺,中途不得随意变速或停机。

摊铺系数由试验段测得。在试验段施工过程,配备测量人员对碾压前高程、碾压终了高程进行定点测量,结合同点 ECO 改性聚氨酯混凝土铺层的顶面高程计算确定虚铺系数。

在每辆货车卸料之前,摊铺机不完全铺完受料斗中的混凝土,留少部分混凝土在受料斗内。摊铺机螺旋布料器应连续运转,调整布料器的速度使出料连续而缓慢,且使两侧混凝土均衡。

在雨天或表面存有积水、施工气温低于10℃时,不摊铺混凝土。混凝土遇水废弃,未经压实即遭雨淋的沥青混凝土全部清除更换。摊铺温度按照表5-6进行控制。

摊 铺 温 度　　　　　　　　　　　表 5-6

施 工 阶 段		SMA 沥青混凝土(℃)
到场不低于		170
摊铺	正常不低于	170
	低温不低于	160
废弃温度低于		150

5.3.4　SMA 改性沥青混凝土的碾压

(1)SMA 改性沥青混凝土碾压应遵循紧跟、慢压、高频、低幅的原则。混凝土摊铺后必须紧跟在高温状态下开始碾压,不得等候,不得在低温状态下反复碾压,防止磨掉石料棱角、压碎石料,破坏石料嵌挤。碾压必须有足够数量的压路机,初压和复压都不宜少于2台。碾压段的长度以控制在 20~30m 之间为宜。

(2)在初压和复压过程中,宜采用同类压路机并列成梯队压实,不宜采用首尾相接的纵列方式。采用振动压路机轮迹的重叠宽度不应超过20cm,当采用静载压路机时轮迹应重叠 1/3~1/4 的碾压宽度。不得向压路机轮表面喷涂油类或油水类混合液,需要时可喷涂清水或皂水。

(3)压路机应以均匀速度碾压。压路机适宜的碾压速度随初压、复压、终压及压路机的类型而别,碾压速度根据表 5-7 及试铺时的速度确定。

碾压速度(单位:km/h)　　　　　　　　　　　表 5-7

压路机类型	初 压	复 压	终 压
静载钢轮压路机	2~3	2.5~5	2.5~5
钢轮振动压路机	2~4	4~5	—

(4)碾压过程中由专人负责指挥协调各台压路机的碾压路线和碾压遍数,使摊铺面在较短的时期内达到规定压实度,压路机折返应呈梯形,不应在同一断面上。

(5)对松铺厚度、碾压顺序、碾压遍数、碾压速度及碾压温度应设专岗检查。SMA 改性沥青混凝土路面应严格控制碾压遍数,在压实度达到马歇尔密度的98%以上,或者路面现场空隙率不大于6%后不再做过度的碾压。如碾压过程中发现有沥青玛蹄脂上浮或石料压碎、棱角明显磨损等过碾压现象,应停止碾压。

(6)路面压实完成 24h 后,方能允许施工车辆通行。

(7)碾压过程中温度控制见表5-8。

碾压温度控制　　　　　　　　　　　　　　　　　　　表5-8

施工阶段	SMA沥青混凝土(℃)
初压不低于	160
复压不低于	140
终压不低于	120
开放交通	≤50

(8)施工横向和纵向接缝的处理。

①纵向施工缝:对于采用两台摊铺机成梯队联合摊铺方式的纵向接缝,应在前部已摊铺混凝土部分留下10~20cm宽暂不碾压作为后高程基准面,并有5~10cm的摊铺层重叠,以热接缝形式在最后做跨接缝碾压以消除缝迹。

②横向施工缝:全部采用平接缝。用3m直尺沿纵向位置摆放,在摊铺段端部的直尺呈悬臂状,以摊铺层与直尺脱离接触处定出接缝位置,用锯缝机割齐后铲除;继续摊铺时,应将接缝锯切时留下的灰浆擦洗干净,涂上少量黏层材料,摊铺机熨平板从接缝后起步摊铺;碾压时用钢轮式压路机进行横向压实,从先铺路面上跨缝逐渐移向新铺面层。

5.3.5　施工质量控制

1)原材料的质量检查

原材料的检测包括沥青、粗集料、细集料、填充剂、纤维等。各种原材料的检测项目严格按照技术要求进行检测,所有原材料必须经检测方可进场,拌和站实验室安排专业检测人员与材料部门紧密结合,确保沥青混凝土质量第一关。

2)SMA改性沥青混凝土的质量检查

拌和站实验室在拌和站与摊铺点分别进行取样,进行油石比、矿料级配、稳定度、流值、空隙率的检测,并对检测结果进行分析,若有偏差及时告知沥青拌和站技术负责人,技术负责人应结合实际情况积极采取措施进行纠偏。

沥青施工管理人员采用专用的数显温度计对混凝土出厂温度、到场温度、摊铺温度、初压温度、复压温度、碾压终了温度进行检测并进行记录;施工温度若出现偏差,检测人员应反馈给沥青拌和站拌和负责人,沥青拌和站拌和负责人应对温度偏差产生的原因进行分析并进行纠正。

对施工完成的沥青路面,应及时进行检测,检测项目、标准及频率见表5-9。试验段应加大检测频率,一般为此检测频率的2~3倍。

检测项目、标准及频率　　　　　　　　　　　　　　　　表5-9

编号	检查项目	要求值	检查方法
1	压实度	≥98%(马氏) ≥95%(理论)	每200m为一段,每段检查一处 (钻芯取样或核子仪)
2	平整度(均方差)	下面层不大于1.4mm; 中面层不大于1.0mm; 上面层不大于0.8mm	每100m为一个单位,用八轮仪量测

续上表

编号	检查项目	要求值	检查方法
3	宽度	不小于设计值	每100m(单幅)用尺量2处
4	厚度	-4mm	每200m(单幅)钻芯取样检1处
5	横坡度	±0.5%	每100m(单幅)检查3个断面
6	渗水系数	不大于50mL/min	1点/单幅200m

本章参考文献

[1] 宁波路宝科技实业集团有限公司.公路钢桥面聚酯型聚氨酯混凝土铺装技术指南：T/CHTS 10033—2021[S].北京：人民交通出版社股份有限公司,2021.

第 6 章

ECO 改性聚氨酯混凝土用于钢桥面铺装病害的处理

6.1 钢桥面铺装病害处理背景

当前,我国正处在交通建设的高峰期,钢箱梁结构成为众多大跨径桥梁的首选,桥梁的使用性能和使用寿命与桥面铺装的好坏关系密切,做好桥面铺装并保证其良好的使用性能,就必须总结已有铺装结构出现的问题,在以后的工程中加以改进。本章总结了当今国内外钢桥面铺装的病害情况,并分析了产生的原因,为今后的桥面铺装设计施工提供参考。

目前,在我国特有的交通条件下,加之沥青本身的性能问题,钢桥面铺装均出现了不同程度的病害问题(如图 6-1 所示),造成频繁的维修、拥堵和污染现象。

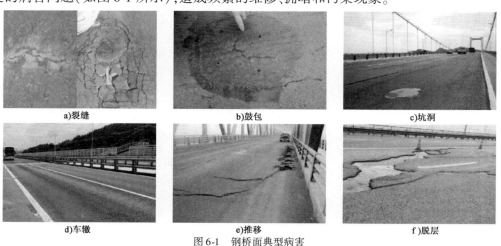

图 6-1 钢桥面典型病害

6.2 钢桥面铺装病害成因分析

6.2.1 钢桥面铺装病害类型及成因

1)纵、横向开裂成因分析

(1)因铺装材料耐疲劳性能不足产生疲劳开裂。

疲劳开裂是钢桥面沥青混凝土铺装的主要破坏类型,是铺装层在正常使用情况下,由行车荷载和温度变化的多次反复作用引起的铺装层的开裂破坏。由于工作环境和受力模式的不同,钢桥面铺装层疲劳开裂的破坏形式、破坏位置与沥青路面结构层完全不同,后者的疲劳开裂开始大多是细而短的横向裂缝,并逐渐扩展呈网状,开裂的宽度和范围不断扩大。而钢桥面沥青混凝土铺装层由正交异性钢桥面板支承,在车辆荷载作用下,正交异性钢桥面板的变形导致纵向加劲肋、横隔板(或横向加劲肋)、纵隔板、主梁腹板等加劲部件与钢桥面板焊接处成为高应力区,这些位置处的铺装层表面是拉应力或拉应变集中区。因此,疲劳开裂首先出现在铺装层表面,然后逐渐向底面发展。在纵向加劲肋、纵隔板、主梁腹板顶部的桥面铺装层表面会出现纵向裂缝,在横隔板(或横向加劲肋)顶部的桥面铺装层表面会出现横向裂缝,在横隔板与加劲肋交会处,铺装层表面易出现网裂。

(2)因桥梁结构特别是桥面系结构刚度不足(例如桥面板太薄、纵横向加劲间距过大等),引起铺装表面拉应变过大。

(3)汽车荷载过重(例如严重超载)引起铺装表面拉应变过大。

2)坑槽成因分析

坑槽产生的原因是多方面的。首先,铺装层混凝土设计时孔隙率偏大以及施工时出现离析、压实不足均会导致孔隙率变大,铺装层在水或者冰冻作用下,沥青类胶结料逐渐失去与矿料的黏合力,从矿料表面脱落,在车辆荷载的作用下混凝土铺装层出现松散状态,集料从铺装层脱落形成坑槽。

其次,由于施工中混凝土加热温度过高,致使胶结料老化失去黏结力,造成胶结料从矿料表面脱落形成坑槽。此外,由于桥面不平整,在行车和温度荷载的作用下,铺装层内会产生局部应力集中,从而出现结构性的点损失,其逐渐向四周扩散,最终形成坑槽。

3)脱层及推移成因分析

由于钢桥面板与铺装层之间要加铺黏结层,黏结层既起黏结作用又起防水作用。所以,脱层是钢桥面铺装特有的一种破坏类型,也是钢桥面混凝土铺装的又一类主要破坏类型。脱层形成之后,钢板与铺装层共同作用的效果基本丧失,在行车荷载作用下脱层会慢慢扩展或形成推移。推移是由混凝土的塑性流动滑移导致的,其特征为横跨铺装层表面的波形起伏。钢桥面混凝土铺装层与沥青混凝土路面一样,在受到较大的车轮垂直和水平荷载作用时,铺装层表面经常会出现推移(或波浪)破坏。脱层及推移产生的具体原因如下。

(1)铺装层与钢板间结合强度不足,在高温及行车荷载作用下,抗剪切推移变形能力不足;钢桥面铺装层与钢板间存在较大的剪应力,引起较大的剪切变形。当铺装层与钢板之间结合界面的黏结力差、抗水平剪切能力较弱时,在水平方向便产生相对位移直至黏结层失效或脱层。

(2)钢板表面不平整及桥面系结构刚度较低(同时铺装层与钢板间结合强度不足),在行车振动荷载下引起脱层,进而产生推移及斜向开裂。

(3)铺装层整体抗拉强度不足,在产生推移时形成斜向开裂。

4)车辙的成因分析

车辙主要是由于钢桥面铺装层在高温季节或长时间承受车辆荷载(包括交通量成倍增长、重载、超载、慢速行驶、渠化交通)作用下,铺装层混凝土的抗永久变形能力不足引起的,车辙产生的具体原因如下:

(1)铺装层热稳定性不足,尤其在高温季节,在车辆反复荷载作用下,因混凝土蠕变形成永久变形累积。

(2)地区温度过高,常年高温季节过长及封闭式箱梁内部温度较高等引起黏结层和铺装层温度过高。特别是黏结层的温度升高会使其强度大幅下降,抗剪切能力不足,在重载作用下,轮迹下面的铺装层会出现沉陷及其侧向隆起现象,长期累积形成车辙。

(3)车辆荷载过重(超载)。

5)隆胀成因分析

隆胀破坏是铺装层表面的局部隆起。造成这种破坏的原因是车辆荷载引起的垂直和水平荷载的综合作用使结构层内产生的剪应力超过材料的抗剪强度,它的形成也与行驶车辆的冲击、振动等动力作用有关。同时,桥面铺装层的空隙率一般都很小,如果在施工过程中有水分进入铺装层,碾压密实之后便不能散去,在夏季高温时部分水分会变成气体不能排出,气体不断累积膨胀就会形成桥面铺装特有的气泡现象,特别是在浇注式沥青混凝土这种空隙率几乎为零的铺装结构中更容易出现。

6)松散麻面成因分析

(1)常温季节,由于混凝土运输途中时间过长,未加保温,或在工地堆放时间过长,均会导致混凝土温度低于摊铺和碾压所要求的温度。

(2)沥青类桥面铺装材料拌制温度过高,沥青结合料失去黏结力。

(3)沥青类混凝土的集料潮湿或含泥量大,致使矿料与沥青黏结不牢,或由于冒雨摊铺从而导致沥青黏结力下降造成松散。

(4)沥青类混凝土油石比偏低,细料少,人工摊铺时粗料集中,表面不均匀,造成松散。

(5)低温季节施工,路面成型较慢或成型不好,在行车荷载作用下,嵌缝料脱落,轻则掉渣,重则松散。

7)桥梁伸缩缝处损坏

(1)由于桥梁受载靠近伸缩缝两侧的梁端部分梁体上翘或扭转变形,桥梁伸缩缝两侧通行面出现明显高差,车辆通过时会产生巨大的冲击荷载,同时引起梁体的受力变化与振动,加速伸缩装置两侧过渡段混凝土或者钢桥面铺装的损坏。

(2)大型桥梁多有一定的纵向坡度,桥梁伸缩装置两侧的防撞挡板或者边梁钢形成自然的挡水墙,伸缩缝上游侧桥面铺装的层间水无法排泄,容易积水,透水性沥青类混凝土铺装极易损坏。

8)其他破坏

(1)因行车磨耗作用及所使用的集料抗磨光功能不足而引起铺装抗滑性能不足。

(2)在加劲肋之上出现平行裂缝和铺装层位移。

6.2.2 典型钢桥面铺装病害成因分析

钢桥面铺装病害产生的原因主要有外部因素和铺装层自身因素。外部因素主要有铺装温度、交通荷载、桥面板刚度等;铺装层自身因素主要包括混凝土的胶结料性能、混凝土级配类型、混凝土配合比、施工控制质量等因素。本小节主要针对我国目前常用的典型钢桥面铺装进行病害调查,分析引起病害的原因,为制定病害处治方案与钢桥面铺装材料与技术的发展提供借鉴。

1) 双层 SMA 类桥面铺装主要病害成因分析

(1) 车辙病害。

部分双层 SMA 类钢桥面铺装一般在通车 1~2 年内易出现较严重的车辙病害。外部因素主要由桥面铺装处于高温环境和交通重载、超载引起;自身因素主要是沥青混凝土级配和沥青性能影响,如果钢桥面铺装黏结层出现滑移,也会加速铺装车辙的恶化发展。近年来,由于改性沥青的高温性能得到加强,以及沥青混凝土级配优化控制得以改进,双层 SMA 类钢桥面铺装的高温稳定性得到显著改善。

(2) 推移。

双层 SMA 类钢桥面铺装也易出现沿纵向的推移病害,尤其是纵坡较大、重载较严重的大跨径钢桥面铺装易出现。出现推移病害的直接原因是黏结层强度不足或失效,导致铺装层在轮胎的纵向水平制动力或驱动力作用下产生滑移。当高温雨季雨水进入铺装层底部时,还会加速推移病害的出现。

(3) 坑槽。

双层 SMA 类钢桥面铺装开裂病害主要出现在轮迹带位置,一般开始在车道轮迹位置出现轻微的纵向裂缝,裂缝基本平行,并逐渐发展,之后加剧产生坑槽,严重情况下还会出现坑槽连通的情况。究其原因,主要是由于钢桥面铺装横向变形较大,造成铺装层产生疲劳开裂破坏,出现开裂后,雨水进入铺装层也会加速病害发展,最终出现坑槽和脱落病害。

2) 浇注式钢桥面铺装主要病害成因分析

(1) 车辙病害。

由于浇注式沥青混凝土铺装的高温稳定性较低,在我国高温、重载条件下,浇注式沥青混凝土铺装层往往会出现车辙病害。这也是影响浇注式沥青混凝土在我国应用的一个关键因素。浇注式沥青混凝土在引入我国后,形成了浇注式沥青混凝土为铺装下层(保护层)、改性沥青 SMA 为面层(磨耗层)的典型铺装方案,其综合高温稳定性得到一定程度的改善和提高,因此,这种铺装结构引入我国后,得到了广泛的应用。目前,该铺装结构在钢桥面应用工程中整体使用情况良好,但是在少数高温、重载桥梁项目上也出现了较严重的车辙、推移病害。

(2) 开裂病害。

浇注式沥青混凝土钢桥面铺装层在重载、薄桥面钢板情况下,一般会出现严重的表面开裂病害,主要是铺装材料产生疲劳破坏所致。

3) 环氧沥青类钢桥面铺装主要病害成因分析

(1) 鼓包开裂。

鼓包开裂是环氧沥青混凝土铺装层的典型病害,由于其空隙率一般低于 3%,基本不透气,施工过程中环氧沥青混凝土内部滞留的水汽无法排出,导致部分桥面在施工碾压后就出现鼓包,经过刺孔放气或挖补处理后一般可以得到有效修复。如果环氧沥青混凝土内滞留水汽没有在施工过程中反映出来,可能在运营阶段天气炎热情况下逐渐出现鼓包现象,车轮碾压造成鼓包开裂,并在行车荷载的循环作用下继续扩展,出现线形开裂、分岔开裂、环形开裂等,如进一步发展还可能出现塌陷坑槽,水在行车荷载产生的压力作用下从塌陷处下渗到铺装层内部,导致钢板锈蚀。因此,对于鼓包情况应及时处理,避免因鼓包造成开裂或坑槽病害。

(2)接缝开裂。

环氧沥青混凝土铺装一般按宽度为4~5m左右分幅施工,并分为上、下两层进行摊铺,存在接缝处理问题,如接缝位置压实不足、接缝不密实会引起接缝位置的开裂病害。如果下面层接缝位置不够密实、平顺,也会引起其上面层的反射裂缝。一般环氧沥青混凝土钢桥面铺装层接缝尽可能不设在轮迹带位置,以避免轮载加速接缝开裂病害出现。

(3)纵向开裂。

部分桥梁的环氧沥青混凝土铺装层在轮迹带位置出现纵向开裂病害,基本位于加劲肋上缘位置,纵向开裂的横向间距也基本与加劲肋间距相同,纵向开裂病害也可能进一步发展为网裂乃至坑槽。出现纵向开裂病害的桥梁一般重载、超载较严重,初步分析造成环氧沥青钢桥面铺装纵向开裂病害的原因主要是铺装材料结构性强度破坏。

6.3 铺装病害常用处理方法

1)裂缝处理方法

(1)灌缝法。

受当前设计水平、铺装材料和经济条件的制约,桥面铺装开裂具有不可避免性,针对裂缝修复一般采用灌缝法,缝宽在6mm以内的,宜将缝隙刷扫干净,并用压缩空气除去尘土后再用热沥青或者乳化沥青封堵;缝宽在6mm以上的,应剔除缝隙内杂物和松动的缝隙边缘,或者裂缝开槽后用压缩空气吹净,采用沙粒式或者细粒式热拌沥青混凝土填充、捣实并用烙铁封口,随即撒沙、扫匀,也可用乳化沥青混凝土填封。

(2)铺装层改造法。

针对由于单板受力引起的纵向裂缝,一般宜采用桥面铺装层改造法,即先凿除铺装层,之后重新做铺装层的方法处理,进而从根本上改善桥梁整体受力功能。

2)坑槽处理方法

坑槽病害采用修补法对其进行处理。首先,根据坑槽病害形状大致画出修补范围,通常情况下修补范围要比病害边缘扩大10~15cm。然后,将需要修补的区域清扫干净,挖除修补范围内的混凝土材料,再填充新的铺筑材料。最后,用压路机对其进行压实,即可实现桥面通车。

3)脱层及推移处理方法

针对脱层及推移病害一般采用挖补的方法进行处理。

挖补技术的关键点在于要能在光滑的钢板上形成一个粗糙面,通过性能良好的黏结剂的黏结作用与防水层共同形成具有一定抗剪强度、黏结强度的过渡层,使新铺装层能与钢桥面牢牢地黏结在一起,分散因不同材料的热膨胀系数不同导致的由温度引起的剪切内应力、制动剪应力及荷载作用下变形产生的层间应力等,并便于铺装层施工。

4)车辙的处理方法

(1)属于表面磨损过度而出现的车辙,采用路面铣刨机或风镐翻松车辙表面到一定深度,并清除干净;铺筑前先喷洒 0.3~0.5kg/m² 的黏层沥青;采用与原路面结构相同的混凝土铺筑,恢复路面横坡;周围接茬处要烙平、碾压密实。属于桥面横向推挤形成的横向波形车辙且已经稳定的,宜按照上述步骤铣高补低恢复路面横坡。如车辙因路面不稳定夹层引起,则应清除不稳定层,重铺面层。

(2)如果车道表面因车辆行驶推移而产生车辙,应将出现车辙的面层切削或铣刨清除,然后重铺桥面磨耗层。

(3)如果桥面受横向推挤形成的横向波形车辙已经稳定,可将凸出的部分削除,在波谷部分喷洒或涂刷黏结沥青并填补混凝土,最后找平、压实。

5)松散的处理方法

对于桥面松散病害,应收集桥面松散材料,对其进行筛分,筛孔为 3.5mm,向过筛后粒径小于 3.5mm 的松散材料内添加热改性沥青,将其搅拌均匀摊铺在松散桥面,平整压实,使处理后的桥面与周围水平高度相同,完成桥面松散病害的处理。

6.4 ECO 改性聚氨酯混凝土对钢桥面病害的处理

6.4.1 ECO 改性聚氨酯材料的特殊性能

1)快速固化性能

ECO 改性聚氨酯混凝土固化速度快,2h 的强度可满足通车要求,适合快速修补工程。

2)抗冲击性能

在三个温度下进行 ECO 改性聚氨酯混凝土的冲击试验,试验中 ECO 改性聚氨酯混凝土表面由于受到冲击产生破损,但是破损处没有产生裂缝。说明在各温度下 ECO 改性聚氨酯混凝土力学性能稳定。ECO 改性聚氨酯混凝土在各温度下遭受冲击时保持形状能力强,不容易产生裂纹,抗冲击性能优良。表 6-1 展示了 ECO 改性聚氨酯混凝土在三个温度下的冲击试验结果。

ECO 改性聚氨酯混凝土在三个温度下的冲击试验结果　　　表 6-1

种　类	测 试 温 度	有 无 裂 缝
ECO 改性聚氨酯混凝土	-30℃	无裂缝
	0℃	无裂缝
	60℃	无裂缝

3)黏结性能

ECO 防水黏结层与钢板的黏结强度,常温情况下最高可以达到 16MPa 以上,显著高于传统的铺装方案所用黏结层黏结强度。

从铺装层的表面直接取芯到钢板,进行整体拉拔测试,ECO 整体拉拔强度在 25℃情况下,最低能够达到 6.2MPa。图 6-2 所示为整体拉拔试验。

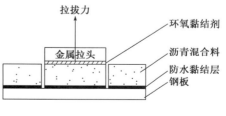

图 6-2　整体拉拔试验

6.4.2 ECO改性聚氨酯混凝土处理钢桥面病害优势

ECO改性聚氨酯混凝土依托高分子聚氨酯材料良好的高温性能、防水防腐性能、与集料的强黏附能力，能够有效解决车辙、疲劳、低温收缩、水损害和老化等典型病害。

ECO改性聚氨酯混凝土铺装系统对施工环境、设备要求较低，具有现有摊铺技术不具备的三大优势：

（1）不同于传统热拌沥青需要高温拌和5℃以上的施工条件，ECO改性聚氨酯混凝土采用常温拌和，0℃以上即可施工，可解决季节性施工难题。

（2）ECO改性聚氨酯混凝土设计结构简单，固化时间短（25℃气温条件下，摊铺2h内可以开放通车），将道路施工周期缩短为原有的1/3，对于重要市政桥面道路，完全可以做到夜晚封道、白天开放交通、避开高峰，提高社会效益。

（3）ECO改性聚氨酯混凝土对于化工材料配合比并不敏感，对于设备要求较低（常温即可固化），大大减少了由施工控制不到位引起的混凝土不均匀、欠固化等问题，方便了施工质量控制，有助于提高路面成品率。

聚氨酯结合料特性优越，具有现有桥面铺装结合料不可比拟的优势，热固性聚氨酯材料在高温不软化的同时，可以根据不同使用环境温度的需要，制定具备优良低温力学性能的配方，并且在胶料中加入一定量的特殊助剂，使无机集料与有机胶料间形成化学结合的反应基团，增强铺装体系的黏附性。这种结合料在具有强大拉伸强度的同时，具有良好的韧性，可有效预防疲劳开裂。

聚氨酯主要通过化学改性、组合配比调整来改变材料的物理性质与技术参数，具体见表6-2。

聚氨酯物理性质与技术参数　　　　表6-2

物理性质	技术要求	测试方法
拉伸强度（固化后）	≥10MPa，25℃	现行《塑料　拉伸性能的测定》（GB/T 1040），拉伸速率为1105mm/min
断裂拉伸率（固化后）	≥25%，25℃	现行《塑料　拉伸性能的测定》（GB/T 1040），拉伸速率为1105mm/min
热固性	不熔化	现行《道路与桥梁铺装用环氧沥青材料通用技术条件》（GB/T 30598）
吸水率	≤0.3%，25℃	现行《塑料　吸水性的测定》（GB/T 1034）

6.4.3 ECO改性聚氨酯混凝土特殊性能优势

（1）ECO改性聚氨酯混凝土强度高，属于热固性材料，抗车辙性能优异，即使温度高于80℃，1万次车辆经过，桥面铺装层也不会产生明显变化。

（2）ECO改性聚氨酯混凝土不同于传统铺装材料，当它被铺筑在钢桥基板上时，会与底层防水黏结剂产生化学反应，分子化学键会牢牢地抱在一起，产生6MPa的整体拉拔强度，能够有效防止脱层。

（3）改性聚氨酯材料有一定的韧性。当桥面上下抖动或者遭遇横风左右摆动时，ECO改性聚氨酯混凝土材料可以避免沥青混凝土材料出现的脆裂现象。

因此，ECO改性聚氨酯混凝土材料铺装到桥面上的使用寿命大大优于沥青类混凝土材料。经交通运输部专家组鉴定，这项创新有益于大幅提高钢桥面铺装的使用寿命，建议重点在钢桥面上推广使用。

除此之外，ECO改性聚氨酯混凝土材料不同于沥青路面铺浇后需要养护2周才能通车的实际情况，完工后2h桥面就能正常通行，从而实现快速开放交通。在首届中国国际进口博览会召开之际，这项技术应用于上海S26R-8标段桥面铺装工程，实现晚上12时进场施工，早上6时正常开放交通，抢通中国国际进口博览会主通道，充分保证了大会交通。

此外，这种材料相比于沥青混凝土铺层特别轻薄，通常沥青铺装桥面需要10cm的厚度，而ECO改性聚氨酯混凝土只要3cm左右的厚度，大大节约了铺装石料，减轻了桥梁的自重，使桥梁自身更加安全。其防水防腐性能优异，自身完全不透水，有效保护钢桥面板不受氯离子和水分侵蚀。

ECO改性聚氨酯混凝土由热固性高分子材料与集料在常温下搅拌而成，偶联剂使无机集料和有机结合料形成稳定的化学键，提高了整体的力学强度，采用成套施工设备一次成型，固化时间短，可实现2h快速通车，该技术获得国内外发明专利10余项。

ECO改性聚氨酯混凝土具有强度高、柔韧性好、高低温性能稳定（通过配方调整适应不同地区性能需求）、施工快速简便等诸多优点，其整体黏结强度、耐磨防水防腐性能、抗疲劳开裂性能优良，有益于大幅提高桥面铺装使用寿命。

6.4.4　ECO改性聚氨酯混凝土处理钢桥面病害方法

1）桥面铺装病害调查

收集桥梁相关设计资料，如桥梁结构设计、桥面铺装、路线纵坡、交通量、轴载组成、钢桥面最高、最低温度、正交异性板刚度差异等基础数据，制定维修施工技术路线，如图6-3所示。

通过探槽、钻孔等手段，对铺装病害形态、分布范围与层次、裂缝宽度与深度、各层位黏结状态、防水黏结层使用状态、渗水分布情况等进行逐一调查与记录，必要时采用原位测试技术、显微镜放大变形试样探查等手段，取得现有桥面铺装的力学状态。

进行理论分析验算，分析裂缝出现部位与桥梁结构特点及其受力体系的关联性、铺装层在超重轴载作用下应力分布与变形等，以准确判断、查明桥面铺装病害的成因。

2）ECO改性聚氨酯混凝土理论模型分析

根据病害分析得出钢桥面铺装的临界设计条件，明确钢桥面铺装的影响因子及权重，尤其是轴载、温度急剧变化等因素对桥面铺装耐久的影响程度。

建立包括正交异性钢板的铺装受力分析模型，利用现有ECO改性聚氨酯混凝土力学参数，采用有限元模拟等手段对ECO改性聚氨酯混凝土进行理论分析，解析ECO改性聚氨酯混凝土在临界设计条件下应力分布、裂缝发展及各层间相对变形等。

对理论分析结果与病害分析结果进行比对校核，初步评估ECO改性聚氨酯混凝土在临界设计条件下的安全性和可靠度。

3）ECO改性聚氨酯混凝土室内试验

根据理论计算结果，对主要材料，如改性聚氨酯结合料、防水防腐黏结层材料通过化学改性、组合配比调整，优化其进行物理力学指标，如拉伸强度、断裂伸长率、黏度等。

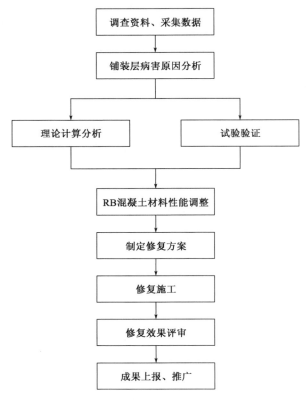

图 6-3 维修施工技术路线

结合材料优化调整,对混凝土进行室内配合比调整试验,通过不同的配合比,验证混凝土的稳定度、高温稳定性、抗疲劳开裂、防水能力、防渗能力以及柔韧性等指标。通过试样小比例模型、分析 ECO 改性聚氨酯混凝土与钢板及不同沥青混凝土的层间黏结能力、变形协调性、组合结构的抗疲劳特性等技术指标,确定 ECO 改性聚氨酯混凝土的配合比。

4)ECO 改性聚氨酯混凝土现场试验与病害处理

在桥面选取几块典型病害区域作为试验段,刨除试验段旧桥面铺装系统,对钢板进行除锈处理,喷丸除锈后按照 ECO 改性聚氨酯混凝土相关施工工艺进行新桥面铺装体系的施工。针对试验段的修复加固效果,进行连续或者不定期的观察,通过照片、文字等手段详细记录修复效果,定期组织相关专家对试验段进行分析评审,从而现场验证 ECO 改性聚氨酯混凝土的各项路用性能及工艺要求,实现钢桥面病害的处理。

6.5　ECO 改性聚氨酯混凝土在桥面维修中的应用

明州大桥是目前世界最大跨径中承式双肢钢箱系杆提篮拱桥,大桥主桥分为三跨,两边跨径均为 100m,主跨跨径达 450m。主桥采用全钢、全焊接结构,主体结构钢用量超 3 万 t。该桥于 2011 年 5 月 1 日通车,经 5 年的运营之后,大量的超载运输车辆使钢桥面铺装出现了较为严重的铺装病害,主要表现形式为裂缝、脱层、车辙等,如图 6-4 所示。

图 6-4　明州大桥上坡段环氧沥青铺装病害

2017 年,针对桥面发生的病害采用了多种材料对其进行维修,其中对于高新区至镇海方向的上坡段采用了环氧类沥青铺装,下坡段采用了 ECO 改性聚氨酯混凝土材料铺装。在运营不久后,上坡段即产生了裂缝病害,随后便从网裂发展到了脱层,给两岸的交通带来不小的影响。而在采用 ECO 改性聚氨酯混凝土铺装的下坡段,不仅坡度达到 3.5% 以上,更是接近一个下行匝道,在运营近三年之后,下坡段重载车辆频繁制动的剪切作用并未对 ECO 改性聚氨酯混凝土铺装层整体结构造成实质影响,如图 6-5 所示。

图 6-5　明州大桥下坡段 ECO 铺装情况

经对 ECO 改性聚氨酯混凝土铺装段进行随机取芯后,发现铺装结构层的整体强度依旧良好,未发现有松散现象。此外,对防水黏结层进行清理露出钢板后,发现在 ECO 改性混凝土铺装层下的钢板面依据保持了良好的干燥环境,表面没有出现任何的锈蚀,如图6-6所示。

图6-6 明州大桥下坡段ECO材料取芯钢板面情况

综合分析明州桥病害成因,主要来自以下因素:正交异性板刚度不足、超载车辆比例高导致超载严重以及高温环境等,这些都对明州桥铺装层带来了极大的挑战。因此,在铺装材料本身性能不足的情况下,往往在运营早期就开始出现网裂、坑槽等一系列病害。

ECO改性聚氨酯混凝土材料的优异性能,在明州大桥较为恶劣的重载工况下依旧经受住了考验,保持了良好的使用效果,与其他铺装系统相比,其不仅具有结构简单、材料性能优秀、施工便捷迅速等优点,在耐久性方面更是优势明显。

目前,ECO改性聚氨酯混凝土已经在杭州湾跨海大桥、上海S26高速公路、沈阳长青桥等众多桥面上大面积使用,取得了很好的维修效果。

本章参考文献

[1] 王金生. 钢桥面浇注式沥青混凝土铺装病害分析及对策[D]. 南京:东南大学,2005.

[2] 樊叶华,王敬民,陈雄飞,等. 浇注式沥青混凝土钢桥面铺装养护对策分析[J]. 中外公路,2005,25(1):81-83.

[3] 樊叶华,杨军,钱振东,等. 国外浇注式沥青混凝土钢桥面铺装综述[J]. 中外公路,2003,23(6):1-4.

[4] 钱振东,何长江. 钢桥铺面裂缝快速修复材料性能试验研究[J]. 东南大学学报:自然科学版,2008,38(2):255-259.

[5] 宗海. 环氧沥青混凝土钢桥面铺装病害修复技术——典型钢桥面铺装结构的病害分类分析[D]. 南京:东南大学,2005.

[6] 李智,钱振东. 典型钢桥面铺装结构的病害分类[J]. 交通运输工程与信息学报,2006,4(2):110-116.

第 7 章

典型工程案例

7.1 瓯江北口大桥

瓯江北口大桥全长 7.9km,上层为高速公路,下层为一级公路,是世界首座三塔四跨钢桁梁悬索桥,被交通运输部列为首批"绿色公路"。图 7-1 所示为瓯江北口大桥全貌,图 7-2 为该桥主梁标准横断面图,图 7-3 为主桥立面总布置图。下层桥面 6.3 万 m^2 均采用 3.5cm ECO 改性聚氨酯混凝土 + 3.5cm 高弹改性沥青 SMA 铺装结构,如图 7-4 所示。

图 7-1 瓯江北口大桥

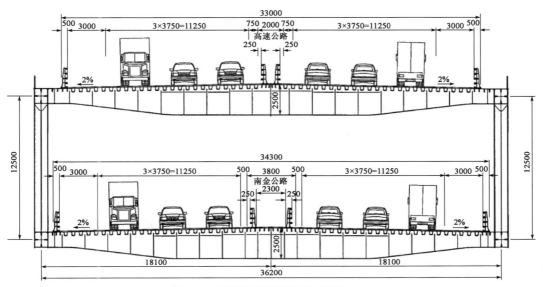

图 7-2 主梁标准横断面图(尺寸单位:mm)

图7-3 主桥立面总布置示意图

图7-4 瓯江北口大桥 ECO+SMA 铺装结构

瓯江北口大桥根据其桥梁结构特点、交通荷载情况、环境气候条件、施工条件要求等,对钢桥面铺装结构与材料提出了以下基本性能要求:

(1)铺装层要求具有良好的高温性能、密水性能、水稳定性等基本路用性能;
(2)铺装层要求具有良好的抗疲劳开裂性能;
(3)铺装层与钢板之间应具有良好的层间结合能力;
(4)铺装层对桥面钢板等结构应具有良好的保护作用;
(5)铺装层要求具有良好的抗滑性能;
(6)铺装层要求具有良好的变形协调能力;
(7)桥面铺装的实施应适应桥位区气候等施工条件;
(8)桥面铺装材料的初期筛选,应兼顾后期养护管理的便捷性。

根据瓯江北口大桥钢桥面铺装设计要求,以满足基本性能要求为基准,结合瓯江北口大桥的使用条件,经试验验证以及专家论证,确定改性聚氨酯黏结剂+ECO改性聚氨酯混凝土+高弹改性沥青SMA10铺装结构为瓯江北口大桥钢桥面行车道铺装方案。对于主桥中央分隔带,鉴于无行车功能要求,只考虑密水、耐久性,主桥中央分隔带采用72mm厚沥青砂铺装方案,在钢桥面铺装靠近伸缩缝侧设置渐变段(纵向长度3m),沥青砂厚度由72mm逐渐过渡至65m。

7.2 闵浦大桥

闵浦大桥于 2009 年 12 月 31 日建成通车,是横跨于上海黄浦江上的第 8 座越江双层斜拉桥,全长 3982.7m,主桥长 1212m,其中主跨长 708m。主桥采用双塔双索面钢桁梁双层斜拉桥形式,是我国首座采用全焊接的大跨径钢桁梁斜拉桥,也是当时世界上跨径最长的双层斜拉桥,如图 7-5 所示。

图 7-5 闵浦大桥

大桥上层是设计速度为 120km/h 的高速公路,桥面宽 43.6m,双向 8 车道,下层为双向 6 车道二级公路。

闵浦大桥上层主跨桥面铺装直接铺设在正交异性钢板上,上弦杆附近钢板设计厚度为 16mm,其余部分的桥面板厚 14mm,铺装层受力和变形较为复杂,因而对铺装材料强度、变形特性、温度稳定性、疲劳耐久性等要求较高,同时在使用性能上又应满足重量轻、黏结性好、不透水等特殊要求。原设计闵浦大桥上层桥面环氧沥青铺装层总长度为 694m,单向 4 车道加紧急停车带总宽度 18.75m,上、下行环氧总面积为 2.6 万 m^2。

自运营以来,K33+959~K34+640 范围内 5.5cm 铺装层相继出现较多的裂缝、网裂等早期病害,并由此引发坑槽、唧锈等后期病害,如图 7-6 所示。2013 年,利用环氧碎石混凝土对已经发生较为严重的破损类病害区域进行了第一次维修;2014 年,裂缝又有所发展,且还有为数不少的施工缝存在不同程度的破损,据此又进行专项整治与预防性养护,养护方式为环氧碎石整体加罩;2017 年 9—11 月,采用环氧碎石、MMA(甲基丙烯酸甲酯)树脂碎石工艺进行维修,其中环氧碎石维修 130m^2,MMA 树脂碎石维修 335.3m^2。2018 年 5 月,封道检查发现部分车道的现有铺装存在较多破损类病害,以裂缝、网裂、坑槽为主,在水与行车荷载综合作用下,局部位置出现锈水上翻现象,铺装层已不再能够承担承受荷载与保护钢桥面的作用,亟须进行大面积的翻修,如图 7-7 所示。

图 7-6　闵浦大桥钢桥面铺装裂缝

图 7-7　闵浦大桥钢桥面铺装修补及修补损坏

2020年，闵浦大桥采用ECO改性聚氨酯混凝土铺装技术对其进行整桥铺装更换，合计面积约 2.6 万 m²。

7.3 沈阳浑河长青大桥

沈阳浑河长青大桥位于沈阳市东南部，桥梁由主桥和南北引桥组成，原主桥为三孔中承式钢管混凝土拱桥。新建桥梁采用多跨变截面连续钢箱梁，建成后车道数到达双向 10 车道，日均通行量超过 5 万辆，重载情况普遍。

2018 年 11 月完工的沈阳市快速路浑河长青大桥新桥钢桥面铺装工程是一例典型的冬季低温施工项目，突破了传统钢桥面铺装无法在 0℃ 左右环境施工的限制，为钢桥面低温施工开辟了一条新的道路，延长了冬季可施工周期。

在 ECO 改性聚氨酯混凝土铺装投入使用一年左右，哈尔滨工业大学交通实验中心对铺装结构的性能进行了检测。结果表明，在经过一年的服役后，沈阳浑河长青大桥的 ECO 改性聚氨酯混凝土铺装表面未出现任何裂纹、露骨、脱层等病害，桥面铺装完整性较好，整体表现性能稳定；使用性能无明显变化、冬季低温抗滑性能无发生明显下降，完全能适应北方寒冷地区的桥面铺装工程，如图 7-8 所示。

图 7-8　沈阳浑河长青大桥

7.4 杭州湾跨海大桥南航道桥

杭州湾跨海大桥是浙江省境内连接嘉兴市和宁波市的跨海大桥，位于杭州湾海域之上，是沈阳—海口高速公路(国家高速公路 G15)的组成部分之一，也是浙江省东北部城市快速路的重要构成部分。

杭州湾跨海大桥设南北两个航道桥,南航道桥为主跨318m的A型单塔双索面钢箱梁斜拉桥,如图7-9所示。北航道桥为主跨448m的钻石型双塔双索面钢箱梁斜拉桥。南航道桥塔高194.3m,塔基础长81.4m、宽23.7m,由38根钢护筒(内浇钻孔灌注桩)支撑,用钢吊箱封底、混凝土浇筑而成。图7-10为南北航道桥钢箱梁标准横断面图。

图7-9 杭州湾跨海大桥南航道桥

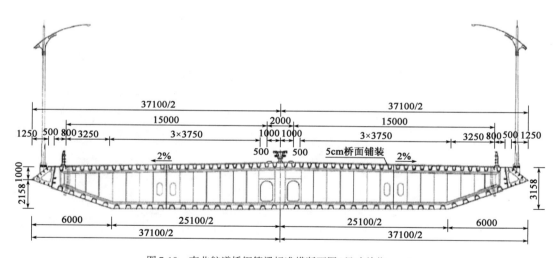

图7-10 南北航道桥钢箱梁标准横断面图(尺寸单位:mm)

杭州湾跨海大桥南航道桥原设计采用美国双层环氧沥青混凝土,通车后不久就出现了纵横向裂缝、坑槽和局部的界面脱层等病害。自2011年开始,采用改进型环氧碎石混凝土修补及环氧碎石磨耗层进行罩面,2013年开始采用树脂沥青组合铺装体系(ERS)对其进行日常维修和养护。自2016年开始,开始采用环氧树脂材料修补,其间局部更采用了多种国内外的技术进行科研实验,基本上使用寿命均较短。自2018年开始,双向的第二、三车道全部采用单层 50mm 厚的 ECO 改性聚氨酯混凝土进行翻新重铺,至今使用效果良好。

7.5　武汉杨泗港青菱大桥

作为 2019 年世界军人运动会配套工程的杨泗港快速通道的青菱大桥项目,是杨泗港长江大桥武昌岸主要疏解道路,可极大完善武汉城市快速路骨架系统,缓解市中心交通压力。

武汉杨泗港青菱大桥如图 7-11 所示。

图 7-11　武汉杨泗港青菱大桥

使用 ECO 改性聚氨酯混凝土铺装体系,在缩短原来工期 2/3 的情况下,完成了 1.6 万 m^2 钢桥面铺装,为 2019 年世界军人运动会的举办保驾护航。

第二部分

ECO改性聚氨酯混凝土铺装成套设备

第8章

ECO 改性聚氨酯混凝土拌和设备

8.1 概　　述

20世纪60年代以前,钢桥面铺装材料主要是普通级配沥青混凝土。但是由于其抗变形能力差,难以适应钢桥面板的变形,在交通荷载作用下铺装层容易产生车辙及裂缝。随着对钢桥建设的不断增多,浇注式沥青混凝土、环氧树脂沥青混凝土、沥青玛碲脂碎石混凝土、ECO改性聚氨酯混凝土等新型铺装材料与铺装体系逐步出现,使得桥面铺装性能大幅提升。目前国际上较为流行的钢桥面铺装按结构组合来分主要有单层铺装体系与双层铺装体系(包括双层同质和双层异质)两种类型。由于双层铺装体系能够对铺装上下层材料分别进行设计,充分利用和发挥材料特性,最大限度地避免对同种材料矛盾的双向性能(高温稳定性和低温抗裂性)要求,除英国的Mastic铺装体系外,大部分钢桥面铺装趋向于使用双层铺装体系。对于ECO改性聚氨酯混凝土铺装而言,基本采用单层ECO改性聚氨酯混凝土铺装结构与复合型ECO改性聚氨酯混凝土铺装结构,即下层ECO改性聚氨酯混凝土铺装结构+上层高黏高弹改性沥青SMA混凝土铺装结构。根据铺装方案,ECO改性聚氨酯拌和设备主要包括SMA沥青混凝土拌和设备与ECO改性聚氨酯混凝土搅拌车。

8.2　SMA 沥青混凝土拌和设备

SMA沥青混凝土拌和设备是钢桥面铺装工程的一项关键设备,其性能与运用的好坏,直接影响工程施工的质量、进度和生产效益。

SMA沥青混凝土拌和设备应完成的基本工作有:①集料的初步配料、加热烘干、重新筛分与计量;②沥青的加热、保温、输送与计量;③填充剂的输送与计量;④将计量好的热集料、矿粉与热沥青均匀地拌和成具有一定温度的成品料。

目前SMA沥青混凝土拌和设备主要采用强制间歇式沥青混凝土拌和设备,将分批计量好的组成成分投入拌和器进行拌和,拌和好的成品料从拌和器卸出后,接着投放下一批料进入拌和器拌和,形成周而复始的循环作业过程,其工艺流程如图8-1所示。强制间歇式SMA沥青混凝土拌和设备的基本结构组成如图8-2所示。

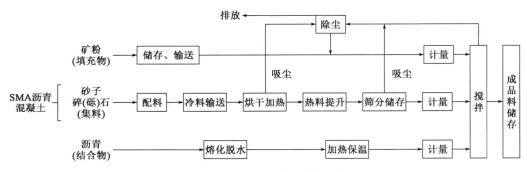

图 8-1　SMA 沥青混凝土拌和设备工艺流程

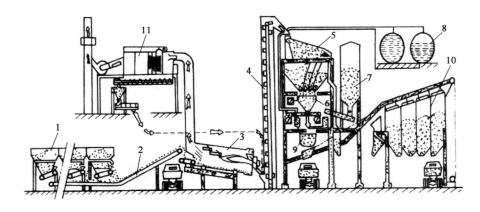

图 8-2　强制间歇式 SMA 沥青混凝土拌和设备的基本结构组成

1-冷集料储存及配料装置;2-冷集料输送机;3-冷集料烘干滚筒;4-热集料提升机;5-热集料筛分及储存装置;6-热集料计量装置;7-矿粉储存仓;8-沥青供给系统;9-拌和器;10-成品料储存仓;11-除尘装置

1) 整机性能要求

(1) 生产能力符合要求。

(2) 所拌制的 SMA 沥青混凝土的级配组成应符合要求。

(3) 油石比允许误差在 ±0.3% 以内。

(4) 湿拌和时间不应超过要求(一般不超过 35s),因搅拌器中的集料温度高达 170℃ 左右,沥青以薄膜状态喷于集料表面,同时与空气的接触面积增大,与加热、运输、储存保温、升温等过程相比,沥青在搅拌器中老化得最快。

(5) 必须配备二级除尘器,以及环保设备,满足环保要求。

2) 主要结构组成

(1) 冷料级配机:配备的冷料仓数量应符合配合比要求,并能进行初级级配和计量。

(2) 燃烧器:要求风油(空燃)比大、调节方便、工作可靠、点火容易迅速、雾化可靠、燃烧充分、火焰稳定、升温快、耗油(气)率低。

(3) 振动筛:能对加热后的集料按设计进行筛分,要求全封闭,各层筛网易于快速装配。

(4) 干燥滚筒:能充分利用热量,料帘均匀流畅,要求倾斜度可调。

(5) 拌和器:要求叶片正、反面均能装置,以延长其使用寿命。所拌成品料应均匀一致,无花白、离析、结团等现象,并要保证一定的出料温度。湿拌和时间不应超过35s,否则,沥青在搅拌器中的针入度损失过多,易老化。

(6)沥青供给系统:要求用导热油保温,并设有显示温度的自动控制装置。

(7)电子称重传感器进行称重,其称重误差不应超过±0.3%。

(8)主控制台:称量/拌和时能用全自动控制方式并打印每批混凝土的配合比、加入数量、拌和时间、每天产量等。

(9)除尘装置:必须配带二级除尘器,在烟囱出口处烟气林格曼黑度不超过2级,烟尘排放浓度不大于50mg/m^3,符合环保要求。

(10)沥青混凝土拌和设备的诸多系统工作要可靠,协调一致,拌和质量要稳定,能实现安全高效的生产。

8.2.1 SMA 沥青混凝土的拌制

SMA 沥青混凝土的拌和温度高,正常施工温度范围见表8-1。因此,加热集料及沥青的温度比拌和普通沥青混凝土时的温度要高。采用改性沥青后,沥青黏度曲线是温度控制不可缺少的重要参数,一般拌和集料温度比选定的拌和温度高 5~15℃,沥青加热温度可比选定拌和温度低 0~10℃。

SMA 沥青混凝土的正常施工温度范围(单位:℃)　　表8-1

工 序	不使用改性沥青	使用改性沥青			测量部位
		SE 类	SBR 类	M、PE 类	
沥青加热温度	150~160	160~165	160~165	150~160	沥青加热罐
集料加热温度	185~195	190~200	200~210	180~190	热料提升斗
混凝土出厂温度	160~170	175~185	175~185	170~180	运料车
混凝土最高温度（废弃温度）	195	不高于195			运料车
混凝土储存温度	降低不超过10				储料仓及运料车
摊铺温度	不低于150	不低于160			摊铺机
初压温度	不低于140	不低于150			碾压层内部
复压温度	不低于120	不低于130			碾压层内部
终压温度	不低于110	不低于120			碾压层内部
开放交通温度	不高于50	不高于60			路面内部或表面

SMA 沥青混凝土为间断级配,粗集料粒径单一、量多,细集料很少,矿粉用量多。因此,应合理安排冷料仓的配置,增加粗集料料斗,减少细集料的供给,避免按照通常的方法设置振动筛和热料仓而发生粗集料仓经常不足(待料)、细集料经常溢仓的情况。

SMA 沥青混凝土所需的细集料数量很少,必须使细集料(尤其是石屑)始终保持干燥,保证细集料的数量准确。

SMA 沥青混凝土的矿粉需要比一般热拌沥青混凝土增加 2 倍,要求在矿粉设备及人力安排上保证满足供应量。我国集料中含土量一般较高,除尘回收的粉尘必须废弃,不能取代矿粉作为填充剂使用。

拌和使用纤维的 SMA 沥青混凝土时,应使用机械投入纤维。由人工从搅拌器侧面的观察窗直接将纤维投入的方法无法保证做到按时按量投入。因为人工投入颗粒纤维时采用一个容器定量投入,每拌和一锅倒入一桶,松散纤维必须预先加工成塑料小包,每拌和一锅投入一包或两包,而且必须在粗集料放料的同时投入纤维,利用粗集料拌和的打击力将纤维打散,所以很难做到精确、准时。为了使纤维充分分散均匀,纤维的添加必须在沥青喷入搅拌器前完成。一般需要增加干拌时间 5~10s,湿拌可不再增加时间。

SMA 沥青混凝土拌和以后,不能像普通沥青混凝土那样储存太长的时间。SMA 沥青混凝土的沥青用量要比普通沥青混凝土的沥青用量多,时间长了,会发生沥青的析漏,造成沥青用量不均匀。而且储存时间太长将使 SMA 沥青混凝土表面结硬成一个硬壳。另外,SMA 沥青混凝土不能过夜储存,即当天拌和的必须当天使用完。

SMA 沥青混凝土拌和质量主要在温度控制和级配控制上,外观应色泽光亮,无离析、结团。

8.2.2 SMA 沥青混凝土拌和设备使用效能影响

影响 SMA 沥青混凝土拌和设备效能的主要因素有配合比的设定、设备生产能力的设定、配合比精度的控制、点火操作、成品料料温的控制、溢料的控制等。生产时这些环节相辅相成,每个环节都对成品料的质量产生影响。

1) 设备生产能力的设定

设备生产能力与集料含水率、出料温度、集料级配组成等因素有关。设定设备生产能力时要考虑到天气、集料含水率等因素的影响。具体设置时可参照前几天的生产情况、冷料混杂程度、配合比要求等情况调整各冷料斗电机的转速,以达到设定生产能力的目的。每次开始生产时,产量设定要比正常生产时略低,这样有助于集料的迅速升温,保证加热效果。待生产逐步正常时,逐渐增至标准产量。

2) 配合比精度的控制

配合比的执行情况对于 SMA 沥青混凝土拌和设备拌出的混凝土能否达到质量要求非常重要。对于沥青混凝土拌和设备,所执行的配合比是热配合比,即经过热筛分后的石料配比。一般来说,开机前,操作员将沥青混凝土配合比输入拌和站控制计算机,拌和站计量控制系统按照设定的配合比对沥青混凝土中的集料、沥青和粉料的数值进行控制并实现各计量秤的称重,但在实际生产中,试验员对拌制的成品料抽检测试时,发现有时测试结果与设定配合比有较大的误差,原因在于设定配合比时要求的是热配比(经过热料筛筛分后的配合比),热料筛筛网的孔径分为几个区间,每一个区间内集料在实验室测试时又需要分为若干区间,如果配合比精度只实现了热料筛筛网的孔径区间的控制,而不注意每一个区间内石料粒径组成的精度控制,配合比误差较大就不可避免。只有冷级配比例控制和热配比控制都精确进行,拌出的混凝土方能与试验提供的曲线相符。

3) 点火操作

刚刚点火时不宜马上进料,因为此时干燥滚筒内的温度还未达到均匀一致,并且干燥滚筒、烟道、除尘箱及布袋内温度也较低,若此时进料,冷料不能均匀受热,集料温度将得不到保证。同时除尘布袋的进气温度过低,含尘气体中的水蒸气可能在布袋中结露,使灰尘黏附在布袋上,影响除尘效果。此外,灰尘中的氮、硫氧化物与水蒸气发生化学反应对除尘布袋也有腐蚀作用,此时排气温度是一个比较关键的参考数据。排气温度指示的是由干燥滚筒内排出气体的温度,所以当排气温度达到100℃时,干燥滚筒内平均温度要高于100℃,此时可开始进料,使冷料在刚刚进入干燥滚筒时便得到预热,利于其快速升温。进料前,燃烧器油门开度不要太大,控制在全开度的10%以下为好。否则,排气温度过高会影响除尘布袋的使用寿命,容易引发火灾。进料后,可通过各集料皮带电机电流和干燥筒电机电流的变化(即由空载电流逐渐增大至额定电流)来获取冷料运行轨迹的信息。当干燥滚筒电机电流由空载电流逐渐上升时,说明冷料已进入干燥滚筒,这时要逐渐加大油门开度,增加燃烧器的喷油量,但油门开度增加的幅度不要太大,若集料温度上升明显,以不大于5个百分点的变化幅度为宜,否则可适当加大油门的调节幅度,直到集料温度有明显的上升趋势。把集料温度逐渐升高到要求的温度,并暂时维持在这一温度上。

4) 成品料料温的控制

成品料温度是衡量拌合物质量的一个重要指标。温度过高,导致沥青老化;温度偏低,使石料、沥青包裹不均匀出现花白料,混凝土的残余含水率过大。最佳温度应控制在要求的范围内。成品料温度不稳定,通常是由于干燥滚筒内集料数量或含水率的变化造成的,频繁调节油门开度也会造成集料温度上下跳动过大。因此,必须保证冷集料的量供给稳定和连续,从而控制集料的稳定。在刚开始生产时,集料的加热温度应稍高一些,被加热的集料经过提升机提升、振动筛筛分、热料计量等过程,使设备预热损失一部分热量后仍能达到生产合格成品料所需的温度。拌出第一锅成品料后,便要通过对燃烧器的油门控制把干燥滚筒加热的热集料的温度降低到要求的范围内,因为此时设备已充分预热,热集料在被提升、筛分等过程中不会再损失太多热量,此后把这一温度维持住,进入正常控制。

检测热集料温度的传感器一般设置在干燥滚筒出料口处,温度传感器显示温度有一个滞后过程,因此,控制集料温度要有一个提前的反应,当集料温度有上升或下降趋势时便要开始调节燃烧器油门开度。因为温度反应具有滞后性,若在集料温度已发生明显变化时再调节油门开度,会引起集料温度的剧烈变化,影响拌和质量。对集料的温度控制在沥青混凝土拌和生产中是保证成品料质量最重要的环节。另外,矿粉的添加量、沥青的温度都会影响到成品料的温度。

5) 溢料的控制

将不规格的热集料溢出对控制混凝土配合比是有益的,可保证级配的合理性,但规格集料的溢出就意味着浪费,不仅浪费燃油,而且大大降低了生产率。造成溢料的原因是集料不规格或几种集料供料失衡,也可能是石粉和沥青供给出现暂时等待,导致整个系统供给失衡。有些情况下,溢料是由于实验室提供配合比不够合理造成的。控制溢料的方法是注意热料仓的料位显示,随时调节各种规格冷料的进料量,减少溢出石料的供给量或者增加等待石料的供给量。调节的目的是使进入各热料仓中不同规格集料的数量与计量用量配合好,防止出现某种集料过剩或跟不上计量等情况。这样做的好处是既能保证生产连续,又能使生产结束时剩余的废料尽可能少。调节的宗旨是:在调节料位时保证热集料温度基本不变,不影响成品料的质量。因此,可采取小幅度勤调的办法进行调节,调节时可将显示屏中冷料进料速度作为参照。例如若当1号热料仓中料位上升较快,而4号热料仓料位的变化相对来说很慢,有"缺料"的迹象,这时便应降低 1 号热料仓相应规格冷料的进料速度,而提高 4 号热料仓的冷料进料速度,但要使调节之后的干燥滚筒的进料量维持不变。这样,热集料的温度便可相对稳定,从而维持生产的稳定。但是,当要改变的两种规格的冷料含水率相差很大时,便要提前增减油门开度或燃气量以适应其中的微小变化。调整时要考虑到整个设备系统的负荷,切忌盲目进行调整,从而使整个设备系统运转失衡。

6) 计量控制

当热集料到达热料仓后便可开始计量,但计量的时机很重要,不能太早计量,也不宜太晚计量。若计量执行得太早,由于热集料从干燥滚筒到达热料仓的时间(约 2min)要长于计量时间(约 45s),计量时会发生"等料"现象,使生产不连续,影响产量;若太晚计量,由于热料仓中集料量的变化滞后于冷集料的供给量的变化,则容易发生"溢料"现象。而根据工程要求,二次加热的集料不宜使用,因此,就造成了原材料的浪费。选择开始计量的恰当时间以热料仓中储料量作为参照比较合适,当热料仓中累积热集料达到热料仓储存量的 30% 左右时开始计量,可保证计量顺利进行,不会出现"溢料"或"等料"的情况。当然也要考虑到进料速度的快慢,若快则提前计量,慢则推迟计量。

7) 沥青拌和设备关键机械部位的控制

(1) 排风机风门的控制。

排风机是强制拌和设备中较大的动力消耗部件,其电机功率很大。为保证其轻载启动,一定要把启动风机作为整机开机的第一步,而且要时刻关注其运行情况。为减少其压力,风门的开度应调至最佳,同时,也可用目测法确定其开度,以主燃烧器不回火倒烟为宜。由于风机转速快,为防止叶片上积累灰尘,造成转动的不平衡,应每天清除叶片上的黏附物,以延长风机寿命。

(2) 干燥筒电流的控制。

干燥筒的工作电流要尽可能控制好,如果超负荷,则会增加干燥筒和热料提升机的负担,使热集料提升不及,即使热集料提升到振动筛,也会加重振动筛电机的负荷,使其过度磨损,造成烧坏电机或烧死振动筛轴承。要保证干燥筒、热料提升机和振动筛的正常运行,就必须控制好干燥筒内集料的量。另外,尽可能不要在干燥筒内有较多沉积料时频繁启动,这样会使干燥筒受到冲击,缩短联轴器和电机的使用寿命。

(3) 成品料提升系统的控制。

运料斗车的运行是成品料提升的核心。运料斗车运行中会经常出现"过位或不到位"现象,解决此问题应从运料斗车控制器着手,把控制信号位置调整准确。每锅混凝土重量偏差较大是造成不到位或过位的根本原因。成品料温度较低,致使运料斗车在卸料时,不能将料卸净,有一些料黏附在车门上,致使有沉积料,若不及时清除,势必会越来越多,从而超出斗车提升的正常重量,造成过载。运料斗车在顶端过位,易跑槽,更危险的是如果斗车停在顶端,而此时程序控制出现混乱,可能会出现钢丝绳被拉断的现象。有效的控制方法是:在顶端适当的位置设置一个行程开关,这样及时断电后就能够防止上述现象的发生。同理,对于底端过位亦如此。

8) 生产过程中要注意的问题

生产时发现等待拌和的集料称量仓称重增加,说明热料仓仓门关闭不严,有集料漏入称量仓内,造成生产配合比发生变化,油石比减小,成品料质量受到影响。若集料称量仓称重减小,说明称量仓门关闭不严,有集料漏入拌和锅内,使成品料油石比发生变化,严重的会出现"花白料"现象。

设备各部电机的电流,是反映设备运转情况的一个及时而准确的参数,通过对电机电流的观察,即可清楚知道设备的运转情况,又可反映出集料和沥青的一些情况,因此,生产时要时刻注意各电机的电流变化情况。如生产时发现沥青泵电机电流有上升的趋势,则大多是由于沥青温度有所下降,沥青黏滞性增大,使电机负荷增大,电流上升。冷料输送皮带、干燥滚筒、热料提升机及振动筛的电流变化可反映出集料的一些情况。当它们中任意一台电机有过流趋势时,则说明进料量过大了,这时就要适当减少冷料的输送量,以保护设备和保证干燥效果。另外,振动筛电机电流的变化还可能是由于筛网固定部位松动、筛网卡料等原因改变了电机负荷而引起的。影响冷料输送皮带电机电流的因素有集料的含水率、刮料板是否清洁等。综合考虑各种情况,便可迅速发现问题。若是矿粉供给器的电机电流超过正常工作电流,则说明矿粉较潮,这种情况下也要减少冷料的供给量,因为这时矿粉黏度变大,计量会比较慢,若不减少进料量,则容易发生热集料的"溢料",同时还要增加混凝土的拌和时间,才能保证成品料质量。搅拌机的工作电流可间接反映成品料的质量,尤其对拌和第一锅料时的情况反映比较直观,而且对操作人员来说也很实用。若在拌和第一锅料时发现搅拌机电流超过额定电流,说明热集料温度较低,需要增加拌和时间以保证第一锅料不出"花料"。通过对设备电机电流的观察,可更好地保证成品料质量,同时为设备维护人员提供了许多可靠信息。

8.3 ECO改性聚氨酯混凝土搅拌设备

8.3.1 概述

ECO改性聚氨酯混凝土在实际拌和生产中,搅拌设备安装于货车底盘,在现场拌和施工,属于移动式拌和设备,因此,用于拌和这种混凝土的机械设备称为ECO改性聚氨酯混凝土搅拌车(以下简称搅拌车)。该搅拌车是进行ECO改性聚氨酯混凝土桥面铺装工程的一项关键设备,其性能与搅拌质量的好坏,直接影响工程施工的质量、进度和生产效益。

搅拌车由载重汽车、动力系统、胶料箱、集料箱、计量控制系统、螺旋布料器、液压泵和液压马达传动装置等组成。基本功能有:①集料的配料与计量;②结合料的输送与计量;③将计量好的集料、结合料拌和成均匀的聚氨酯混凝土成品料。结构分为两大部分:一是行驶底盘部分,这部分是机械的行走和承重部件,其功能是使搅拌车能够按照预定速度行驶,以完成运输作业中的行驶任务,并在其上布置全套的作业装置;二是工作装置部分,这部分的功能是完成搅拌作业过程中各种物料的储存、输送、计量、搅拌、控制、操作等。这部分主要由集料箱、胶料箱、螺旋输送机、动力系统和计量控制系统等组成。

搅拌工作装置搭建在载重汽车上,采用解放牌JH68×4载货、厢式一汽平头柴油载货汽车,外形尺寸为12000mm×2550mm×3860mm。搅拌车的行使、行走供料、转弯、依靠汽车底盘来完成,如图8-3所示。

图 8-3 搅拌车示意图

图 8-4 柴油发动机

搅拌车采用柴油发动机(图 8-4),额定转速为 2200r/min,为整个搅拌车提供动力(汽车本身动力除外)。发动机通过凸缘盘与液压泵连接,发动机配置蓄电池和打气泵,为电气系统提供动力源。

搅拌车工作过程是:由装载机将料场储存的集料装入集料箱,由车载胶体泵将结合料吸入胶料箱,运输到施工现场,操纵控制系统,由计量控制系统对结合料按配合比要求进行计量。集料箱的底部配置输送装置,通过输送装置将集料按照设定的量进行供料。在搅拌装置中进行搅拌,由螺旋输送机将拌和好的聚氨酯混凝土进行二次搅拌并输送至 ECO 改性聚氨酯混凝土摊铺机中进行摊铺。

8.3.2 搅拌车主要工作装置与工作原理

1)集料箱

集料箱采用钢板焊接,用于储存多种不同规格、不同型号的石料,并根据级配进行计量,如图 8-5 所示。集料箱的底部配置输送装置,通过输送装置将石料按照设定的量进行供料。

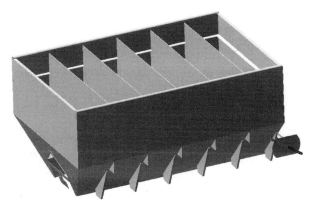

图 8-5 集料箱结构

2) 胶料箱

胶料箱由不锈钢吨桶组成,如图 8-6 所示。胶料箱连接计量控制系统,通过计量控制系统控制,按照特定比例输出胶料。因主胶料的特性,需要定期进行清洗,因此,在管路中安装过滤器和快换接头,保证胶料传输的流畅性。

3) 计量控制系统

计量控制系统通过液压马达提供动力,按胶料的配比控制胶料的计量。计量控制系统在工作状态时,在控制面板上,可对计量控制系统的工作状态进行数字化监测。

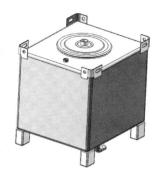

图 8-6 不锈钢吨桶

4) 输料螺旋输送机

螺旋输送机为聚氨酯混凝土搅拌车成品料的出料口,是将集料箱中的集料、胶料、催化剂进行混合、搅拌均匀,进行输送的装置,如图 8-7 所示。在非工作状态时,螺旋输送机为竖起状态,方便运输与行走;在工作状态时,螺旋输送机放平,方便二次搅拌并输出物料。为方便物料定向输出,螺旋输送机放平后,还具有左右摇摆的功能。

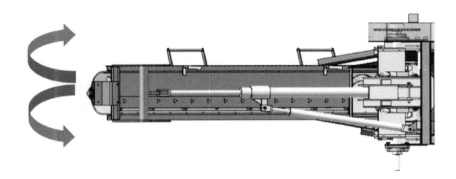

图 8-7 输料螺旋输送机

8.3.3 搅拌车液压系统工作原理

搅拌车采用集中控制,即操作人员在驾驶室可轻易接触到所有控制器。控制操作系统由电控系统和液压控制系统两部分组成。

电控系统包括发动机的电起动、作业系统的各种开关、电磁阀、指示灯及计量系统的计数器、压力表、转速显示仪表等。

液压控制系统主要用来实现各个作业装置的动作要求,如搅拌器中出料门开口的高度调节、分配器的左右移动等。液压控制部分由液压主泵、石料进给液压马达、螺旋输送机旋转液压马达、计量泵液压马达、螺旋输送机升降旋转油缸等组成。

搅拌车自动控制系统对各个工作装置的工作实现程序控制,从而大大减少了操作人员的误操作,提高了搅拌质量。同时,自动控制系统还备有一套手动操作控制装置,作业时可自由切换。图 8-8 所示为液压动力控制系统操作流程。图 8-9 为搅拌车液压控制原理图。

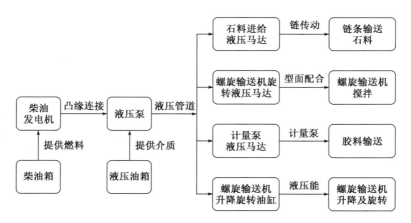

图 8-8　液压动力控制系统操作流程

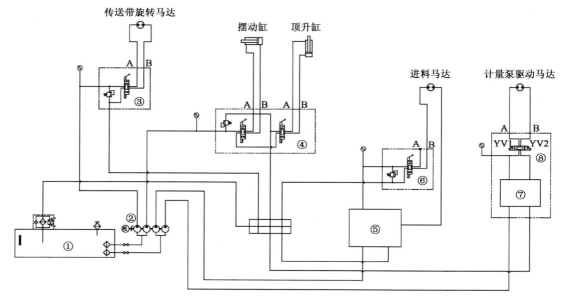

图 8-9　搅拌车液压控制原理图

ECO 改性聚氨酯混凝土搅拌车液压系统主要由 4 个回路组成,分别为:①搅拌车链式输料带液压回路;②螺旋输送机搅拌摆动顶升液压回路;③计量泵驱动马达液压回路;④螺旋输送机搅拌旋转液压回路。整个液压控制系统由多联液压泵、油路控制装置、方向切换阀、液压马达、液压油缸以及相关液压附件元器件组成。

搅拌车链式输送带液压回路,由四联液压泵的高压油经手动方向阀进入驱动传送带旋转液压马达,实现液压马达的正转或反转工作,达到搅拌车石料的输送目的;螺旋输送机搅拌摆动顶升液压回路,由四联液压泵的高压油经双联手动方向阀,分别进入螺旋输送机摆动油缸实现螺旋输送机的左右摆动,或进入螺旋输送机的顶升油缸,实现螺旋输送机的顶升。螺旋输送机搅拌旋转液压回路,由四联液压泵的高压油经压力流量控制模块供油到手动方向阀进入油口驱动螺旋输送机旋转液压马达旋转,实现 ECO 改性聚氨酯混凝土的搅拌、输送;计量泵驱动马达液压回路,经四联液压泵的高压油经油压控制模块供油到电动方向阀进入驱动计量泵驱动液压马达旋转,实现计量泵的胶料定量输送。

8.3.4 ECO改性聚氨酯混凝土搅拌车使用效能影响

1)搅拌均匀性影响

(1)搅拌装置的影响。

与卧式的单轴搅拌机相比,卧式双轴搅拌机所需要的零件以及结构更多,但双轴搅拌机要搅拌的聚合物混凝土更加均匀,生产效率更高。卧式双轴搅拌机的性能和其他搅拌机相比,都更加优越。

卧式双轴搅拌机的优点如下。

卧式双轴搅拌机相对于立式搅拌机来说高度更低且更容易装载移动,可以适应不同类型的生产环境,而且结构强度、刚度更大,工作时也更加可靠。

搅拌机内有两根搅拌轴,所以其容量更大,搅拌效率也相比其他搅拌机更高。与同容量自落式搅拌机相比,搅拌时间可以缩短一半甚至一半以上,而且成型聚氨酯混凝土从搅拌机的卸料口卸出后,还可进到螺旋输送机搅拌器中进行二次搅拌再将成型的聚氨酯混凝土送入摊铺机,使聚氨酯混凝土更加均匀,同时提高了搅拌机的生产质量。

对于搅拌轴转速而言,如果立式搅拌机与卧式搅拌机在轴转速相同而且容量相同,则卧式搅拌机的搅拌槽的直径要比立式搅拌机搅拌槽的直径小一半,搅拌轴上叶片的线速度要比立式轴小一半。以此来看,卧式搅拌机的叶片和衬板磨损小,所以其使用寿命更长,对于ECO改性聚氨酯混凝土的搅拌来说也更加经济有效。

(2)搅拌槽形式的影响。

之前很多搅拌机的搅拌槽为U形,研究发现其在工作过程中,很容易出现搅拌死区,会导致两根搅拌轴的负载过大,如不经常进行清理,会造成搅拌轴的过度磨损。另外,搅拌机上的U形槽的内衬板是被固定死的,不容易拆卸,对搅拌机内部结构进行维修也会带来很大的不方便。

将双轴搅拌机的搅拌槽底设计为"ω"形,如图8-10所示。这样在搅拌机工作时就能有效防止其出现搅拌死区。搅拌机的机槽两边的内衬板并不是像U形槽一样在机壳上固定死的,而是将内衬板利用螺栓固定在机壳上,便于拆卸维修。

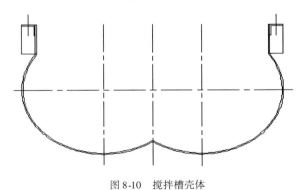

图8-10 搅拌槽壳体

(3)叶片尺寸和安装角的影响。

搅拌叶片的尺寸应该根据搅拌腔径向高度和轴向长度等参数设计。叶片面积过小时,叶片的提料量就会减少,叶片与混凝土之间的作用力就会减弱。混凝土的抛撒程度降低不利于颗粒的大范围对流运动,混凝土达到宏观均匀的时间将被延长;叶片面积较大时虽然能增加提料量,但也会增加搅拌功率。同时,叶片面积过大会使叶片数量减少,导致混凝土的搅拌次数降低。

图 8-11 为搅拌过程中叶片抛撒混凝土的三维视图。ECO 改性聚氨酯混凝土沿三个方向的运动情况与叶片的安装角有直接关系,叶片安装角如图 8-11a)所示。ECO 改性聚氨酯混凝土在搅拌过程中作轴向运动、径向运动和周向运动,如图 8-11b)所示。叶片的安装角包括径向安装角 α 和轴向安装角 β。径向安装角 α 为搅拌臂轴线与叶片之间的夹角,轴向安装角 β 为叶片内搅拌臂轴线的垂线与搅拌轴轴线的夹角。

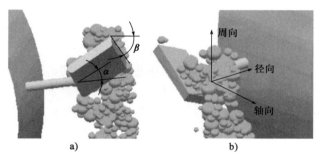

图 8-11 叶片抛撒混凝土三维视图

叶片轴向安装角 β 太小时,混凝土以周向运动为主并伴有少量的径向运动。此时,混凝土轴向运动较弱,搅拌效率较低。叶片轴向安装角过小的极限状态是 0°,此时叶片平行于搅拌轴,混凝土几乎只作周向运动,这种情况与自落式搅拌机的搅拌机理完全一样,混凝土的轴向流动被阻断。叶片轴向安装角由 0° 逐渐增大的过程中,混凝土的轴向运动速度会先增大后减小,径向运动和周向运动会逐渐减弱。叶片轴向安装角过大的极限状态是 90°,此时叶片与搅拌轴垂直,叶片对混凝土仅有剪切作用,几乎丧失搅拌能力。叶片轴向安装角的极限状态如图 8-12 所示。

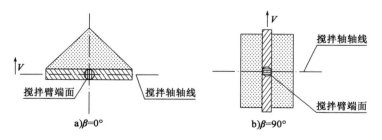

图 8-12 叶片轴向安装角极限状态示意图

叶片径向安装角 α 过小时,叶片带动混凝土主要做周向运动,缺乏必要的径向运动。当径向安装角 α 为 0° 时,叶片面与搅拌臂平行,混凝土沿搅拌器内壁被叶片推搅到相对较高的位置。在相对较长的周向运动行程中,不断地伴随着混凝土的滚落离析。当叶片径向安装角过大时,其周向提料能力较弱。当径向安装角增大到90°时,叶片面与搅拌臂垂直,叶片仅对混凝土有剪切作用而几乎丧失提料能力。叶片径向安装角的极限状态如图8-13所示。

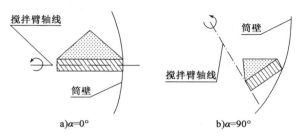

图8-13 叶片径向安装角极限状态示意图

因此,叶片轴向安装角和径向安装角过大或过小都不利于混凝土的搅拌。叶片安装角的布置应该综合考虑混凝土的搅拌均匀性和搅拌效率,保证混凝土在周向、轴向和径向都能得到充分运动。

(4) 螺旋轴上搅拌臂布置的影响。

为提高搅拌均匀性与输料功能,螺旋搅拌机的螺旋轴上还布置有搅拌臂,搅拌臂的布置形式也是影响螺旋输送搅拌机工作性能的重要因素,不同的布置形式会使颗粒产生不同形式和不同程度的运动,进而影响混凝土的搅拌均匀性和生产效率。此外,搅拌臂不同的布置形式还会影响瞬时参与搅拌的叶片的数量,进而影响螺旋轴的转矩。因此,搅拌臂的布置除了应能保证混凝土的搅拌均匀性和生产效率外,还应该考虑螺旋轴转矩的波动对驱动电机造成的冲击。搅拌臂的布置参数包括相位角的大小、方向以及搅拌臂的组数和单组搅拌臂的数量。

根据搅拌臂排布方式的不同,可分为正排列和反排列。逆着料流运动方向看,螺旋搅拌轴旋转方向与搅拌臂相位排列方向相反的排列即为反排列。正排列的情况与反排列相反。这里以搅拌臂相位角45°为例,对比分析正反排列时的搅拌过程。

图8-14所示为搅拌臂反排列布置。混凝土进入搅拌腔后首先经过叶片的提搅而向前运动一段距离,螺旋轴旋转315°之后,混凝土被叶片提搅而继续向前运动,叶片随螺旋轴再旋转315°之后继续提搅混凝土。如此依次循环,混凝土在搅拌叶片的提搅作用下从进料口单向连续地向出料口运动。如果有 n 个搅拌臂,则螺旋轴需要旋转 $n-1$ 倍的315°才能完成整个搅拌过程。

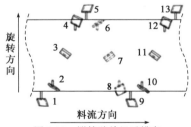

图8-14 搅拌臂单组反排布

图8-15所示为搅拌臂正排列布置。混凝土进入搅拌腔后同样先经过叶片1的提搅而向前运动一段距离,而叶片2只需随螺旋轴旋转45°就可以继续向前提搅混凝土,叶片3随螺旋轴再旋转45°之后继续提搅混凝土。如此依次循环,混凝土在搅拌叶片的提搅作用下从进料口单向连续地向出料口运动。当有 n 个搅拌臂时,螺旋轴只需要旋转 $n-1$ 倍的45°即可完成整个搅拌过程。

在其他参数相同的情况下,搅拌臂反排列时叶片对混凝土的提搅作用相对于正排列而言有时间延迟。因此,在相同的搅拌时间内,搅拌臂正排列布置能使混凝土获得更多的搅拌

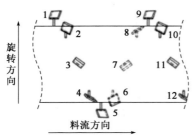

图 8-15　搅拌臂单组正排布

次数,搅拌效果更好。由于搅拌臂正排列 45°和反排列 315°等价,说明采用较小的相位角可以提高搅拌效率。但是若相位角太小,混凝土被抛撒的程度就会下降,也不利于混凝土整体的均匀分布。

如图 8-15 所示,当搅拌区长度、叶片尺寸、叶片安装角和搅拌臂相位角一定时,若搅拌臂布置数量过少,则叶片轴向间距就会偏大,混凝土就很难实现连续性推搅;若叶片数量过多,则叶片轴向重叠量较大,叶片的利用率较低。因此,每组相邻叶片之间应该保持合理的重叠量,保证搅拌的连续性,避免出现漏搅。

(5)螺旋轴转速和倾角的影响。

螺旋轴转速的大小会影响混凝土运动的剧烈程度。当螺旋轴转速较低时,混凝土的轴向运动、径向运动和周向运动较弱,搅拌均匀性和搅拌效率都较低。适当提高转速可以促进混凝土的对流和剪切运动,并提高生产效率。但是螺旋轴转速过快时,混凝土的离心力就会偏大。当颗粒所受离心力大于颗粒和叶片间的摩擦力时,粒径不同的颗粒会因所受惯性力不同而以不同的速度抛离叶片造成离析。因此,螺旋轴转速过快时反而不利于混凝土的搅拌。

螺旋搅拌槽与地面呈一定角度倾斜摆放,混凝土在搅拌叶片的作用下由低处向高处运动。当螺旋槽倾角过大时,混凝土轴向运动速度减慢容易造成搅拌腔充盈率提高。充盈率较高时,颗粒的运动范围受限,混凝土搅拌不充分。当螺旋槽倾角较小时,混凝土的轴向运动速度较快,生产效率提高,但是相同时间内混凝土被搅拌的次数就会相对减少,均匀性不能得到保证。

此外,螺旋槽还承担着混凝土的输送作用,螺旋轴的转速和倾角对输送效率和搅拌质量均有一定程度的影响。因此,在设计选取螺旋轴转速和倾角时,应该综合考虑对输送和搅拌影响。

本章参考文献

[1]　杨士敏.工程机械地面力学与作业理论[M].北京:人民交通出版社,2010.

[2]　展朝勇.公路养护机械与运用技术[M].北京:人民交通出版社股份有限公司,2014.

[3]　马登成,杨士敏,刘洪海,等.摊铺机变径变螺距螺旋分料器抗离析研究[J].中国工程机械学报,2010,8(4):390-394.

第9章

钢桥面铺装摊铺设备

9.1 概 述

ECO改性聚氨酯混凝土铺装基本采用单层ECO改性聚氨酯混凝土铺装结构与复合型ECO改性聚氨酯混凝土铺装结构,即下层ECO改性聚氨酯混凝土铺装结构+上层高黏高弹改性沥青SMA铺装结构。根据现有铺装方案,ECO改性聚氨酯混凝土铺装设备主要包括SMA沥青混凝土摊铺设备与ECO改性聚氨酯混凝土摊铺设备。

SMA沥青混凝土摊铺设备为通用设备,按行走装置不同分为轮胎式和履带式(图9-1、图9-2),按传动系统传动形式的不同分为机械传动、半液压半机械传动和液压传动,按熨平板的加宽形式不同分为液压无级伸缩式和机械有级加宽式,按振捣装置的不同分为单振捣梁式和双振捣梁式。

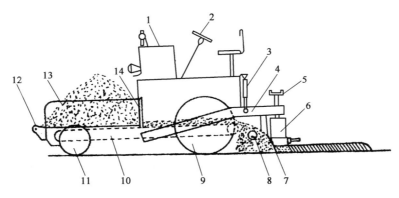

图9-1 轮胎式摊铺机

1-控制台;2-转向盘;3-悬挂油缸;4-侧臂;5-熨平板调整螺旋;6-熨平板;7-振捣器;8-螺旋摊铺器;9-驱动轮;10-刮板输送器;11-方向轮;12-推辊;13-料斗;14-闸门

ECO改性聚氨酯混凝土摊铺设备为宁波路宝科技实业集团有限公司针对ECO改性聚氨酯混凝土材料特性自主研发的摊铺设备,如图9-3所示。摊铺宽度为7.5m。

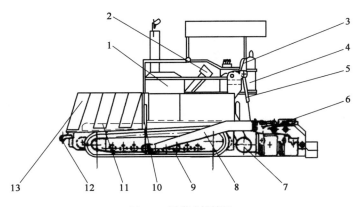

图 9-2　履带式摊铺机

1-柴油机及动力传动装置;2-驾驶控制台;3-坐椅;4-加热丙烷气罐;5-悬挂油缸;6-熨平装置;7-螺旋摊铺器;8-牵引臂;9-行走机构;10-调平液压油缸;11-刮板输送器;12-推辊;13-料斗

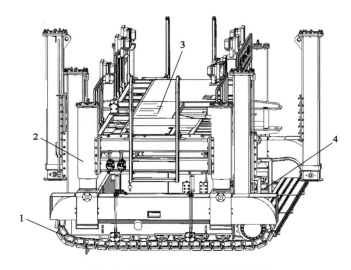

图 9-3　ECO 改性聚氨酯混凝土摊铺机

1-履带行走机构及装置;2-升降油缸;3-控制台;4-摊铺熨平机构

9.2　SMA 沥青混凝土摊铺机结构组成及调整

9.2.1　工作原理与结构组成

1)供料系统

摊铺机供料系统的驱动功率占发动机总功率的50%以上,输料量与生产率之间的匹配影响桥面磨耗层摊铺的平整度。要实现在设定的摊铺速度、宽度、厚度情况下的连续稳定供料,并且保证液压系统负荷稳定,就需要对左右刮板输料系统和左右螺旋输料系统采用的变量泵及非接触式料位器分别进行比例控制。螺旋布料器结构如图9-4所示,左右两个安装在摊铺室内,左螺旋布料器为左旋,右螺旋布料器为右旋,工作中将刮板输送器送来的沥青混凝土均匀横向摊开。经常在中间减速箱两边安装两组反向叶片,给减速箱下方补充混凝土,以提高摊铺的平整度,防止离析。有的摊铺机可实现螺旋布料器正反向旋转,使料槽内混凝土可向两边集中或推向单边,不会导致产生离析的阻料现象;螺旋高度快速可调;料斗两侧翼板可单独控制等。

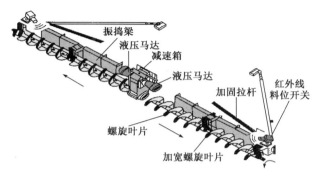

图9-4 螺旋布料器

在桥面磨耗层铺装施工中,要保证摊铺的平整度、均匀度、预压实度,料槽内料位必须高度稳定,因此,必须选择性能良好的料位器。由于机械式料位器粘料后料位计量不准确,因此,目前多选用超声波、红外线料位器。

2) 熨平板

熨平板是摊铺机的关键部件,直接关系到桥面摊铺整平的质量,其结构如图 9-5 所示。机械加长式是传统的结构形式,近年来为克服其拆装比较麻烦的缺点,在快速连接和拆开的机构方面作了许多改进。由于其整体刚度好、抗形变能力强,在进行宽幅摊铺时与液压伸缩式熨平板相比还是具有优越性,因此,在桥面宽幅摊铺时,应选择机械拼装式熨平板。液压伸缩熨平板具有安装、调整方便的特点,适合在桥面摊铺宽度多变、障碍物较多的场合使用。

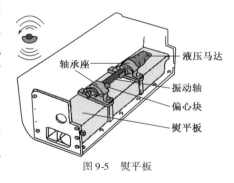

应选用具有防爬和防降双重功能的熨平板,以尽可能避免停机、开机使铺出的路面形成台阶这种情况的发生。

图9-5 熨平板

电加热以加热便捷、均匀著称,但增加发动机负荷,相对易出故障。液化气加热,快速但不够均匀,熨平板易变形。两种加热形式的熨平板各有利弊。

3) 振捣梁

振捣梁的作用是将横向铺开的铺筑层进行初步捣实,将大集料压入铺层内部。振捣梁由护板、预振捣梁、主振捣梁、偏心轴等组成,如图9-6所示。振捣梁可以大大加快熨平板下混凝土的流动性,减小熨平板的磨损,实现物料均匀性和平整度。单振捣梁式结构简单,预压实效果较差,双振捣梁式有很好的预压实效果。振捣梁的振幅及振动频率要根据摊铺层厚度、混凝土类型、温度及要求的初始压实度等进行调节。

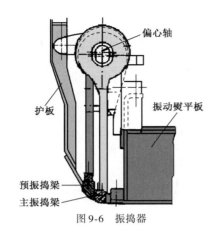

图9-6 振捣器

4）振动器

摊铺机的熨平板内部一般设有振动器,用来激振熨平板,使之产生不同的振幅与频率,从而对摊铺层进行再一次振实。振动器的振幅和频率应容易改变和调整。

5）自动找平系统

自动找平系统的数据源一般为数字信号。

数字式控制器不仅提高了系统的控制精度,也提高了系统的综合性能,如能进行故障报警、故障诊断、显示运行状态等,已得到广泛的应用。

数据的采集方式分为接触式和非接触式。接触式找平有拉钢丝绳和拖长滑靴的方式,比较易于实现,简单易行,投资少,可实现纵向的、接触范围内的有限平整度。非接触式找平有超声波和激光两种形式,能高精度、高可靠性、全面补偿校正偏差,实现了自动调平系统的网络化、智能化控制。以超声波检测技术为核心的非接触式平衡梁,其技术成熟,多组多探头智能控制系统,探测范围大,精度高,全面补偿校正偏差,能交替使用面基准和线基准,可实现大范围的平整度控制。

自动找平系统按照找平方式不同可以分为挂线式找平、机械式浮动梁找平、声呐非接触平衡梁找平和RSS（非接触式激光扫描自动找平系统）找平方式。

(1)挂线式找平。

作为基准的张紧钢丝的高程是按铺层设计高程预先测量架设的。纵坡控制传感器装在熨平装置上。传感器探臂压在基准线上,能使铺层的高程严格地受控于基准高程。摊铺机作业中,当熨平装置的高度偏离基准设定的高度时,传感器探臂转角的变化信号经系统处理后控制侧臂控制油缸的伸缩,通过熨平板的上下浮动改变摊铺厚度,以使摊铺的平整度得以保证。

挂线式找平示意图如图9-7所示。

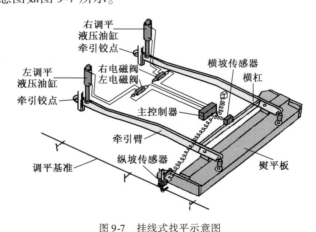

图9-7 挂线式找平示意图

(2)机械式浮动基准梁。

机械式浮动基准梁是一种随摊铺机一起运动的基准,它以较大范围内多点高度的平均值来控制摊铺厚度,通常用于高程已经精确校正后钢桥面磨耗层或在普通公路的下面层上摊铺上面层。因道路靠路边的平整度要比靠路中心的平整度差很多,使误差比较大。为解决老式平衡梁的不足之处,工程上常采用一种跨越熨平板,适于大型摊铺机整幅摊铺作业的超长浮动基准梁。

(3)声呐非接触平衡梁找平。

由声呐追踪器和控制盒、平衡杆组成。一根平衡杆上装有四个声呐追踪器,声呐追踪器以地面为基准,每个探头每秒发射 39 次声脉,精确测出距离平均值,再通过传感器指挥机械本身的液压浮动装置来控制升降高度,以达到更好的光滑平整的摊铺效果。工作中声呐追踪器(为一个高程控制传感器)发射高频声脉冲,并测出从物理参照物(如地面)反射回来的回脉时间,然后发出信息给控制盒,控制盒检测此信息并控制升降油缸以维护适当的面层厚度,以达到平整的摊铺效果。

(4)RSS(非接触式激光扫描自动找平系统)找平。

使用激光扫描器 B 发射出多束不可见的激光 A 到路面上,这些激光波从路面反射回扫描器,扫描器内的电子装置根据从发射到接收激光波所经过的时间的改变,计算出激光波所运行的距离变化,及时进行熨平厚度的调整以保证摊铺层的平整度。RSS(非接触式激光扫描自动找平系统)示意图如图 9-8 所示。

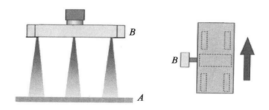

图 9-8　RSS(非接触式激光扫描自动找平系统)示意图

自动找平系统应根据施工路况综合选择。在狭窄区域、小范围施工,滑靴因不会出现碰撞,是一种理想的选择;在障碍物较多的施工路段,使用机械式纵坡传感器探测钢钎是常用、易行的选择;而对于大范围长距离的摊铺,多探头超声波数字找平仪和长距离激光纵坡传感器则可以保证较长路段整体的平整度。选择自动找平系统主要应考虑找平精度、配备的电器元件的质量和配套厂家、配备的找平装置基准类型、控制装置的方式等因素。

9.2.2　SMA 沥青混凝土摊铺机结构参数的调整

SMA 沥青混凝土摊铺机结构参数是指熨平板的宽度、拱度、工作仰角、螺旋分料器的长度及位置、振捣器和振动器的振幅、频率等。当同一台摊铺机选用了不同的结构参数时,所铺筑出的摊铺层的质量就不同。因此,合理地调整与选用各结构参数值,是保证摊铺层均匀一致、平整密实的重要前提。

1)熨平板宽度的调整

选好摊铺机后,根据摊铺路面的宽度,计算所需摊铺带数和每条摊铺带应有的宽度,以此来选择不同长度的加宽装置。熨平板宽度的确定应以尽量减少纵向接缝和提高路面平整度为原则。在机械宽度小于待摊铺宽度的情况下应采用两台摊铺机联合作业,创造一条同时被压实的接缝。确定每台摊铺机熨平板宽度时应按照这样一个思路进行:靠近中间分隔带的摊铺机应尽量采用摊铺宽度较大的摊铺机,且将熨平板组合到最大值,剩余的另一部分用另一台摊铺机摊铺。这样虽然有一条纵向接缝,但其靠近路肩的部位。此处行车相对较少,即使接缝处理不够理想,接缝对行车的影响也不大,从而保证了主线的平整度。选摊铺带宽度时,两条相邻摊铺带的纵向接缝处应重叠 30~50mm。为使纵向接缝厚薄均匀,必须保证机械直线和弯道的行驶方向的正确性。

2)熨平板工作角的调整

为正确地确定摊铺层厚度,熨平板必须具有一定的工作角。工作角的取值,一般都是通过试铺来确定。在每条摊铺带新开铺之前,先在摊铺机熨平板每节熨平板下都垫一块长约为熨平板的宽度、宽取 20~30cm、厚度为路面该层设计厚度乘以所用沥青混凝土的松铺系数的同厚木板,或至少在板宽三分点处各放一块,作为基准高度,如图 9-9 所示。当熨平板加热完毕呈平直状后,转动厚度调节螺杆手柄,使熨平板前缘略微抬起呈一个小的仰角(即工作角,其变化范围一般在 0°15′~0°40′之间),保证行驶时熨平板的"浮力"适中,然后进料开始摊铺,待摊铺机走出一段距离后,测量一下摊铺层厚,若厚度小于要求的松铺厚度时,再适当转动厚度调节螺杆手柄加大工作角,反之则适当减小工作角。这样反复调整,直到摊铺层厚度与要求的松铺厚度相等,此时的工作角角度即为正式摊铺该层时应取用的工作角数值。

每调节一次至少让摊铺机走出 5~6m 后,再在熨平板后缘附近测记厚度。因为此时厚度方才稳定,否则,所测厚度无代表性。

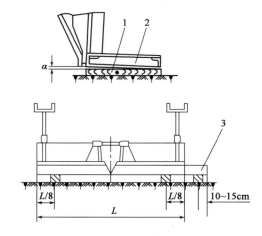

图 9-9 摊铺厚度的确定方法

1-垫木;2-熨平板;3-熨平板加宽节段;a-熨平板标准仰角;L-熨平板标准宽度

3)拱度的调整

摊铺机上一般都设有拱度调节机构,并刻有拱度值,通过转动拱度调节器,可将熨平板调节至路面设计的拱度,如图 9-10 所示。调整好的拱度,应该在首次摊铺过程中,用水准仪器来检测。如果不符合标准应重新调整,直到符合为止。高等级公路,尤其是高速公路中的钢桥面都设有中央分隔带,无须进行拱度调节。

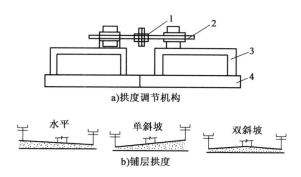

图 9-10　沥青混凝土摊铺机拱度调节机构
1-锁紧螺母；2-调节螺杆；3-栅板；4-振捣梁

4) 螺旋分料器的调整

螺旋分料器的调整，主要是指其长度、位置和叶片直径的调整。螺旋分料器的长度应与摊铺机熨平板的宽度相适应，当熨平板较宽时，螺旋分料器亦应较长，反之亦然。

长度的调整方法，依机型的不同而异。通常对于机械有级加长式熨平板的摊铺机，其螺旋分料器一般是靠人工借助螺栓将一节节叶片依次固定在横轴上的，叶片越多，螺旋分料器就越长；而液压无级伸缩式熨平板的摊铺机，其螺旋分料器的长短是通过液压系统实现自动延伸或缩短的。

调整后螺旋分料器的长度，应小于熨平板的宽度。通常熨平板宽度两侧的挡板间各留约 50cm 的空当，以减少混凝土的挤压和叶片的磨损。

螺旋布料器的高度有的是固定不变的，有的摊铺机可以调整，能调整者虽然结构稍微复杂，但使用性能好。根据所铺筑的混凝土种类和铺筑厚度的不同，分别对螺旋布料器的高度进行调节。对于钢桥面磨耗层的摊铺，由于其厚度较小，一般小于 5cm，所以螺旋布料器的高度应调到最低。当铺筑混凝土厚度在 10~25cm 之间时，螺旋布料器应调到中间位置。当铺筑材料厚度大于 25cm 时，螺旋布料器的高度应调到最高位置。

在混凝土集料粒径较大、摊铺层较厚的情况下，螺旋布料器的高度和离熨平板前缘的距离都应稍大，反之可适当调小。

螺旋布料器离熨平板前缘的距离，在保证供料充分，满足摊铺层厚度要求的前提下，宜尽量调小。否则，熨平板前缘易形成"死料"。这堆"死料"在"活料"的不断挤压下，逐渐变得密实，且随着温度的不断降低逐渐固结、变硬，一旦有团块进入摊铺层，既影响压实，又影响平整度，还让摊铺机额外增加部分牵引力。

有的摊铺机备有两种不同直径的叶片，在摊铺较宽的路面时，宜选用大直径叶片，反之用小直径叶片。

5) 熨平板牵引点初始工作位置确定

由熨平板的工作原理可知，摊铺厚度由熨平板的工作角和受力状态以及牵引点的高度决定，在摊铺机调整完毕和摊铺材料级配、沥青含量以及施工温度确定后，摊铺厚度主要决定于牵引点的高度，摊铺厚度与牵引点高度的对应情况应在试验路段上进行确定。在起步时根据实测厚度，乘以松铺系数，然后将大臂牵引点调至与其对应的高度上，在工程上比较适用的办法是在前一天摊铺结束前将大臂牵引点的位置记录下来,在下一次进行接缝摊铺时,恢复到原来的工作位置,此方法在下承层不平整时尤为有效。

6) 振动参数的确定

摊铺机对沥青混凝土进行预压实,有利于提高摊铺路面平整度,减小压路机的压实工作量,提高工作效率。一般摊铺机熨平板均配备振动装置,其振动频率在 $0~60Hz$ 之间连续可调,振幅为 $0~4mm$(随材料的特性和频率的大小而变化)。由于沥青混凝土自身的固有频率在 $40~50Hz$ 之间,将熨平板的振动频率调整到此范围内,可使颗粒处于振动状态,减小摩擦阻力,提高对沥青混凝土的压实度。振幅是由材料的抗变形能力和熨平板频率大小自动生成,不需人工调节。

7) 振捣参数的调整

为了获得更高的预压密实度,大部分摊铺机都在熨平板前装有振捣梁(也称夯锤)。振捣梁是设在熨平板前面的一种梁式装置,它是通过液压马达驱动一根偏心轴转动,然后带动振捣梁做上下往复运动对混凝土产生捣固。振捣梁的振幅一般在 $0~4mm$ 之间,最大的能达 $12mm$。

振捣梁的振幅应根据摊铺层厚度、混凝土类型、温度及要求的初始压实度等因素决定。当摊铺层较厚、混凝土集料粒径较大、温度较低、要求的压实度较高时,选用较大振幅;反之,则用较小振幅。由于目前钢桥面磨耗层铺筑时具有厚度均较薄,而摊铺宽度较大、摊铺速度较慢等特点,因此,振捣梁的振幅不宜过大。

振捣梁振动频率的选用,类似于振幅的选用,当摊铺层较厚、混凝土较粗时,选用较高的频率。通常铺筑沥青上面层时,可根据摊铺机每前进 $5mm$ 振捣梁振动一次的原则,选用振动频率。为了避免与振动振源之间相互干扰、叠加,一般振捣频率较低,在 $0~25Hz$ 范围内作有级或无级调节。

8) 加热熨平板

开始摊铺前对熨平板进行充分预热是十分必要的,这主要表现在两个方面:一是由于热胀冷缩的原因。在正常摊铺时,熨平板下表面有较高的温度,而上表面则温度较低,两个表面具有不同的热胀,在起步时若不对熨平板充分预热,则铺出路面会出现中间较厚、两边较薄的现象。在摊铺一段时间,熨平板热平衡以后,摊铺路面横坡才会恢复正常。另外,若熨平板不充分预热,温度较高的混凝土接触到熨平板就会形成粘连。在起步过程中,将铺层表面拉毛、拉松,使起步处初压密实度降低,即使起步处的厚度很准确,由于密实度低,碾压后,此处也不能保证平整。因此,在摊铺机起步前应将熨平板充分预热,加热温度应不低于 $120℃$,并清除干净底板上黏附的沥青料,否则,铺出的路面不平整。

9) 自动找平装置的使用

自动找平系统包括纵向调节和横向调节两个子系统。每一子系统都包括误差信号传感装置、信号处理及控制指示装置和终端执行装置三大部分。整个系统的工作是靠系统中的机械、电控和液压三者形成合理的匹配关系来进行的。

(1) 正确选择和安装参照基准和传感跟踪元件。常用的纵向参考基准有浮动拖梁、张紧钢丝或已完工的摊铺层。

浮动拖梁随摊铺机同步在基面上滑动或滚动,是一种相对基准件。随着梁的结构不同,可将基波均化、分解或部分消除。长度稍大于路基波长的滑动拖梁,可将波长拉大。但不能减小波幅高度,只能达到"均化"目的,故称"平均梁"。两点或多点支承(支承轮或弹性支承垫)的拖梁,不仅能将基波分解,而且能降低波幅,效果比滑动拖梁好得多;但结构复杂、重量大,不便于安装和运输。

张紧钢丝或钢绳是以地球为参照系的绝对基准,从理论上讲是绝对精确的,但也存在人为的误差、测量误差和器材的变形。所以,在使用时要严格遵守张拉长度、张拉载荷、支柱间距等方面的规定,并严格检测、细心保护和管理,在摊铺时不得碰撞基准线。如果张紧钢丝还兼作摊铺机行进导向基准,钢丝本身的走向必须与路面设计中心线保持平行。如果路基平整度不好,或摊铺机两侧地带不适于拖梁滑行,应选用张紧钢丝绳作基准。

用已完工的摊铺层或旧构筑物作基准,只有在具备条件时才能使用,如旧构筑物本身的精度和摊铺机传感装置的可及性,而且要使用特殊的跟踪件(如滑靴)。

桥面两层摊铺时,最下面的一层摊铺选用张紧钢丝作为基准。第一层铺完后,可用已完工的摊铺层作为基准并配以浮动拖梁。最上面的一层摊铺,不应使用自动调平装置,只靠摊铺机本身的自调平功能去工作,其平整度往往比使用自动调平装置好得多,摊铺机越大,效果越明显。如使用轻型或自调平功能不佳的摊铺机,应尽量使用长拖梁作基准,切勿使用张紧钢丝。这是因为经过几次摊铺之后,原来的基坡已被均化、分解或消除,摊铺机在平整的新铺基面行驶,其自调平功能得到充分发挥。

(2)正确选用纵向和横向坡度传感器,使之形成最佳匹配,有助于提高摊铺质量。当摊铺宽度不大于7.5m时,摊铺宽度接近摊铺机的基本宽度,熨平板的组合刚度大,应使用一侧纵向基准和一个横坡调平装置,达到调平的目的;当摊铺宽度大于7.5m时,结构刚度下降,在复杂的受力状态下,容易发生变形。如采用纵向-横向组合调平,纵向动作油缸不可能将熨平板一侧抬高或放下,容易产生振荡使横坡传感器所传递的信号严重失真,势必产生误调,调平系统不能正常工作。这时应采用双侧高度控制装置,即在摊铺层两侧各设一条基准线,用两纵向基准线的高程差来控制横坡,在机械两侧各安装一个纵向高度传感器分别跟踪,达到调平目的。

在弯道上摊铺时,横坡随着道路曲率半径的变化而变化。如果使用纵向横向调平组合,则在曲率半径发生变化处,摊铺厚度会产生增值。这一现象在整个弯道内,每当横坡发生变化时都会发生,从而使平整度恶化。

沥青混凝土摊铺机由于其作业环境十分恶劣,环境温度高、温度变化大、尘多,故检测路面高度传感器的选取非常重要。

9.2.3 SMA 沥青混凝土摊铺机选型

为了保证路面的平整度,要按照规范要求做到缓慢、均匀、连续不间断地摊铺。在摊铺过程中,不得随意变换速度及中途停顿。由于SMA沥青混凝土生产时拌和机生产效率降低等原因,摊铺机供料不足的问题比较突出,很难保证摊铺机不间断地均匀地摊铺,所以,摊铺机的摊铺速度要选择得低一些。

摊铺温度不能低于规定的成型温度。使用改性沥青的SMA沥青混合料拌和与摊铺温度通常较高,所以运输时必须覆盖保温,防止表面温度骤降。摊铺前熨平板的加热时间要相对延长,以提高预热温度。施工时的最低环境温度应不低于10℃。

SMA沥青混凝土摊铺机的结构形式涉及结构、性能、应用、维护等方面,应根据各个施工条件的不同选用合适的结构形式。选择技术性能优越、可靠性强、适用性好、经济性好的沥青混凝土摊铺机在摊铺施工中尤为重要。

SMA沥青混凝土摊铺机的选型就是根据桥面的设计宽度、摊铺工艺及摊铺质量等要求,综合选择沥青混凝土摊铺机的最大摊铺宽度、最大摊铺厚度、摊铺速度、摊铺机的生产率(t/h)、摊铺成型精度和摊铺成型质量等。即充分考虑沥青混凝土摊铺机的主参数和基本参数满足工程设计的要求,在高效、稳定区域工作,并且与沥青混凝土搅拌设备的生产率(t/h)相配套。

摊铺机的选配要考虑机械设备之间的能力匹配。就摊铺质量而言,摊铺作业速度是否均匀、摊铺作业是否连续、摊铺宽度及厚度能否满足工艺要求等,都是选择摊铺机时必须考虑的问题。摊铺作业速度的均匀连续,主要取决于摊铺机的有效摊铺能力与拌和设备的实际拌和能力是否匹配,而摊铺能力又是由摊铺作业速度、单机熨平板的最大组合宽度、厚度、沥青混凝土碾压密实度以及料斗容量等决定的。这就要求在选择摊铺机时,要综合考虑道路的设计宽度、摊铺密实厚度、摊铺机作业速度的可调范围以及找平、分料效果。同时应了解摊铺机的自动调平装置、参照基准和跟踪传感元件的技术性能。

1)行走装置

(1)履带式沥青混凝土摊铺机的特点:接地长度大、接地面积大、接地比压小;对不平整的路面适应性好(在稍作预压实的不平整路面上即可进行高质量的摊铺);采用专用的柔性橡胶履带,静摩擦力和整机质量较大,附着性能好,使履带式沥青混凝土摊铺机在摊铺作业过程中附着牵引力性能良好,不易打滑,可在各种路面上进行摊铺作业;可起到更好的摊铺滤波作用;具有行驶噪声低、摊铺平整度好等特点,可在高低不平的道路上平稳行驶。正因具有这些特点,国内外大型摊铺机均采用履带行走机构。

(2)轮胎式沥青混凝土摊铺机在前转向轮加装具有同步与差速控制功能的独立液压驱动机构,可使前轮既驱动又转向,能在摊铺作业时提高牵引力,有效地防止摊铺机打滑,而在摊铺机高速行驶时还可使前转向轮不驱动。轮胎式摊铺机轮胎变形对工作有影响,达到摊铺要求比履带式摊铺机困难,在路基较差的情况下工作时滑转问题突出,对于摊铺的基层和配套摊铺设备有较高要求。轮式摊铺机具有高机动性能、低摊铺幅度作业的高效性,适用于城市道路和已有道路的罩面,在中小型摊铺机上广泛应用。

沥青混凝土摊铺机的行走转向、螺旋布料、刮板输送及其他辅助系统的液压系统控制由初始的开环式发展到闭环式控制,闭环控制系统逐渐取代不易无级调速、元件分散、效率低、不易连续控制的开环系统。

2)熨平板加宽形式

各种型号的摊铺机其熨平板都有一个基本宽度(最小宽度),小型机约2m,大型机则略大于3m。若摊铺层的宽度小于熨平板的基本宽度,则很难摊铺;若大于基本宽度,则可以通过加宽熨平板的办法摊铺。

液压无级伸缩式熨平板的摊铺宽度在一定范围内可任意调节,从工作状态变成运输状态或者从运输状态变成工作状态都比较方便。可连续伸缩式摊铺机通过液压油缸无级改变摊铺宽度,当活塞杆伸出后,熨平板刚度变小,所以摊铺宽度不能太大,一般不超过 9m。其特别适合于宽度经常变换的高速公路匝道、市区街道和复杂地形的摊铺作业。其缺点是调整范围小,而且结构复杂,铺筑精度不高。

机械有级加长式摊铺机铺筑精度较高,除配置标准的熨平板外,还可以根据施工需要选择其他规格的熨平板。但熨平板宽度不能连续变化,摊铺宽度一般最小只能以 0.25m 的间距来调整,无法实现无级调节,铺筑宽度不能和摊铺机的可组装宽度系列一致时就不能由摊铺机铺筑一次性成型,剩余部分要采用人工补填方式铺筑,相对而言要花费较多的人工费用,适合在新道路工程的大规模施工中使用。

3) 摊铺能力的选择

沥青混凝土摊铺机的理论摊铺能力一般很大,实际摊铺量取决于摊铺速度、宽度、厚度三个方面。其生产率是以每小时摊铺的沥青混凝土质量来计算的,如式(9-1)所示:

$$Q = pbvh \tag{9-1}$$

式中:b——摊铺带的宽度,m;
h——摊铺层的厚度,m;
v——摊铺机的行驶速度,m/h;
p——每单位体积沥青混凝土的质量,kg/m^3。

摊铺机摊铺速度、宽度、厚度指标的选择与实际工况、技术指导原则有密切关系。

(1) 摊铺宽度。

我国现有高等级公路路面施工中,单幅路面宽度一般在 10~14m 之间,匝道加宽段可达到 17~20m,且路面结构设计中常用超高返坡,宽度在 2.75~3m 之间,对于有固定式熨平板的摊铺机来说,双机并行作业是解决问题的较好办法。

单机作业宽度太大,熨平板两外端受力过大易变形,摊铺阻力大,机械易打滑,且易造成沥青混凝土的离析。一般建议摊铺机选型时的熨平板宽度不大于 9m,这样也能满足一般路段双机并行作业的要求。路宽大于 9m 时采用纵向接缝的办法分次摊铺,或采用多台摊铺机呈梯队形同时作业。当使用单机摊铺需分两次或两次以上铺完全宽路面时,熨平板宽度的组合原则是:在该组合宽度下铺成的路面纵缝最少且剩下的最后一道铺幅要略大于熨平板基本宽度。这样,既能保证路面质量,又能节省工时,还避免了因剩下的最后一幅太窄而不得不采用人工摊铺的缺点。纵向接缝最好能位于路面的纵向标志线上,尽量不要设在主车道的中间位置。加宽熨平板时还要遵从对称的原则,即组合后的熨平板要尽量对称于摊铺机的纵轴。在进行多层路面施工时,摊铺机熨平板宽度的组合还应注意避免上下层间纵缝的重合。

过分强调和选用摊铺宽度超过 12m 的大型摊铺机,一次性大宽度全幅路面无纵向接缝的摊铺方式,容易造成摊铺材料的过度离析,摊铺质量有一定的缺陷,原因是:①摊铺宽度大,螺旋分料器运送混凝土距离长,不可避免粗细集料的离析,影响路面质量,造成早期损坏;②在摊铺机质量和功率一定的情况下,宽度越大,平均到料层上的振捣力越小,预压实密度越小,增大了压路机的碾压工作量;③由于初压密实度小,在重型压路机不能紧密跟进碾压情况下,严重影响平整度,物料降温后还影响压实度,而小型压路机容易产生推拥,影响平整度。

采用多台摊铺机多幅阶梯作业方式,可有效避免材料严重离析,而纵向接缝质量是能够控制的成熟技术,不会影响路面摊铺质量。

(2)摊铺速度。

由于我国通常采用高密实度熨平板,故宜使用较低的摊铺速度。国内钢桥面磨耗层的厚度一般为不超过40mm,在实际施工过程中发现1～4m/min的作业速度可使结构层有较好的平整度和较高的作业效率。摊铺质量和摊铺效率不仅与摊铺速度有关,还与摊铺机是否连续作业、压路机的碾压情况、路面机械配套协调有关,所以,摊铺速度的选择还要考虑拌和设备、运输车辆、压路机等各方面的因素来综合考虑。

通过控制发动机的油门或手动控制行走变量泵,很难保证对摊铺速度的精确控制。目前采用电子控制装置可以实现摊铺时应恒速进行的要求。电子控制装置控制液压泵,使其按电位器预先设定的行驶和转向数值供给所需流量,速度传感器能不间断地检测实际速度值,并通过电信号传递给电子控制装置,再与电位器装置自动改变变量泵的流量,以符合设定的行驶速度。即使在超载的情况下,恒功率控制系统也能保证在负荷突然增大时发动机不掉速,即各系统自动分配功率。当出现发动机掉速时,螺旋和振捣消耗功率大的系统,自动调整螺旋转速及振捣频率,降低液压系统功率,避免掉速,实现匀速摊铺,保证平整度。行驶系统备有一套应急控制装置,可保证在电子控制装置或速度传感器出现故障时仍可以继续作业。

目前我国沥青路面施工中沥青混凝土搅拌设备配套能力低,因此,施工采用的摊铺机产品绝大多数是低速高密实度形式的。采用低速高密实度摊铺机,具有可提高摊铺平整度、减少材料浪费和减少压实遍数等优势,在有效保证质量的同时,还能适当降低成本。

(3)摊铺厚度。

钢桥面SMA沥青混凝土铺筑厚度一般小于40mm,摊铺厚度在0～300mm之间的摊铺机就能完全满足施工要求,这与目前摊铺机的产品性能相吻合,没有必要对摊铺厚度作太高的要求。

9.3　ECO改性聚氨酯混凝土摊铺机

ECO改性聚氨酯混凝土摊铺机主要用于ECO改性聚氨酯混凝土的摊铺,由履带驱动机构、机架总成机构(包括主机架、升降机构、辅助升降机构、操作平台机构以及相应护栏机构等)、超声波找平机构、皮带输料机构、螺旋布料机构、振动熨平机构、操作控制系统、柴油发动机以及液压控制系统等组成,如图9-11所示。

ECO改性聚氨酯混凝土摊铺机通过工控系统控制整台设备的运动,整台设备为液压驱动,由柴油机带动液压泵驱动整个液压系统实现运动,从而为整台设备各个机构提供动力,来实现各个机构的运动。

ECO改性聚氨酯混凝土摊铺机的履带驱动机构、螺旋布料器、皮带输送机构由液压泵驱动液压马达提供动力,实现各个运动机构的动作;设备的升降机构和辅助升降机构由液压泵驱动液压油缸提供动力;设备所有动作的控制均由操作控制柜上相应操作键来控制完成,最大摊铺宽度可达7500mm。

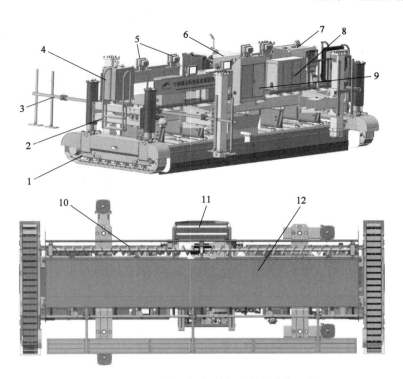

图 9-11 ECO 改性聚氨酯混凝土摊铺机结构组成

1-履带行走机构;2-机架总成;3-超声波找平机构;4-柴油箱;5-散热器;6-柴油机;7-液压油箱;8-多路阀控制柜;9-操作控制柜;10-螺旋布料机构;11-皮带输料机;12-振动熨平器

9.3.1 ECO 改性聚氨酯混凝土摊铺机结构组成

1）发动机

发动机作为整个摊铺机的驱动装置,为整个摊铺机的运转提供动力驱动,发动机输出轴通过联轴器同时与两个变量泵连接,为摊铺机的液压系统提供动力。

2）底盘机构

摊铺机底盘主要由机架、传动系统和履带式行驶机构等构成。摊铺机机架用来支撑摊铺机升降、皮带输料器、发动机总成和驾驶室等主要结构具有明显的三层空间焊接结构体,空间复杂,同时,机架还可以给摊铺机整机配重。

3）液压驱动系统

液压驱动系统由两个变量泵驱动的多回路闭式液压系统组成,主要包括七个液压回路,实现摊铺机完成行走、转向、摊铺、振捣、超声波找平、摊铺机升降等一系列摊铺作业。

4）皮带输料器

ECO 改性聚氨酯混凝土摊铺机采用皮带式输料器,ECO 改性聚氨酯混凝土由皮带转动带动混凝土运动掉落到摊铺机螺旋布料器中,实现摊铺作业。

5）螺旋布料器

螺旋布料器由支撑连接在主机尾部,并分成左、右两段,分别向两侧输料。在摊铺过程中,可以根据摊铺的厚度调节螺旋布料器的离地高度。螺旋叶片采用等半径等螺距叶片连接并采用分段式装配。在施工过程中,需要借助安装在螺旋布料槽外端的料位控制器控制料位与输料量。螺旋布料器包括螺旋叶片、布料槽、刮料板、螺旋轴和吊杆。

6) 熨平装置

熨平装置主要由主熨平装置、加宽熨平装置、厚度调节机构、拱度调节机构、振捣机构、振动机构、端板和撑拉杆组成。熨平装置与摊铺质量密切相关,可以对ECO改性聚氨酯混凝土进行整平、整形和振实。振动器装配在熨平装置上,对熨平装置下方的ECO改性聚氨酯混凝土进行振动密实。

7) 其他附属装置

油箱分为液压油箱和柴油箱,柴油箱为柴油发动机提供原料,液压油箱为液压系统提供动力介质。散热器对液压系统起到散热作用,采用吸风冷却。

8) 工作过程

当ECO改性聚氨酯混凝土摊铺机到达指定位置时,摊铺机开始进行作业,其工作过程可分为以下几个阶段:

(1) 准备工作:开启柴油发动机,液压泵驱动液压系统工作;控制皮带输料机开始运转,皮带输料机准备接搅拌车搅拌好的混凝土并运送至摊铺机螺旋布料槽。调节履带支撑油缸,使摊铺机熨平板离地高度符合铺装厚度,开启路面找平系统准备摊铺作业。

(2) 开始摊铺:根据超声波找平系统,进一步调节升降机构,以此来调节机架总成机构的高度,控制振动熨平板相对于施工路面的平行度达到施工要求;开启螺旋布料器机构、皮带输料机构上的液压马达,使其处于运动状态;通过搅拌车将ECO改性聚氨酯混凝土卸料至皮带输送机构上,经输送至螺旋布料槽中;进料充分后启动摊铺机的行走装置,摊铺机开始以设定的速度匀速前进。

(3) 摊铺阶段:摊铺机履带行走机构保持匀速、稳定的速度行驶,将螺旋布料槽中混凝土依照找平系统校准的摊铺厚度稳定连续地摊铺在钢桥面板上。同时,摊铺机振捣梁与熨平板振动器根据摊铺速度协同工作,保证ECO改性聚氨酯混凝土的摊铺平整度与密实度。

(4) 结束工作:施工完成后,开启辅助升降机构,升起整台设备,将载重车开到设备下,然后缓慢降下辅助升降机构,以此来完成装载进行转场。

9.3.2 ECO改性聚氨酯混凝土摊铺机液压系统工作原理

ECO改性聚氨酯混凝土摊铺机液压系统由液压油箱总成、卸油油路集成块、液压油冷却器、恒功率柱塞变量泵、管路高压过滤器、回油油路集成块、主液压油路分配装置、液压阀、液压马达、液压油缸等组成。其液压系统主要由七个工作回路组成,分别为:①行走速度控制液压回路;②螺旋布料器转速控制回路;③机架辅助升降回路;④挡板张紧与升降回路;⑤皮带输料控制回路;⑥摊铺自动找平回路;⑦振捣器控制回路。

ECO改性聚氨酯混凝土摊铺机液压控制系统总体性能要求如下:

(1) 摊铺作业时要保证摊铺机驱动系统恒速控制,从而保证ECO改性聚氨酯混凝土摊铺后的平整度和密实度。

(2) 摊铺机在作业时其运动速度要保持匀速状态,以提高摊铺作业质量。

(3) 螺旋布料器旋转液压马达要求工作平稳,调速范围大且要易于调速。

(4) 位于振捣梁上的振动马达要求抗振能力强,调速范围大且耐用性好。

(5) 找平装置是由液压缸作为驱动力来控制调整其找平作业,找平作业的精准度直接影响摊铺作业的平整度,因此,找平装置的液压缸要求位移精度高,运动平缓且易于调整。

(6) 由于螺旋布料器需要满足低速、大转矩、稳定连续作业,故此处的液压马达选用低速稳定性好的内五星液压马达;液压油散热驱动马达要求高转速低转矩,故此处的液压马达选用高速低转矩液压马达;履带驱动马达需选用低速大转矩的液压马达,以满足驱动性能的要求。

1) 机行走速度控制液压回路

摊铺机行走控制液压回路的主要作用是通过控制摊铺机行走液压马达转速进而控制摊铺的行走速度,回路主要由主液压油路提供稳定的高压油,经比例换向阀调节需要的液压油流量,驱动行走液压马达,液压马达油口配双向平衡过载保护阀。

2) 螺旋布料器转速控制回路

螺旋布料器转速控制回路的主要作用是控制螺旋布料器液压马达的转速及转向,回路主要由主液压油路提供稳定的高压油,经手动换向阀,进入旋转液压马达,换向阀配备安全阀起安全过载保护。

3) 机架辅助升降回路

摊铺机辅助升降回路的作用是使摊铺机整机升起,以便于检修、装载运输、移动等。回路主要由主液压油路提供稳定的高压油,经比例换向阀调节需要的液压油流量,辅助升降油缸完成升降动作,油缸油口配备的平衡阀实现保压与油缸动作平稳。

4) 挡板张紧与升降回路

摊铺机挡板张紧与升降回路的主要作用是通过控制张紧液压缸的伸缩而控制挡板的张紧程度,通过控制升降液压缸的伸缩来控制挡板的落下与提升。回路主要由主液压油路提供稳定的高压油,经手动换向阀,进入对应的液压缸完成动作。

5) 皮带输料控制回路

皮带输料控制液压回路的主要功能是通过控制皮带输送液压马达的启停来控制给料与否。回路主要由主液压油路提供稳定的高压油,经电磁换向阀,进入旋转液压马达驱动输料皮带动作。

6) 摊铺自动找平回路

自动找平液压回路的主要功能是通过控制相对基准平衡梁的高程进而控制摊铺的平整度和摊铺厚度,自动找平液压回路系统的性能在很大程度上决定了摊铺机路面摊铺质量。回路主要由主液压油路提供稳定的高压油,经比例换向阀调节需要的液压油流量,主升降油缸完成升降动作,油缸油口配备的平衡阀实现保压与油缸动作平稳。

7) 振捣器控制回路

振捣器液压回路的主要功能是通过控制振捣器液压马达转速进而控制振捣器的振动频率,最终实现控制施工路面的压实度。回路主要由轴端泵输出高压油,经高压过滤器过滤后,再经电磁换向阀分别进入各压力补偿调速阀,最终进入相应的振捣液压马达。

9.3.3 影响 ECO 改性聚氨酯混凝土摊铺平整度因素

影响 ECO 改性聚氨酯混凝土摊铺机摊铺质量的主要因素有：①摊铺速度是否恒定；②混凝土是否连续适量输送；③混凝土能否连续摊铺均匀；④桥面路况和其他因素的干扰能否得到有效控制。

ECO 改性聚氨酯混凝土摊铺机工作中，不考虑振动器振动力的情况时，熨平板的受力状况如图 9-12 所示。在熨平板自重力 G 作用下，给予 ECO 改性聚氨酯混凝土一个接触压力以初步压实 ECO 改性聚氨酯混凝土，同时熨平板在 ECO 改性聚氨酯混凝土表面浮动并向前滑行，熨平板底平面与运动方向构成仰角 α，α 的存在是熨平板能够压实混凝土和正常工作的前提，而熨平板底平面所受法向合外力 E 的大小与 ECO 改性聚氨酯混凝土的最大料径、

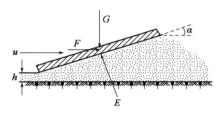

图 9-12 熨平板的受力状况分析

级配、黏度、粉胶比、摊铺室内 ECO 改性聚氨酯混凝土的数量、摊铺机运行速度等都有关系。在摊铺宽度一定的情况下，牵引臂拖动熨平板克服 ECO 改性聚氨酯混凝土的阻力向前滑行，其牵引力 F 的大小，主要与摊铺机运行速度、混凝土的黏度、摊铺室 ECO 改性聚氨酯混凝土的数量有关。

熨平板的自重 G 可看作是一个定值。由于进入熨平板底部的 ECO 改性聚氨酯混凝土数量有前部的刮料板控制，因此，熨平板底平面所受法向合外力 E 的大小受混凝土黏度的高低、摊铺机运行速度影响最大。熨平板向前滑行的牵引力 F 大小受摊铺机运行速度 v、ECO 改性聚氨酯混凝土黏度影响最大，而且 ECO 改性聚氨酯混凝土的粉胶比与其黏度变化关系相关性很大，粉胶比高时其黏度降低。

在桥面平整的情况下，α 增大或摊铺机运行速度 v 中增大任何一种状况发生，都会引起熨平板底平面所受法向合外力 E 变大，牵引力 F 变大，垂直向上的分力增大，熨平板被抬高，摊铺层厚度 h 增加。例如，摊铺机的工作条件稳定的情况下，α 增大时，熨平板下混凝土的进给量增加，导致 ECO 改性聚氨酯混凝土对熨平板的法向合外力增加，而法向合外力的增加打破了熨平板原有的力学平衡，使熨平板抬高，摊铺层厚度 h 随之增加，直到 α 减小到力学平衡恢复为止。所以，摊铺层厚度会随着熨平板仰角的增大而增大，随着熨平板仰角的减小而减小。铺层厚度随熨平板仰角变化有一较大的滞后。一般要在机械驶过 5 倍侧臂长的距离后，才能稳定地工作在新的摊铺厚度上。

综合上面的分析，可以得知：要保证摊铺平整度必须做到摊铺机运行速度恒定、混凝土黏度不变、熨平板底平面与运行方向构成的仰角 α 稳定。仰角 α 的控制在 ECO 改性聚氨酯混凝土摊铺机上由自动找平系统来完成，摊铺机运行速度和桥面高程的控制是保证摊铺平整度的关键因素。

施工中许多因素直接对摊铺机产生影响，例如：集料级配、混凝土黏度及均匀性、钢桥面板表面质量、钢丝基准线的架设与测量、摊铺起步与暂停、摊铺速度、摊铺层搭接、混凝土自身离析等。因此，影响 ECO 改性聚氨酯混凝土摊铺质量的影响因素具有系统性，任何一个环节发生问题，都会影响铺层质量。

9.4 螺旋布料器与 ECO 改性聚氨酯混凝土相互作用

螺旋布料器(俗称"绞龙")是 ECO 改性聚氨酯混凝土摊铺机必不可少的重要组成部件(图 9-13),其功能就是在保证 ECO 改性聚氨酯混凝土均匀性的前提下,将混凝土均匀分布到熨平板前要求的宽度上。对螺旋布料器的要求是:螺旋轴在布料槽内转动时,聚氨酯混凝土在螺旋叶片的动力、本身重力及布料槽摩擦力的共同作用下,产生沿布料槽向两侧的移动,从而达到布料的目的。

图 9-13　螺旋布料器

9.4.1 螺旋布料器中的 ECO 改性聚氨酯混凝土粒料动力学分析

ECO 改性聚氨酯混凝土在螺旋布料器作用下,沿着螺旋向两侧布料运动。在布料过程中,由于受螺旋叶片旋转的影响,粒料的运动是一个空间运动。下面以 ECO 改性聚氨酯混凝土摊铺机应用的螺旋面母线为直线的螺旋布料器进行讨论。

1) 螺旋布料器中 ECO 改性聚氨酯混凝土的粒料动力学分析

若螺旋面的升角为 β,则螺旋面可用一条直线表现。如图 9-14 所示,旋转螺旋面作用于半径为 r(离螺旋轴线的距离)处的混凝土粒料 A 上的力为 F。由于摩擦,F 的方向与螺旋面的法线方向偏离了一个角度 φ。F 分解为圆周方向的切向力 F_r 和轴向方向的轴向力 F_z,图中 φ 角是由混凝土对螺旋面的摩擦引起,并由混凝土内摩擦角 ρ 和螺旋面的粗糙程度决定的。为了方便起见,假设 $\varphi = \rho$。

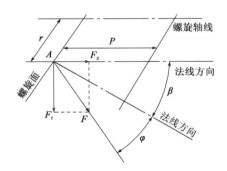

图 9-14　螺旋布料器作用下 ECO 改性聚氨酯混凝土粒料的受力分析

通过对混凝土粒料 A 的受力分析,有:

$$\begin{cases} F_z = F\cos(\beta+\varphi) \\ F_r = F\sin(\beta+\varphi) \\ F_r = F_z\tan(\beta+\varphi) \end{cases} \tag{9-2}$$

式中：β——螺旋面升角，$\beta = \arctan \dfrac{P}{2\pi r}$；

P——为螺旋叶片间距（螺距）；

φ——混凝土与螺旋叶片间的外摩擦角；

F——螺旋面对混凝土的作用力；

F_z——螺旋面对混凝土的轴向力；

F_r——螺旋面对混凝土的切向圆周力。

螺旋叶片间距 P（螺距）在螺旋面上各点都是相同的，所以，越靠近螺旋轴的点，到螺旋轴的距离 r 越小，螺旋升角 β 就越大，因此，圆周方向的切向力就越大，使 ECO 改性聚氨酯混凝土粒料扭转的程度也就越大。当圆周方向的切向力大到一定程度和混凝土粒料受到的摩擦力、黏聚力、重力无法平衡时，粒料就开始随螺旋轴翻滚。最容易翻滚的粒料是靠近螺旋轴的这一部分，也就是说，螺旋布料器布料时，有可能靠近螺旋轴的一部分混凝土随螺旋轴旋转，而远离螺旋轴的一部分混凝土则在扭转到一定角度后就与切向力平衡，在轴向力作用下，沿轴向运动。这样，在翻滚的混凝土与不翻滚的混凝土之间存在一界面，这个界面称为滑移面。

2）滑移面位置的确定

假设滑移面距螺旋轴线的距离为 r。为了分析 ECO 改性聚氨酯混凝土在布料槽中的运动情况，在螺旋布料器的横截面上建立以螺旋布料器轴线为原点的极坐标（图 9-15），径向为 r 坐标，以向下的垂线为始径，与始径的夹角为角坐标 θ，以逆时针为正。

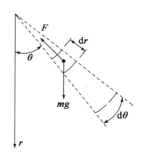

图 9-15 布料槽中 ECO 改性聚氨酯混凝土微元受力分析

在螺旋布料过程中，假设半径 r 以内的部分混凝土产生翻滚，取翻滚的混凝土作为隔离体，分析它的受力，图 9-16 为布料槽中翻滚的 ECO 改性聚氨酯混凝土颗粒受力分析图。

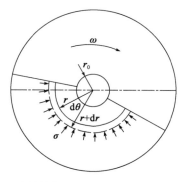

图 9-16 布料槽中 ECO 改性聚氨酯混凝土受力分析

设翻滚的 ECO 改性聚氨酯混凝土粒料处于极限应力状态,由于受到跟随螺旋面翻滚的 ECO 改性聚氨酯混凝土的离心力和重力作用,在 ECO 改性聚氨酯混凝土的滑移面上作用有正应力 σ。如图 9-25 所示,取圆心角 $d\theta$ 所对应的扇形微元物料(径向长度为 $r-r_0$,扇形轴向厚度为 h)进行分析。由于微元物料离心力引起的正应力为:

$$\sigma_R = \frac{F}{rh \cdot d\theta} = \frac{\int_{r_0}^{r} \rho rh dr \cdot r\omega^2 d\theta}{rh \cdot d\theta} = \frac{\rho\omega^2(r^3 - r_0^3)}{3r} \tag{9-3}$$

式中:ω——ECO 改性聚氨酯混凝土翻滚的角速度,近似为螺旋轴的角速度;

r_0——螺旋布料器螺旋轴的半径;

r——滑移面距螺旋轴线的距离;

F——扇形微元物料产生的离心力;

h——扇形微元物料的厚度;

ρ——布料槽中聚氨酯混凝土的堆积密度。

由于微元物料自重引起的正应力为:

$$\sigma_G = \frac{mg\cos\theta}{rd\theta h} = \frac{g\cos\theta \rho \int_{r_0}^{r} rd\theta h dr}{rd\theta h} = \frac{1}{2}\frac{r^2 - r_0^2}{r}\rho g\cos\theta \tag{9-4}$$

所以正应力 σ 为:

$$\sigma = \sigma_R + \sigma_G = \frac{\rho\omega^2(r^2 - r_0^2)}{3r} + \frac{r^2 - r_0^2}{2r}\rho g\cos\theta \tag{9-5}$$

因此,ECO 改性聚氨酯混凝土的抗剪强度为:

$$\tau_0 = \sigma f + C \tag{9-6}$$

式中:τ_0——ECO 改性聚氨酯混凝土的抗剪强度;

σ——滑移面上的正应力;

C——ECO 改性聚氨酯混凝土的内聚力;

f——ECO 改性聚氨酯混凝土的内摩擦因数。

显然,越靠近螺旋轴的地方 σ 越小,因而 τ_0 越小。同时,处于极限应力状态的 ECO 改性聚氨酯混凝土滑移面上沿摩擦力方向存在切向应力,其大小为 $\frac{F_r}{S}$(S 为滑移面面积),通过以上分析,有如下推论:

(1)当 $\frac{F_r}{S} \geq \tau_0$ 时,ECO 改性聚氨酯混凝土粒料在螺旋布料器中做圆周运动(翻滚运动)。此时,处于距螺旋轴线的不同距离的 ECO 改性聚氨酯混凝土粒料以不同的速度做圆周运动,彼此产生相对运动。

(2)当 $\frac{F_r}{S} < \tau_0$ 时,布料槽中 ECO 改性聚氨酯混凝土粒料将以同一转速做圆周运动,转过某个角度后,在轴向力 F_z 的作用下,一起沿着布料器向两端做轴向运动。粒料之间不产生相对运动。

3)ECO 改性聚氨酯混凝土粒料受力的影响因素

螺旋面对 ECO 改性聚氨酯混凝土粒料的轴向分力 F_z 推动混凝土沿轴向运动,起到布料的作用；圆周分力 F_r 则带动粒料沿圆周方向运动，合理地利用圆周分力 F_r，可以对发生离析的 ECO 改性聚氨酯混凝土进行二次搅拌，使之均匀。从式(9-2)中可以看出，粒料受到的轴向分力 F_z、圆周分力 F_r 均与 F、β、φ、ω 有关系。

(1) β 对 F_r、F_z 的影响。

由于在同一螺旋面上的各点螺距是相同的，所以，越靠近螺旋轴的点，到螺旋轴的距离 r 越小，由式(9-2)可知，螺旋升角 β 也就越大。当螺旋升角 β 变大时，圆周力变大，ECO 改性聚氨酯混凝土扭转的程度就越大。而此时轴向力 F_z 变小，螺旋布料器的布料效率降低。

(2) φ 对 F_r、F_z 的影响。

ECO 改性聚氨酯混凝土的外摩擦角 φ 与其粒料的形状、温度及螺旋叶片的粗糙度有关。集料中针片状粒料的含量对 ECO 改性聚氨酯混凝土的外摩擦角有一定影响。ECO 改性聚氨酯混凝土的粉胶比越高，作为黏结剂的聚氨酯的流动性就越好，黏度也就越低，外摩擦角 φ 越小；反之，粉胶比越低，外摩擦角 φ 越大。由式(9-2)可知，ECO 改性聚氨酯混凝土的外摩擦角 φ 越大，圆周力就越大，ECO 改性聚氨酯混凝土扭转的程度就越大，而此时轴向力就越小，螺旋布料器的布料效率也就越低。

(3) F 对 F_r、F_z 的影响。

F_r、F_z 与 F 成正比，而 F 与螺旋轴的转速有关。

(4) 螺旋轴角速度 ω 对 F_r、F 的影响。

螺旋叶片上的圆周速率(线速度) v_r 与螺旋布料器角速度 ω 的关系为：

$$v_r = r\omega \tag{9-7}$$

当螺旋布料器的动力足够时，ω 增大，v_r 随之增大。ECO 改性聚氨酯混凝土粒料在螺旋叶片的作用下沿着轴向和圆周方向运动，在圆周分力的作用下，混凝土圆周速率在短时间 t 内由零加速到 v_r。由动量方程可知：

$$m(v_r - 0) = F_r t \tag{9-8}$$

即

$$F_r = \frac{mv_r}{t} \tag{9-9}$$

由此可知，圆周分力 F_r 与 v_r 成正比，而 v_r 与 ω 成正比，故螺旋轴转速 ω 越大，圆周分力就越大，F 就越大。

9.4.2 螺旋布料器中的 ECO 改性聚氨酯混凝土粒料运动学分析

1) ECO 改性聚氨酯混凝土粒料的运动速度

如图 9-17 所示，ECO 改性聚氨酯混凝土粒料 A 在力 F 的作用下，在摊铺机布料槽中进行着复杂的运动，既有圆周速度，又有轴向速度，其合成速度为 v。若螺旋轴的转速为 n，处于与粒料 A 相同位置的螺旋面上的点，具有的圆周速度(切向速度)为 $\overline{AB} = \dfrac{2\pi rn}{60}$，其在法向的投影为 $\dfrac{2\pi rn}{60}\sin\beta$。因为 ECO 改性聚氨酯混凝土相对螺旋面有滑移和摩擦，摩擦角为 φ，所以，处于螺旋面上的 ECO 改性聚氨酯混凝土粒料 A 的运动速度为：

$$v = \frac{2\pi r \cdot n}{60} \cdot \frac{\sin\beta}{\cos\varphi} \tag{9-10}$$

由(图9-17)知：

$$v_r = v\sin(\beta + \varphi) = \frac{2\pi r \cdot n}{60} \cdot \frac{\sin\beta}{\cos\varphi}\sin(\beta + \varphi) \tag{9-11}$$

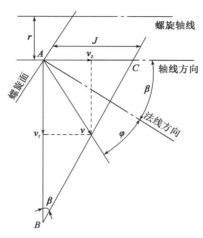

图9-17　ECO改性聚氨酯混凝土粒料运动分解图

因为ECO改性聚氨酯混凝土与螺旋面之间的摩擦因数 $\mu = \tan\varphi$，代入式(9-11)，有：

$$v_r = \frac{2\pi rn}{60}\sin\beta\frac{\sin\beta\cos\varphi + \cos\beta\sin\varphi}{\cos\varphi} = \frac{2\pi rn}{60}\sin\beta(\sin\beta + \mu\cos\beta)$$

由于 $\tan\beta = \dfrac{J}{2\pi r}$，$\sin\beta = \dfrac{\frac{J}{2\pi r}}{\sqrt{1+\left(\frac{J}{2\pi r}\right)^2}}$，$\cos\beta = \dfrac{1}{\sqrt{1+\left(\frac{J}{2\pi r}\right)^2}}$，将上述各式代入式(9-11)

并化简，得ECO改性聚氨酯混凝土粒料的圆周速度为：

$$v_r = \frac{nJ}{60}\frac{\frac{J}{2\pi r} + \mu}{\left(\frac{J}{2\pi r}\right)^2 + 1} \tag{9-12}$$

同理，可得ECO改性聚氨酯混凝土的轴向速度为：

$$v_z = \frac{nJ}{60}\frac{1 - \mu\frac{J}{2\pi r}}{\left(\frac{J}{2\pi r}\right)^2 + 1} \tag{9-13}$$

由式(9-12)、式(9-13)可知，与螺旋叶片接触的粒料的合速度 v 的方向与螺旋轴轴线的夹角 λ 分别为：

$$v = \frac{nJ}{60}\sqrt{\frac{4\pi^2 r^2 + 4\pi^2 r^2 \mu^2}{4\pi^2 r^2 + J^2}}$$

$$\lambda = \arctan\frac{v_r}{v_z} = \arctan\frac{2\pi r\mu + J}{2\pi r - \mu J} \tag{9-14}$$

由式(9-14)可知,与螺旋叶片接触的粒料的合速度 v、粒料的运动方向与螺旋轴轴线的夹角 λ,都是随着转速 n、螺距 J 和螺旋叶片半径 r 的变化而不断变化的值。随着粒料离螺旋轴中心线距离 r 的变化,粒料的速度向量不断发生变化,其运动轨迹也相应发生变化,形成不同的空间螺旋运动。转动的叶片不断强制挤压粒料,使物料作上下翻转运动。如果采用特别设计的变节距螺旋布料器,使集粒料既有上下翻动,又有轴向流动,形成强烈的位置交换运动,对 ECO 改性聚氨酯混凝土会产生二次搅拌作用。

2)粒料的圆周速度分析

现考察粒料圆周速度对 r 的单调性。根据式(9-11)对 r 求一次导数,有

$$\frac{\partial v_r}{\partial r} = \frac{nJ}{60} \cdot \frac{2\pi J^3 + 8\mu\pi^2 J^2 r - 8\pi^3 J r^2}{(J^2 + 4\pi^2 r^2)^2} \tag{9-15}$$

从式(9-15)的单调性可知:随着半径 r 的增大,粒料的圆周速度 v_r 先增大后减小,具有最大值 $v_{r\max}$。

令 $\frac{\partial v_r}{\partial r} = 0$,便可求得圆周速度 v_r 等于最大值 $v_{r\max}$ 时的半径 r_1 为:

$$r_1 = \frac{\mu + \sqrt{1+\mu^2}}{2\pi} \cdot J \tag{9-16}$$

因为

$$\frac{J}{2\pi r_1} = \frac{1}{\mu + \sqrt{1+\mu^2}} = \sqrt{1+\mu^2} - \mu \tag{9-17}$$

将式(9-17)代入(9-12),得 v_r 的最大值为:

$$v_{r\max} = \frac{nJ}{60} \cdot \frac{\sqrt{1+\mu^2}}{(\sqrt{1+\mu^2} - \mu)^2 + 1} \tag{9-18}$$

将式(9-17)代入式(9-13),得此时粒料的轴向速度为:

$$v_z = \frac{nJ}{60} \cdot \frac{1+\mu^2 - \mu\sqrt{1+\mu^2}}{(\sqrt{1+\mu^2} - \mu)^2 + 1} \tag{9-19}$$

则

$$v_z - v_{r\max} = \frac{nJ}{60} \left[\frac{1+\mu^2 - (\mu+1)\sqrt{1+\mu^2}}{(\sqrt{1+\mu^2} - \mu)^2 + 1} \right] \tag{9-20}$$

由式(9-20)可知,若 $r = r_1$,则当 $\mu = 0$ 时,$v_z = v_{r\max}$;当 $\mu > 0$ 时,$v_z < v_{r\max}$。此时粒料的圆周速度 $v_{r\max}$ 比粒料的轴向速度 v_z 要大,螺旋叶片在布料的同时起到了一定的搅拌作用。另外,粒料的圆周速度 $v_r > 0$,且随着半径的 r 的增大,粒料的圆周速度 v_r 先增大后减小。粒料的圆周速度 v_r 随所处半径 r 的变化曲线如图9-18所示。

3)粒料的轴向速度分析

现考察粒料轴向速度 v_z 对 r 的增减性。对 r 求一次导数,有

$$\frac{\partial v_z}{\partial r} = \frac{nJ}{60} \cdot \frac{8\mu\pi^3 J r^2 + 8\pi^2 J^2 r - 2\pi\mu J^3}{(J^2 + 4\pi^2 r^2)^2} \tag{9-21}$$

由式(9-21)的单调性可知,v_z 是 r 的增函数,随着半径 r 的增大而增大。由式(9-12)和式(9-13)可知,当 $v_z =$

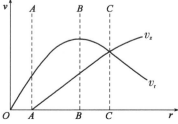

图 9-18 混凝土粒料速度特性曲线

v_r 时,有:

$$r = \frac{J(1+\mu)}{2\pi(1-\mu)} \tag{9-22}$$

所以,粒料的轴向速度 v_z 变化规律为:

$$\begin{cases} v_z = 0, & \text{当 } r = \frac{\mu J}{2\pi} \\ v_z < 0, & \text{当 } r < \frac{\mu J}{2\pi} \\ v_z > 0, & \text{当 } r > \frac{\mu J}{2\pi} \\ v_z = v_r, & \text{当 } r = \frac{J(1+\mu)}{2\pi(1-\mu)} \end{cases} \tag{9-23}$$

粒料的轴向速度 v_z 随所处半径 r 的变化曲线如图9-18所示。

4)粒料的角速度分析

根据式(9-12)可得,粒料的角速度为:

$$\omega_r = \frac{v_r}{r} = \frac{nJ}{60} \cdot \frac{2\pi J + 4\mu\pi^2 r}{J^2 + 4\pi^2 r^2} \tag{9-24}$$

由式(9-24)可知,ω_r 是关于 r 的减函数。而且,处于布料槽中不同位置的混凝土粒料,在螺旋布料器作用下,其运动是一种由很多个圆环转动组成的环流。不同半径处的粒料,其圆周线速度不一样,各环流层之间存在相对运动,且各环流层的厚度很小。当螺旋轴转速保持不变时,各环流层的运动速度彼此不相等,同时轴向速度也不相等。所以,ECO 改性聚氨酯混凝土在螺旋布料器的作用下不可能产生纯粹的层流流动。不考虑混凝土的摩擦力和重力作用时,混凝土在螺旋布料槽中的流动是一个螺旋流。

5)ECO 改性聚氨酯混凝土粒料各速度间的关系

由图9-18可知,粒料的轴向速度 v_z 是 r 的增函数,而粒料的圆周速度 v_r 则随 r 的增大先增大后减小,具有最大值 v_{rmax}。对图9-18进行分析,可得出如下结论:

(1)当 $0 < r < \frac{\mu J}{2\pi}$ 时(若取 $\mu = 0.628$,则 $0 < r < 0.1J$),$v_z \leq 0$,$v_r > 0$,所以 $v_r > v_z$,即 ECO 改性聚氨酯混凝土所处螺旋面半径在图中 A-A 虚线左侧(即 $r < r_A = 0.1J$)时,由于 $v_z \leq 0$,ECO 改性聚氨酯混凝土粒料不沿着轴向前进,只在原位置翻滚甚至后退,产生很大的内部摩擦力。该区域为无功区或称纯耗能区。

(2)当 $r = r_1 = \frac{\mu + \sqrt{1+\mu^2}}{2\pi} \cdot J$ 时(若取 $\mu = 0.628$,则 $r = r_1 \approx 0.3J$),$v_r = v_{rmax}$,且 $v_{rmax} > v_z$,即图9-27中 B-B 虚线。如果 ECO 改性聚氨酯混凝土所处螺旋面半径在 A-A 线和 B-B 线之间(即 $r_A < r < r_B$ 或 $0.1J < r < 0.3J$),v_z 不大,但 v_r 较大,由于 $v_z > v_r$,ECO 改性聚氨酯混凝土粒料形成沿合成速度方向的附加紊流(附加抛射物流),影响混凝土的轴向布料,并产生使 ECO 改性聚氨酯混凝土集料离析的趋势。该区域为低生产率、高能耗区。

(3)当 $r = \frac{J(1+\mu)}{2\pi(1-\mu)}$ 时(若取 $\mu = 0.628$,则 $r = 0.7J$),$v_z = v_r$,即图中 C-C 虚线。如果

ECO 改性聚氨酯混凝土所处螺旋面半径在 B-B 线和 C-C 线之间(即 $r_B < r < r_C$ 或 $0.3J < r < 0.7J$)时,ECO 改性聚氨酯混凝土轴向移动速度仍然不大,而圆周速度仍然比较大。由于圆周速度大于轴向速度,混凝土沿着其合速度方向形成的一股附加物料流,有时会越过螺旋体抛射,从而影响混凝土的轴向输送。

(4) 如果 ECO 改性聚氨酯混凝土所处螺旋面半径在 C-C 线右侧(即 $r > r_C = 0.7J$),则 $v_z > v_r$。v_z 快速增加,而 v_r 下降,ECO 改性聚氨酯混凝土流的整体运动形态表现为布料槽内的轴向运动。轴向移动的平均速度大,圆周速度小,物料内部的相对运动小,属于高生产率区。所以,此区域为理想的 ECO 改性聚氨酯混凝土布料区,其横截面如图 9-19 所示。

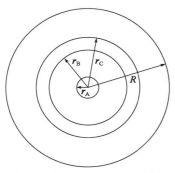

图 9-19 螺旋截面特征半径分布图

根据以上分析,螺旋布料器的螺旋叶片外径应该满足:

$$D > \frac{J(1+\mu)}{\pi(1-\mu)} = 1.4J \tag{9-25}$$

式中:J——螺旋布料器的螺距。

综上所述,螺旋布料器输送混凝土时,靠近螺旋轴的部分物料随螺旋轴的旋转而翻滚,将产生较大的内部摩擦阻力;ECO 改性聚氨酯混凝土远离螺旋轴时,有利于轴向输送,离析少,效率高。

9.4.3 螺旋布料器螺距的合理值及确定螺距的 3 个条件

1) 螺距与粒料轴向速度的关系

现考察粒料轴向速度对螺距 J 的单调性。根据式(9-14)对 J 求一次导数,有:

$$\frac{\partial v_z}{\partial J} = \frac{n\pi^2 r^2}{15} \cdot \frac{4\pi^2 r^2 - 4\mu\pi rJ - J^2}{(J^2 + 4\pi^2 r^2)^2} \tag{9-26}$$

从式(9-26)的单调性得:随着螺距 J 的增大,粒料的轴向速度 v_z 先增大后减小(图 9-32)。令 $\frac{\partial v_z}{\partial J} = 0$,便可求得 v_z 为最大值时的螺距 J_z:

$$J_z = 2\pi r(\sqrt{1+\mu^2} - \mu) \tag{9-27}$$

$$\frac{J_z}{2\pi r} = \sqrt{1+\mu^2} - \mu \tag{9-28}$$

将式(9-28)代入式(9-12),得 v_z 的最大值为:

$$v_{zmax} = \frac{\pi rn}{30} \frac{\sqrt{1+\mu^2} + 2\mu^2\sqrt{1+\mu^2} - 2\mu - 2\mu^3}{(\sqrt{1+\mu^2} - \mu)^2 + 1} \tag{9-29}$$

2) 螺距与粒料圆周速度的关系

现考察粒料圆周速度对螺距 J 的单调性。根据式(9-12)对 J 求一次导数,有:

$$\frac{\partial v_r}{\partial J} = \frac{n\pi^2 r^2}{15} \cdot \frac{4\pi rJ + 4\mu\pi^2 r^2 - \mu J^2}{(J^2 + 4\pi^2 r^2)^2} \tag{9-30}$$

从式(9-30)的单调性可知:随着螺距 J 的增大,粒料的圆周速度 v_r 先增大后减小(图 9-20)。令 $\frac{\partial v_r}{\partial J} = 0$,便可求得 v_r 为最大值时的螺距 J_r:

$$J_r = 2\pi r \frac{1+\sqrt{1+\mu^2}}{\mu} \tag{9-31}$$

将式(9-31)代入式(9-12),可得 v_r 的最大值 v_{rmax}。

3)螺距合理值的分析

螺距的大小直接影响到 ECO 改性聚氨酯混凝土粒料的速度特性曲线的形状与混凝土的布料情况。当螺旋布料器的螺距不等时,螺旋升角就不一样,混凝土粒料运动的滑移面也将随之改变,所以,应依据螺旋面与 ECO 改性聚氨酯混凝土粒料的相互关系及速度分量间的合理分布来确定螺距的合理值。

根据以上分析,可绘出粒料圆周速度和轴向速度随螺距变化的曲线,如图 9-20 所示。对图 9-20 进行分析,可得出如下结论:

(1)当 $J = \dfrac{2\pi r(1-\mu)}{1+\mu}$ 时(若取 $\mu = 0.628$,则 $J = 1.44r$),$v_z = v_r$,即图 9-20 中的 A-A 虚线。当 J 在 A-A 线的左侧,$J \leqslant 1.44r$ 时,$v_z \geqslant v_r$。并且随 J 的增加,v_z 和 v_r 均增加,因此,螺距在这个区域取值有利于混凝土输送。

(2)当 $J_z = 2\pi r(\sqrt{1+\mu^2}-\mu)$ 时(若取 $\mu = 0.628$,则 $J = 3.47r$),$v_z = v_{zmax}$,即图 9-20 中 B-B 虚线。当螺距 J 在 A-A 线和 B-B 线之间(即 $1.44r < J < 3.47r$,图 9-20)时,随着 J 的增加,v_z 和 v_r 均增加,但是 $v_z < v_r$。如前文所述,由于 $v_z < v_r$,ECO 改性聚氨酯混凝土粒料将形成沿合成速度方向的附加紊流,影响 ECO 改性聚氨酯混凝土的轴向布料,并产生使 ECO 改性聚氨酯混凝土集料离析的趋势。

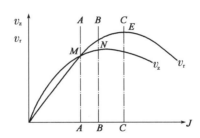

图 9-20　粒料轴向速度和圆周速度与螺距的关系曲线

(3)当 $J_r = 2\pi r \dfrac{1+\sqrt{1+\mu^2}}{\mu}$ 时(若取 $\mu = 0.628$,则 $J = 11.8r$),$v_r = v_{rmax}$,即图 9-20 中 C-C 虚线。当螺距 J 在 C-C 线附近,即 $J \approx 11.8r$ 时,v_r 增大到最大值,而 v_z 逐渐变小,$v_z < v_r$,而且两者的差距变大。由于混凝土轴向移动速度不大,而圆周速度很大,因而 ECO 改性聚氨酯混凝土颗粒间的相对速度很大。同时由于圆周速度大于轴向速度,使混凝土沿着其合速度方向抛射,不利于 ECO 改性聚氨酯混凝土的轴向输送。

综上所述,螺距 J 的取值范围应在 A-A 虚线附近为佳(图 9-20)。也就是说,螺距 J 的合理取值范围应是:

$$R < J < 2R \tag{9-32}$$

式中:R——螺旋布料器螺旋叶片的外径。

一般来说,在满足生产率的前提下,J 取值小一些比较好,也就是说小螺距、大直径更有利于混凝土的输送,而且摊铺宽度越宽,摊铺厚度越厚,R 的取值应越大。

4) 确定螺距的第 1 个条件

由前述分析,螺旋面作用在 ECO 改性聚氨酯混凝土粒料上的力 F 的轴向分力 F_z 为:

$$F_z = F\cos(\beta + \varphi) \tag{9-33}$$

式中: β ——布料器螺旋角;

φ ——ECO 改性聚氨酯混凝土外摩擦角。

为了满足 $F_z > 0$,必须使 $\beta < \dfrac{\pi}{2} - \varphi$。

当 $\beta \geq \dfrac{\pi}{2} - \varphi$ 时,粒料受到的轴向力为 0。此时,根据式(9-11),有

$$J \leq 2\pi r \tan\left(\dfrac{\pi}{2} - \varphi\right) = 2\pi r \cot\varphi = \dfrac{2\pi r}{\tan\varphi} = \dfrac{2\pi r}{\mu} \tag{9-34}$$

对比式(9-23)和式(9-34)可知,此时布料器内,到螺旋轴线距离小于 r 的区域,ECO 改性聚氨酯混凝土粒料的轴向速度 v_z 也为 0。在此区域的 ECO 改性聚氨酯混凝土将停止向布料槽两侧布料从而产生堆积,并有可能使 ECO 改性聚氨酯混凝土布料阻力加大,使 ECO 改性聚氨酯混凝土硬化结块。

根据式(9-34),对于直母线的螺旋面,建议确定螺距的第 1 个限制条件为:

$$J_1 \leq \dfrac{2\pi r_0}{\mu} \tag{9-35}$$

式中: J_1 ——螺距;

μ ——ECO 改性聚氨酯混凝土与螺旋叶片间的摩擦因数;

r_0 ——螺旋布料器螺旋轴的半径。

5) 确定螺距的第 2 个条件

在确定螺旋布料器螺距时,应该使 ECO 改性聚氨酯混凝土粒料具有尽可能大的轴向布料速度。根据式(9-27),建议取:

$$J_2 \approx 2\pi \dfrac{r_0 + R}{2}(\sqrt{1+\mu^2} - \mu) \tag{9-36}$$

式中: μ ——ECO 改性聚氨酯混凝土与螺旋叶片间的摩擦因数;

r_0 ——螺旋布料器螺旋轴的半径;

R ——螺旋布料器螺旋叶片的外径。

这样可保证布料器内,到螺旋轴线距离接近 $\dfrac{r_0 + R}{2}$ 的大部分区域,ECO 改性聚氨酯混凝土粒料的轴向速度接近最大。式(9-33)就是确定螺旋螺距的第 2 个条件。

6) 确定螺距的第 3 个条件

在确定螺旋布料器螺距时,应该使 ECO 改性聚氨酯混凝土粒料具有尽可能大的轴向布料速度,同时又应该使螺旋面上各点的轴向速度大于圆周速度。根据图 9-29,建议在螺旋叶片的外径 R 处(即 $r = R$ 处),应该满足 $v_z > v_r$ 这一条件。由粒料的圆周速度式、轴向速度式,有:

$$J_3 \leq 2\pi R \dfrac{1-\mu}{1+\mu} \tag{9-37}$$

式(9-37)即为确定螺距的第3个条件,此条件和式(9-25)表示的条件一致。

9.4.4 螺旋布料器的转速、结构和充盈系数分析

1) 螺旋布料器的转速与考虑混凝土相互作用力和重力时粒料的运动

如果考虑 ECO 改性聚氨酯混凝土间的相互作用力和重力,则在布料槽中 ECO 改性聚氨酯混凝土粒料所受的力包括螺旋叶片的作用力 F、ECO 改性聚氨酯混凝土自身的重力 G、ECO 改性聚氨酯混凝土之间的相互作用力(可根据运动轨迹分解为法向正压力 N 和切向摩擦力 f),如图 9-21 所示。

ECO 改性聚氨酯混凝土之间相互作用力的大小与 ECO 改性聚氨酯混凝土粒料间的内摩擦因数、内聚力等有关。

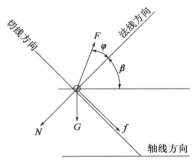

图 9-21 ECO 改性聚氨酯混凝土粒料受力分析

当螺旋轴的转速 ω 较小时,混凝土粒料在 F、f、N、G 的作用下,随着叶片沿轴向和圆周方向运动,并由这 4 个力的合力提供 ECO 改性聚氨酯混凝土做圆周运动所需向心力 F_ω:

$$F_\omega = mr\omega^2 \tag{9-38}$$

式中:F_ω——粒料做圆周运动所需的向心力;

m——粒料的质量;

ω——粒料随螺旋轴转动的角速度。

由式(9-38)可知,随着螺旋轴角速度 ω 的增加,粒料随着螺旋轴旋转所需的向心力 F_ω 也增大,当 F_ω 超过 F、f、N、G 所能提供的最大向心力时,粒料就会产生离心抛物线运动。ECO 改性聚氨酯混凝土流发生紊流,ECO 改性聚氨酯混凝土在布料槽中不停地翻滚。这种翻滚的作用相当于对 ECO 改性聚氨酯混凝土进行再次搅拌。当粒料所产生的离心力刚好达到 F、f、N、G 所能提供的最大向心力时:

$$F_\omega = mr\omega^2 = \sum f(F、G、N、f)$$

所以

$$\omega_{\max} = \sqrt{\frac{\sum f(F、G、N、f)}{mr_0}} \tag{9-39}$$

$$\omega_{\min} = \sqrt{\frac{\sum f(F、G、N、f)}{mR}} \tag{9-40}$$

式中:$\omega_{\max}$——紧挨螺旋轴的上壁处,粒料转动的临界角转速;

$\omega_{\min}$——螺旋叶片边缘处,粒料转动的临界角转速;

R——螺旋布料器螺旋叶片的外径;

r_0——螺旋布料器螺旋轴的半径;

m——粒料的质量;

F——螺旋叶片对混凝土的作用力;

G——ECO 改性聚氨酯混凝土自身的重力;

N——ECO 改性聚氨酯混凝土之间相互作用的法向正压力；

f——ECO 改性聚氨酯混凝土之间相互作用的切向摩擦力。

由前面分析可知，当实际转速 $\omega > \omega_{max}$ 时，F、f、N、G 的合力不足以提供混凝土随叶片一起转动所需的向心力，布料槽内大部分 ECO 改性聚氨酯混凝土粒料产生离心抛物线运动而导致 ECO 改性聚氨酯混凝土紊流与粒料翻滚；当实际转速 $\omega_{min} < \omega < \omega_{max}$ 时，布料槽内只有部分 ECO 改性聚氨酯混凝土粒料形成紊流并产生翻滚；当实际转速 $\omega \leqslant \omega_{min}$ 时，F、f、N、G 的合力完全可以提供 ECO 改性聚氨酯混凝土粒料随叶片一起转动所需的向心力，布料槽内所有的 ECO 改性聚氨酯混凝土粒料基本不会作离心抛物线运动而导致混凝土紊流与粒料翻滚。由以上结论可知，可以利用 ECO 改性聚氨酯混凝土流发生紊流与粒料翻滚的现象达到再次搅拌 ECO 改性聚氨酯混凝土的目的，然后再把 ECO 改性聚氨酯混凝土均匀地摊铺出去；也可以通过控制螺旋布料器的转速，达到降低混凝土离析的目的。所以，恰当地控制螺旋布料器的角速度 ω、轴向分力 F_z 和圆周分力 F_r，并加以合理利用，可以实现对离析不太严重的 ECO 改性聚氨酯混凝土在摊铺时进行搅拌，使集料与温度的均匀性得到改善，或达到降低混凝土离析的目的。

根据前面的分析可知，一般靠近螺旋外侧的物料，其圆周速度较大，而轴向速度较小，这将使外层物料较容易地随着螺旋轴转动而产生圆周方向的运动，当超过一定的转速时，物料就会产生垂直于输送方向的跳跃翻滚运动，从而加剧混凝土的离析。为避免该现象产生，螺旋转速不得超过其临界转速。假设螺旋外侧（与螺旋轴线的距离约等于螺旋叶片半径 R）的物料，其圆周运动的角速度为 ω，所受的合力为 F_ω：

$$F_\omega = F + mg = Kmg \tag{9-41}$$

式中：m——粒料的质量；

F——混凝土之间的相互作用力；

K——考虑 ECO 改性聚氨酯混凝土间的相互作用力时的影响系数；

g——重力加速度。

所以，物料所受惯性离心力的最大值与其所受的合力之间应有如下关系：

$$m\omega^2 R = F_\omega = Kmg \tag{9-42}$$

由此得出螺旋布料器的临界角速度为：

$$\omega_0 = \sqrt{\frac{gK}{R}} \tag{9-43}$$

即螺旋布料器的临界转速为：

$$n_0 = \frac{30}{\pi}\sqrt{\frac{2gK}{D}} \tag{9-44}$$

式中：D——螺旋布料器叶片的外径。

螺旋布料器的转速应根据物料输送量、螺旋直径和物料的特性而定。随着转速 n 的增加，物料的轴向移动速度增加，生产率增加，但输送功率也相应增加。另外，随着转速 n 的增加，物料的圆周运动速度增加，离析现象也越来越严重。因此，合理选择 n 是必要的。在满足输送量要求的前提下，螺旋转速不宜过高，更不允许超过它的临界转速，故应对螺旋布料器的螺距 J 以及螺旋叶片的外径 D 等进行修正。螺旋叶片的外径 D 取 200mm，影响系数 K

取 1.6,则螺旋布料器的临界转速为 85r/min。

2) 螺旋布料器结构对混凝土粒料运动的影响

根据螺旋叶片半径和螺距的变化情况,螺旋布料器的结构可以有等半径等螺距、等半径变螺距、变半径等螺距、变半径变螺距和中空带状螺旋叶片(图 9-22、图 9-23)等结构。

图 9-22 带状螺旋叶片

5 种结构中,变半径变螺距螺旋布料器的优点是:在变半径变螺距螺旋布料器的作用下,混凝土可能产生较强的紊流现象,可以实现对聚氨酯混凝土的二次搅拌作用,使其均匀性得到改善。

由于在输送过程中,ECO 改性聚氨酯混凝土的离析随着输送距离的增加而逐渐增大,所以 ECO 改性聚氨酯混凝土钢桥面摊铺宽度越大,路面两侧的离析越严重。如果采用等半径变螺距(中间螺距大,两侧螺距小)的螺旋布料器,则可以在兼顾生产率的同时,起到减小混凝土离析的作用。

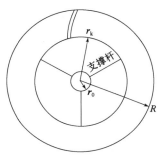

图 9-23 带状螺旋叶片断面图

在布料槽中,越靠近螺旋轴的点,到螺旋轴的距离 r 越小,螺旋升角 β 也就越大,因而 ECO 改性聚氨酯混凝土受到的圆周力越大,ECO 改性聚氨酯混凝土扭转的程度就越大。当圆周力达到一定程度,使得 ECO 改性聚氨酯混凝土的摩擦力、重力无法与其平衡时,ECO 改性聚氨酯混凝土就随螺旋轴翻滚。ECO 改性聚氨酯混凝土最容易翻滚的是靠近螺旋轴的部分。而靠近螺旋轴的 ECO 改性聚氨酯混凝土受到的轴向力 F_z 很小,因而螺旋布料器的布料效率降低。而远离螺旋轴的粒料,圆周速度较小,轴向速度较大,这对于距螺旋轴较远的混凝土而言,能在保持 ECO 改性聚氨酯混凝土相对均匀的情况下,具有较高的轴向运动效率。所以,若卸入摊铺机料斗的 ECO 改性聚氨酯混凝土均匀性较好,则可以采用等间距(小间距)、大半径的中空带状叶片螺旋布料器。在中空带状叶片螺旋布料器的作用下,混凝土整体就像一个沿轴向运动的"中空轴套",既能够避免螺旋轴附近 ECO 改性聚氨酯混凝土粒料翻滚过大的缺点,又能充分利用叶片半径较大处 ECO 改性聚氨酯混凝土圆周速度较低、轴向速度较大的优点,使 ECO 改性聚氨酯混凝土产生有效的轴向运动,从而均匀地布料。

3) 螺旋布料器的充盈系数分析

摊铺机布料槽中的 ECO 改性聚氨酯混凝土要能够得到均匀的摊铺,料流的稳定性是非常重要的。在布料槽内,ECO 改性聚氨酯混凝土料流的稳定性与充盈系数 k 关系极大。

当充盈系数较大($k \approx 70\%$)时,ECO 改性聚氨酯混凝土的堆积高度约为螺旋直径的 $\frac{2}{3}$,这是现场施工常采取的一种方式,即通常说的不满布。这时在螺旋叶片的作用下,ECO 改性聚氨酯混凝土流形成不完整半螺旋流,垂直于布料方向的紊流脉动较明显,ECO 改性聚氨酯混凝土粒料沿垂直于布料方向的运动增加,集料的离析较大。此时,螺旋布料器的生产能力相对较大。

当充盈系数很大($k \approx 100\%$)时,螺旋布料器被 ECO 改性聚氨酯混凝土完全埋没,这也是现场施工常采取的一种方式,即通常说的满布。此种情况下,ECO 改性聚氨酯混凝土使螺旋布料器有了个"外套"。在螺旋叶片的作用下,料流形成不完整螺旋流,虽然在布料过程中粒料的运动状态伴随着局部紊流,使集料产生离析,但由于"外套"能够减少粗集料向外抛甩,从而减少了粒料流外表的集料离析。但在满布的情况下,由于"外套"层没有受到螺旋叶片的直接作用,轴向运动速度相对较低,这层 ECO 改性聚氨酯混凝土在布料槽中滞留的时间相对较长,热量散发较多,在宽幅摊铺作业时,极易发生温度离析。满布的情况下,螺旋布料器生产能力较大,而布料阻力较大。为了减少集料的离析,研究人员建议,ECO 改性聚氨酯混凝土的堆积高度最好达到螺旋直径的 4/5。

本章参考文献

[1] 杨士敏.工程机械地面力学与作业理论[M].北京:人民交通出版社,2010.

[2] 展朝勇.公路养护机械与运用技术[M].北京:人民交通出版社股份有限公司,2014.

[3] 马登成,杨士敏,刘洪海,等.摊铺机变径变螺距螺旋分料器抗离析研究[J].中国工程机械学报,2010,8(4):390-394.

第 10 章

石屑撒布机

10.1 概 述

10.1.1 石屑撒布机的用途

石屑撒布机是采用层铺法铺筑沥青路面的专用机械之一,主要应用于沥青路面的透层、下封层、石屑封层、微表处、钢桥面铺装层等表面处治法和灌入法施工中的集料、石粉、石屑、粗砂和碎石和沥青碎石的撒布作业。使用石屑撒布机撒布石料,能够保证石料撒布的均匀性,大大地减轻工人的劳动强度,提高生产率。

10.1.2 国内外石屑撒布机的发展现状

国外采用层铺法修筑沥青路面的技术发展较早,早在19世纪40—50年代就已得到广泛的应用。美国、苏联、英国、日本等工业发达的国家相应地制造了各种形式的石屑撒布机,其结构及工作原理大致相同,基本上都是采用机械传动方式,以汽车或拖拉机为底盘进行改装制造的。随着科学技术的迅速发展,国外有的厂家开发研制全液压驱动的石屑撒布机,所配置的皮带输送机、拨料辊等都采用液压驱动,系统设有安全过载保护装置,能吸收作业过程的冲击力,提高了机械的耐久性,简化了整机结构,提高了石屑撒布机的机动性、灵活性,可以控制皮带输送机的供料速度,有效地保证了撒布石屑的连续性。图10-1a)所示为日本新潟铁工所制造的石屑撒布机,图10-1b)所示是美国制造的石屑撒布机。为适应施工宽度变化的要求,国外已制造出液压伸缩调节撒布斗宽度的石屑撒布机,图10-2所示为不同撒布宽度的作业状况。

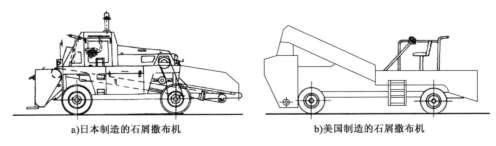

a) 日本制造的石屑撒布机   b) 美国制造的石屑撒布机

图 10-1 国外石屑撒布机外形

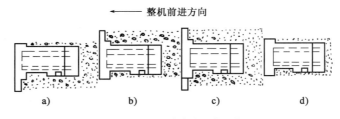

图 10-2　不同撒布宽度的作业情况

我国在 20 世纪 60 年代开始推广采用层铺法修筑沥青路面的技术,国内早期的沥青路面施工是采用沥青洒布车洒布沥青、人工撒布石屑的层铺法施工的。石屑提前备放在施工路段的两旁,在路基上洒好沥青后,人工使用铁锹、竹筐等工具将石屑撒布在沥青上,再用压路机压实。这种方法不仅需要大量的劳动力,而且工效低、撒布质量差,工人的劳动强度大,污染环境。

20 世纪 70 年代初,我国为满足援外公路工程施工的需要,进口了十几部石屑撒布机,在实际施工中收到了良好效果。为适应我国黑色路面施工的发展要求,根据"1973 年交通运输科学技术发展计划",交通部下达了研制石屑撒布机的任务,由交通部新津筑路机械厂、交通部科学研究院、交通部科学研究院重庆分院联合设计,由交通部新津筑路机械厂承担试制。1977 年该石屑撒布机通过样机鉴定,并已投入小批量生产。

进入 20 世纪 80 年代,国内沥青路面的修建,特别是高等级沥青路面都采用热拌法施工,层铺法的施工工艺基本上被热拌法取代,因此,石屑撒布机在沥青路面的施工中受到了限制。然而随着电子控制技术在石屑撒布机上的应用,其自动程度和作业质量得到了显著提高,被广泛应用于沥青路面养护工程中。

宁波路宝科技实业集团有限公司在此基础上,针对 ECO 改性聚氨酯混凝土铺装材料研发了适用于 ECO 改性聚氨酯混凝土钢桥面铺装需求的自行式石屑撒布机。

10.1.3　石屑撒布机的分类及工作特点

石屑撒布机一般可分为托式[图 10-3a)]、悬挂式[图 10-3b)]和自行式三种形式。

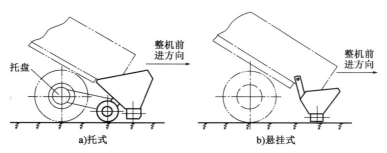

图 10-3　石屑撒布机分类简图

托式石屑撒布机是托挂在运料自卸车后轮的两端上,由自卸汽车倒行中顶推着石屑撒布机进行作业的;悬挂式石屑撒布机悬挂在自卸汽车的料斗口上,由汽车倒行进行撒布作业。拖式与悬挂式石屑撒布机均适用于小型的路面修筑或养护工程。

托式与悬挂式撒布机虽然结构简单、容易制造、价格低,但作业时车辆处于倒行状态,撒布机械在自卸车的后面,作业时观察、操作都很不方便。尤其是悬挂式石屑撒布机,每辆作业汽车上都需要悬挂一个撒布器,这给施工带来极大的不便。

自行式石屑撒布机机动性好,能自行转移工地,适用于工程量较大的路面养护工程,其操作较方便,易于观察撒布状况,施工质量高,宁波路宝科技实业集团有限公司研发的撒布机属于大宽度(7.8m)自行式。

10.2 石屑撒布机

10.2.1 总体构造及工作过程

托式、悬挂式石屑撒布机在现代的沥青路面施工中较少使用,其结构、工作原理与自行式石屑撒布机的撒布装置大致相同。本节主要以自行式石屑撒布机(以下简称石屑撒布机)为例,介绍其构造与工作原理。

一般石屑撒布机由后料斗、皮带输送机、前料斗、撒布器、可控制斗门、发动机及传动系统、操作系统、机架及行走系统等组成,如图10-4所示。

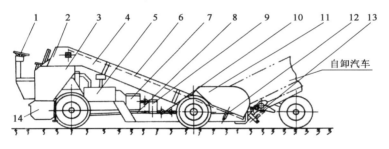

图10-4 石屑撒布机结构简图

1-驾驶台;2-拨料辊;3-前料斗;4-板架;5-发动机;6-皮带输送机;7-变速器;8-前万向节;9-副减速器;10-后万向节;11-后料斗;12-后油缸;13-后挂钩;14-撒布装置

石屑撒布机作业流程如图10-5所示。石料从自卸车卸入后料斗,经皮带输送机把石料运送到前料斗。待前后料斗装满石料后,机械在已洒好沥青的路上一边行驶,一边撒布石料。运料汽车源源不断地输送石料,石屑撒布机就可以进行连续的撒布作业。

10.2.2 主要工作装置的结构与工作原理

1)后料斗

后料斗用来承接汽车卸下来的石料,并通过后料斗底部出料口经皮带输送机将石料输送到前料斗。后料斗主要由底板、活动侧斗翼、液压油缸、液压挂钩等组成,底部设有

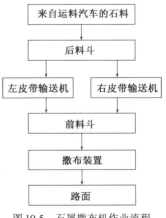

图10-5 石屑撒布机作业流程

两个或一个出料口,石料从出料口流到皮带输送机上。侧斗翼设置在底板的两侧,并采用铰接方式与斗底连成一体。活动斗翼底部设有液压油缸,操纵油缸的升起可使两斗翼中的石料流到底板的出料口中,保证后料斗中的石料可全部干净地输送到前料斗中。后料斗尾部设有液压挂钩,用于拖挂自卸运料车,可以边撒料、边进料。只要施工组织管理适当,就可以保证撒布石料的作业连续进行。

2)皮带输送机

皮带输送机的进料端设置在后料斗底部,与后料斗底板出料口相对应,以便将后料斗的石料输送到前料斗中去。根据形式的不同,有的设置两条输送带,有的只设一条宽型输送带。它们共同的特点是:都使用带挡边的输送带,保证不让石料从皮带的两边掉落。皮带输送机的倾角较大时,在输送带上还粘贴有挡块,以防石料下滑。

3)前料斗

前料斗用来承接、储存后料斗输送来的石料。它应有足够的容积,以确保撒布器进行撒布作业时不出现空转现象。前料斗设有可调开度的活动斗门,以控制石料的撒布量。司机操作台也设置在前料斗上。

4)撒布装置

自行式撒布机的撒布装置主要由拨料辊、传动机构、机架等组成,安装在前料斗的出口下面。启动拨料辊就可以把石料定量而均匀地撒布在刚洒布的沥青层上面。拨料辊是一个带轴端的钢管。一般在钢管表面包上一层钢板网并用点焊固定,有的还在钢管的表面上均匀地焊上若干条钢条。它们都是起拨料作用的,目的是将料斗内的石料均匀地撒布到地面上。

撒布装置出料方式有几种类型,如图10-6a)所示为依靠传送辊出料,图10-6b)所示为依靠输送带出料,主要由流量调节刮板、传送滚、输送带馈料机构、卸料斗底板构成。图10-7a)所示为依靠撒布辊出料,图10-7b)所示为依靠重力出料。布料器如图10-8所示,有分隔型平整布料器、分隔型曲面布料器、光滑型平整布料器和光滑型曲面布料器。

石屑撒布机撒布宽度的调整如图10-9所示,撒布宽度的调整可通过调节料斗箱门[图10-9a)]或斜调整刮板[图10-9b)]来完成。

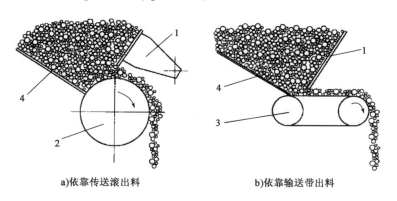

a)依靠传送滚出料　　b)依靠输送带出料

图10-6　取料式出料方式

1-流量调节刮板;2-传送辊;3-输送带馈料机构;4-卸料斗底板

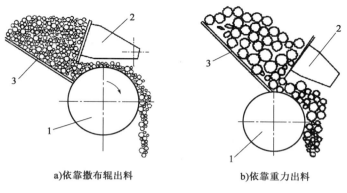

a) 依靠撒布辊出料　　　　b) 依靠重力出料

图 10-7　分料式出料方式
1-撒布辊；2-流量调节刮板；3-卸料斗底面

a) 分隔型平整布料器　　　　b) 分隔型曲面布料器

c) 光滑型平整布料器　　　　d) 光滑型曲面布料器

图 10-8　基本型布料器类型

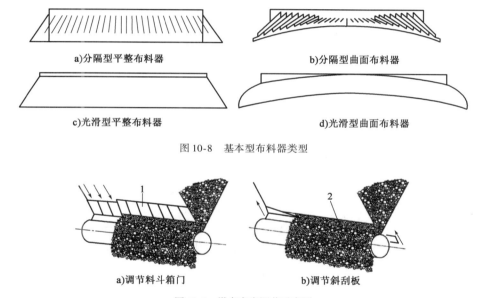

a) 调节料斗箱门　　　　b) 调节斜刮板

图 10-9　撒布宽度调节示意图
1-料斗箱门；2-斜刮板

5）动力与传动系统

以 SSZ3000 型石屑撒布机为例介绍其动力与传动系统。该撒布机的传动系统主要由行走驱动系统、拨料辊传动机构、皮带输送机传动机构、液压系统等组成，如图 10-10 所示。行走系统的传动路线是：发动机→主离合器→变速器→副减速器→后传动轴→后桥→轮胎；拨料辊传动机构的传动路线是：发动机→主离合器→变速器→副减速器→前传动轴→锥形齿轮箱→链传动→拨料辊；皮带输送机传动机构的传动路线是，发动机→主离合器→变速器→取力箱→一级链传动→二级链传动→三级链传动→离合器→皮带输送机驱动滚筒。液压传动系统路线由 A、B 两路组成。A 路：发动机→液压油泵→液压转向器→液压油缸→油箱；B 路：发动机→液压油泵→操纵阀→后料斗斗翼举升油缸（后挂钩油缸，前斗门油缸）→滤油器→油箱。

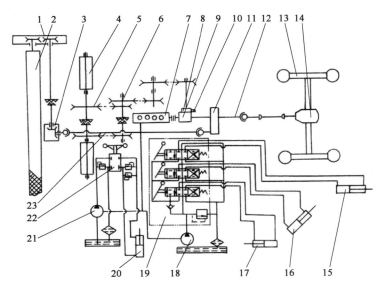

图 10-10 SSZ3000 型石屑撒布机传动系统简图

1-链轮箱;2-拨料辊;3-锥形齿轮箱;4-皮带机主动滚筒;5-牙嵌离合器;6-链传动;7-发动机;8-取力箱;9-变速器;10-拨销操纵轴;11-副减速器;12-后传动轴;13-轮胎;14-后桥主减速差速总成;15-后挂钩油缸;16-后料斗举升油缸;17-斗门油缸;18-齿轮泵(左旋);19-多路换向阀;20-转向油缸;21-齿轮泵(右旋);22-液压转向器;23-前传动轴

石屑撒布机多采用柴油机为动力源,功率一般在 50kW 左右。主离合器选用与该发动机相匹配的通用产品。变速器、传动轴、后桥、轮胎均可选用相适应的汽车部件。副减速器普遍是自行设计制造。SSZ3000 型石屑撒布机副减速器 11 的减速比为 1:4.66,采用前后两端输出的结构形式。

拨料辊传动是从副减速器前动力输出轴引出的,经过锥形齿轮箱,动力传至前料斗右侧的一对链传动后,驱动拨料辊旋转。拨料辊的旋转线速度与后轮旋转线速度是同步的。锥形齿轮箱输出轴和链轮轴之间设有牙嵌式离合器,用来控制拨料辊的转动或停止。

皮带输送机的动力由变速器右侧取力引出,经更换传动方向将动力传至 Ⅰ 轴、Ⅱ 轴、Ⅲ 轴的链传动,分别驱动左右皮带输送机主动滚筒。Ⅲ 轴上的牙嵌式离合器控制右边滚筒,左边滚筒由滚筒轴端牙嵌式离合器来控制,以保证两边皮带可以同时或单边上料。在取力箱后面设有一拨销操纵轴,它可以切断皮带机的动力传动,机械在非作业状态下行走时,操作拨销轴切断皮带机的动力,就可使皮带停止运转。

石屑撒布机的液压系统分为液压转向系统和液压操纵系统。动力从发动机前端取出,采用旋转方向相反的两个油泵分别组成各自的回路,而滤油器和油箱为两系统共用。液压转向系统由液压齿轮泵、液压转向器、油缸和管路等组成。液压操纵系统由液压齿轮泵、三联多路换向阀、后料斗举升油缸、后挂钩油缸、前料斗斗门油缸、管路等组成。随着液压技术的发展,目前类似上面的两个液压系统可以共用一个液压油泵,并在系统上设置一个优先阀(图 10-11),当两个系统在同时工作时,该阀可优先保证液压转向系统对压力和流量的要求,以确保机械转向的安全无误。一般来说,两个系统同时操作的机会不是很多。

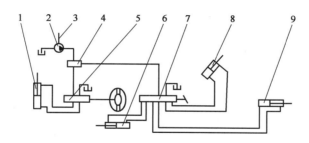

图 10-11　石屑撒布机液压系统图
1-转向油缸；2-液压泵；3-动力源；4-优先阀；5-液压转向器；6-斗门油缸；7-多路换向阀；8-后料斗举升油缸；9-后挂钩油缸

10.3　RB-CHSP7500 石屑撒布机

10.3.1　总体构造与工作原理

RB-CHSP7500 碎石撒布机是宁波路宝科技实业集团针对 ECO 改性聚氨酯混凝土铺装材料研发的一种专业铺装设备，主要用于 ECO 改性聚氨酯混凝土铺装后的表面对砂砾碎石进行撒布。本设备主要由履带驱动机构、上车总成(上车焊接框架、螺旋布料机构、铺料滚筒机构、护栏组件、料门机构、操作台控制柜、挡料组件、料门打开限位油缸等)、柴油箱、液压油箱、柴油发动机、散热器、储气罐组件以及一些液压附件和工控系统组成。RB-CHSP7500 碎石撒布机如图 10-12 所示。

10.3.2　主要工作装置的结构与工作原理

1) 螺旋布料机构

螺旋布料机构适用于对颗粒或粉状物料进行水平、倾斜及垂直输送，输送距离根据机型不同而有所差异，一般为 2～75m。

输送原理：旋转的螺旋叶片将物料推移实现螺旋输送。

结构特点：螺旋布料机构旋转轴上焊有螺旋叶片，叶片的面形根据输送物料的不同可分为实体面形、带式面形、叶片面形等形式。螺旋布料机构的螺旋轴两轴端安装有推力轴承，以承受物料施加在螺旋轴上的轴向反力，当输送距离较长时，应加中间吊挂轴承以减小轴的挠度形变。

2) 滚筒铺料机构

滚筒铺料机构即撒布装置由撒布辊和轴承支撑装置组成，位于料斗的正下方。滚筒铺料机构的作用是储存和撒布碎石，对滚筒铺料机构的性能要求主要包括封闭性和稳定性两方面：封闭性是指撒布辊和料斗装置形成一个封闭的空间，未开始工作时石料不能掉落出来；稳定性是指在工作过程中撒布辊能够稳定转动即转速不能出现波动。

3) 料斗装置

料斗装置用来储存石屑，以供撒布机撒布使用。对料斗装置的要求是容积尽量大，避免频繁加料。料斗装置是一个截面为等腰梯形，四面由侧板及底部撒布辊组成的半开放结构。料斗底部与安装于其下部的撒布辊形成一个封闭的空间，以防止石屑滑落。撒布石屑时，石屑落在撒布辊上,通过撒布辊的转动将石屑撒布到地面上;通过控制撒布辊的转速与撒布机行走匹配速度,从而实现对石屑撒布量的控制。

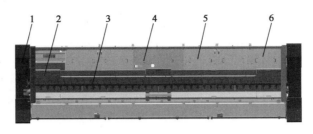

a) 碎石撒布机整体示意图

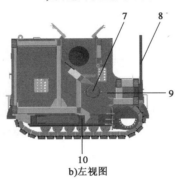

b) 左视图

图 10-12　碎石撒布机

1-履带驱动系统;2-料槽;3-螺旋布料机构;4-柴油发动机;5-油箱;6-气压系统;7-滚筒铺料机构;8-护栏组件;9-挡料组件;10-车桥

4) 驱动装置

驱动装置的主要作用是驱动撒布辊转动,同时对其转速进行调节,实现对撒布量的精确控制。

5) 履带行走机构

履带行走机构由"四轮一带"(即驱动轮、导向轮、支重轮、托轮以及履带)、张紧装置、缓冲弹簧、行走机构及行走机架等组成,如图 10-13 所示。履带行走装置采用液压驱动,转向由安装在两条履带上的液压马达差速实现,以满足撒布机直线、转弯作业。履带式行走机构具有驱动力大、接比压小、爬坡能力大、转弯半径小、灵活性好等特点。

图 10-13　撒布机履带行走机构示意图

6) 石屑撒布机工作过程

当石屑撒布机驶入施工路段后,撒布机开始作业,其基本工作过程可分为以下三个阶段。

(1) 准备工作:起动柴油发动机,驱动液压泵和储气罐组件控制料门组件气缸处于伸出状态,关闭料门,防止石屑撒出;驱动螺旋布料机构、滚筒铺料机构,使其处于运动状态,往设备料斗中加入适量的石屑,通过螺旋布料机构将加入的石屑均匀传送到整台设备的料斗中,石屑在螺旋布料机构的作用下均匀地散布在料槽中。

(2)撒布作业:起动滚筒铺料机构旋转液压马达使其开始工作,通过控制料门液压缸来调节料门开口度,起动履带行走机构驱动行走液压马达作业使撒布机开始以设定的速度匀速前进,通过匹配料门开口度、撒布辊转速与撒布机行走速度来控制石屑撒布量,以上设定完成之后撒布机开始进行撒布作业。

(3)结束工作:控制各液压马达和液压缸,使得碎石撒布机恢复初始状态。施工完成后,通过起重机械将整台设备放置于载重车之上,实现转场,完成整个过程。

10.3.3 石屑撒布机液压控制系统工作过程与性能要求

工作过程:液压泵通过凸缘与柴油机连接,柴油机驱动液压泵工作为整个液压系统提供动力。液压泵驱动空气压缩机开始工作,通过控制气动阀门从而调节撒布机料门开口度;液压泵驱动行走液压马达,液压马达带动行星减速器通过驱动轮来实现转矩的输出,进而实现撒布机履带行走机构工作。通过控制铺料滚筒机构的液压马达转速来实现对石屑撒布量的调节;控制螺旋布料机构液压马达转速来实现其转速的调节和石屑的输送;通过控制储气罐组件来实现料门机构的开启。石屑撒布机气/液压控制系统工作过程如图10-14所示。

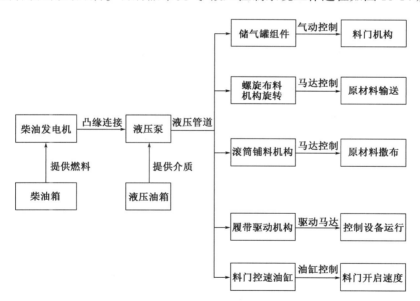

图10-14 撒布机气/液压控制系统工作过程

性能要求:由于撒布作业时要保证石屑撒布的均匀性,要求螺旋布料机构与滚筒铺料机构的液压马达要求工作平稳,调速范围大且要易于调速。撒布机各料门控制气缸要求使用并联回路,以实现各个料门同步同开口度控制。

由于撒布机螺旋布料机构和滚筒铺料机构需要低速、稳定地工作,故此两处的液压马达需选用低速稳定性好的液压马达;履带驱动液压马达需选用低速大转矩的液压马达以满足低速大转矩驱动性能的要求。

由于撒布机上有很多液压执行元件,为保证液压油源能够满足各个液压执行元件的适用工况,RB-CHSP7500 石屑撒布机的液压泵选用恒功率柱塞变量泵。

10.3.4　RB-CHSP7500 石屑撒布机液压系统工作原理

1）石屑撒布机液压系统组成

石屑撒布机工作装置的液压系统主要由液压油箱总成、液位油温计、手动蝶阀、空气过滤器、卸油油路集成块、液压油冷却器、恒功率柱塞变量泵、管路高压过滤器、回油油路集成块、电比例二联手动换向阀、主液压油路集成块、电磁换向阀、先导式溢流阀、压力补偿阀、流量调节阀、三位六通手动换向阀、止回阀、滚筒铺料机构驱动马达、落成布料机构驱动液压马达、空气压缩机驱动液压马达、液压油散热器风扇驱动液压马达、料门控制气缸等元件组成。石屑撒布机液压系统原理如图 10-15 所示。

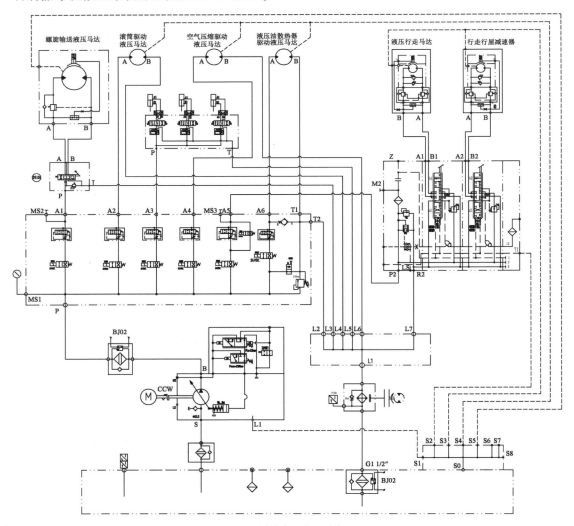

图 10-15　石屑撒布机液压系统原理图

2)石屑撒布机液压系统工作原理

石屑撒布机液压系统工作回路主要包括:①螺旋布料机构驱动控制回路;②滚筒铺料机构驱动控制回路;③料门控速油缸液压回路;④料门启闭控制空气压缩机驱动回路;⑤液压油散热器控制回路;⑥履带行走机构驱动控制回路。

(1)螺旋布料机构驱动控制回路。其主要作用是控制螺旋布料机构驱动系统的液压马达转速及旋向,实现布料的速度与方向变化。螺旋布料机构驱动控制回路的进油回路由常闭二位二通电磁换向阀来控制油路的启闭状态。当电磁阀处于右位时油路被切断,通电时电磁阀处于左位,此时进油路连通,液压油流至压力补偿流量调节阀后流至三位六通手动换向阀。当三位六通手动换向阀处于中位时,控制螺旋布料机构的进油路和回油路皆被切断,此时,螺旋布料机构驱动液压马达处于无动力输出状态;当三位六通手动换向阀处于左位时,液压油从换向阀的 B 口流出进入螺旋布料机构的驱动液压马达,同时位于回油路上的外控式顺序阀被打开,流出螺旋布料机构的驱动液压马达的液压油通过 A 口流出到回油油路集成块中,液压油经过回油油路集成块的整流后通过 L1 口流入液压油冷却器,经冷却后液压油通过 OUT 口后,最终流入集成在液压油箱总成中的回油过滤器。当三位六通手动换向阀处于右位时,螺旋布料机构的驱动液压马达的旋转方向改变,液压油从三位六通手动换向阀的 A 口流出进入螺旋布料机构的驱动液压马达,同时流出驱动液压马达的液压油通过 B 口最后流入油箱中。若螺旋布料机构的液压马达因过载而导致液压马达内油压过大时,液压油可以通过泄油口流到卸油油路集成块,进而最终流入液压油箱总成。螺旋布料机构的转速由压力补阀流量调节阀通过控制流量大小而实现调速,其转向及启停通过三位六通手动换向阀来控制。

(2)滚筒铺料机构驱动控制回路。其主要作用是控制滚筒铺料机构驱动马达的转速与转向变化。滚筒铺料机构驱动控制回路的进油回路由常闭二位二通电磁换向阀来控制油路的启闭状态,当电磁阀处于右位时油路被切断,当通电时电磁阀处于左位此时进油路连通,液压油流至压力补偿流量调节阀;当压力补偿流量调节阀处于右位时油路连通,处于左位时油路被切断。当处于右位油路被连通时,经过压力补偿流量调节后的液压油通过 A 口流入滚筒铺料机构的驱动液压马达,同时流出该液压马达的液压油从 B 口进入回油油路集成块中,液压油经过回油油路集成块的整流后通过 L1 口流至液压油冷却器中,经冷却器后通过 OUT 口后最终流入集成在液压油箱总成中的回油过滤器中;若滚筒铺料机构驱动液压马达因过载而导致液压马达内油压过大时,液压油可以通过泄油口流出到卸油油路集成块,最终流入液压油箱总成。

(3)料门控速油缸液压回路。其主要作用是通过控制料门控速油缸进而控制料门的开口速度。料门控速油缸液压回路的进油回路由常闭二位二通电磁换向阀来控制油路的启闭状态,当电磁阀处于右位时油路被切断,当通电时电磁阀处于左位此时进油路连通,液压油流向压力补偿流量调节阀,压力补偿流量调节阀处于右位时油路连通,处于左位时油路被切断,此时阀芯处于右位油路连通。经过压力补偿流量调节阀的液压油在 P 口分为四路并联支路,四路并联支路的液压元件及控制参数完全一致,故仅取其中一支路进行叙述。液压油在 P 口分流后,其中一支路液压油流入压力补偿流量调节阀中,当压力补偿流量调节阀处于右位时油路连通,处于左位时油路被切断,此时阀芯处于右位油路连通,液压油流出该阀后进入三位四通电磁换向阀,当三位四通电磁换向阀处于中位时料门控速液压缸卸荷,液压缸内的液压油通过 T 口流至回油油路集成块中,液压油经过回油油路集成块的整流后通过 L1 口流入液压油冷却器进行冷却,经冷却后的液压油通过 OUT 口后最终流入集成在液压油箱总成中的回油过滤器中。当三位四通电磁换向阀处于左位时,液压油流出换向阀后流入控速油缸 B1 有杆腔,同时无杆腔 A1 中的液压油通过 T 口流出到回油油路集成块中,此时料门控速油缸的活塞杆缩回,料门开口度减小,通过控制控速油缸中液压油流量变化实现对料门开口速度的控制。反之,当三位四通电磁换向阀处于右位时,液压油流出换向阀后流入控速油缸 A1 有杆腔中,同时无杆腔 B1 中的液压油通过 T 口流出到回油油路集成块中,此时料门控速油缸的活塞杆伸出,料门开口度增大。

(4) 料门控制空气压缩机驱动回路。其主要作用是控制空气压缩机驱动液压马达的转速。料门控制空气压缩机驱动马达回路的进油回路由常闭二位二通电磁换向阀来控制油路的启闭状态,当电磁阀处于右位时油路被切断,当通电时电磁阀处于左位此时进油路连通,液压油流入压力补偿流量调节阀,压力补偿流量调节阀处于右位时油路连通,处于左位时油路被切断。当阀芯处于右位油路连通,经过压力补偿流量调节阀的液压油通过 A 口流入空气压缩机驱动液压马达,同时流出驱动液压马达的液压油从 B 口流至回油油路集成块中,液压油经过回油油路集成块的整流后通过 L1 口流入液压油冷却器,液压油流经液压油冷却器后通过 OUT 口后最终流入集成在液压油箱总成中的回油过滤器。若空气压缩机驱动液压马达因过载而导致液压马达内油压过大时,液压油可以通过泄油口流出到卸油油路集成块,最终流入液压油箱总成。

(5) 液压油散热器风扇驱动液压马达控制回路。其主要作用是控制液压油散热器风扇驱动液压马达的转速。当二位二通电磁换向阀处于右位,二位二通电控换向阀处于下位时,液压油通过 T2 口流至回油油路集成块中,液压油经过回油油路集成块的整流后,通过 L1 口流入液压油冷却器,经冷却后的液压油通过 OUT 口后最终流入集成在液压油箱总成中的回油过滤器。当二位二通电磁换向阀处于右位,二位二通电控换向阀处于上位时,液压油流经 O 顺序阀通过 T1 口最终流入液压油箱总成。当二位二通电磁换向阀处于左位,二位二通电控换向阀处于上位时,液压油流向压力补阀流量调节阀,压力补阀流量调节阀处于右位时油路连通,处于左位时油路被切断,此时阀芯处于右位油路连通,流出压力补偿流量调节阀的液压油通过 A 口流入液压油散热器风扇驱动液压马达,同时流出驱动液压马达的液压油从 B 口流至回油油路集成块,液压油经过回油油路集成块的整流后通过 L1 口流入液压油冷却器,经冷却后通过 OUT 口后,最终流入集成在液压油箱总成中的回油过滤器。

(6) 履带驱动行走机构驱动控制回路。其主要作用是控制石屑撒布机履带行走机构驱动液压马达转速与转向。履带驱动行走机构液压马达控制回路的进油回路由常闭二位二通电磁换向阀来控制油路的启闭状态。当电磁阀处于右位时油路被切断,当通电时电磁阀处于左位此时进油路连通,当二位二通电磁换向阀处于左位时液压油流经换向阀直接流入 MS3;当二位二通电磁换向阀处于右位且压力补阀流量调节阀也处于右位时,液压油流入 P2 口,液压油在 P2 口分流为三个支路,其中左路起到卸荷的作用,当中路或者右路油路出现过载导致油压上升时可通过左路的二位二通液控换向阀或者溢流阀进行卸荷,对油路起到保护作用。中路和右路分别控制位于履带左右两侧的液压行走马达,中路和右路的液压元件及其控制参数一致,故仅以中路工作原理为例介绍。中路液压油流入电比例二联手动换向阀,通过控制电比例二联手动换向阀从而达到控制液压行走马达的转速及转向的目的,进而最终完成对石屑撒布机行走速度与转向的控制。

本章参考文献

［1］ 杨士敏.工程机械地面力学与作业理论［M］.北京:人民交通出版社,2010.
［2］ 展朝勇.公路养护机械与运用技术［M］.北京:人民交通出版社股份有限公司,2014.
［3］ 中华人民共和国国家质量监督检验检疫总局道路施工与养护设备　石屑撒布机　术语和商业规格:GB/T 7920.16—2004［S］.北京:中国标准出版社,2004.

第 11 章

钢桥面铣削机械

11.1 概　述

11.1.1 路面铣削机械的用途

路面铣削机械是路面养护、维修施工机械的主要机种之一。这类机械主要用于桥面、公路、城镇道路、机场、货场、停车场等沥青混凝土或其他混凝土铺装层的开挖翻修,可以高效地清除路面拥包、波浪,亦可开挖路面坑槽及沟槽,还可用于水泥混凝土路面的拉毛及面层错台的铣平。由于该设备工作效率高,施工工艺简单,铣削深度易于控制,操作方便灵活,机动性能好,铣削的旧料直接回收,因而广泛地用于路面的维修翻新施工中。目前,钢桥面铺装层在翻修工程中更多地借助于铣刨机来完成。

11.1.2 国内外路面铣削机械的现状及发展趋势

20 世纪 50 年代,国外出现了电热式铣刨机,它是在平地机上安装了一个加热装置,后部装备铣刨器,边加热边铣刨,加热宽度为 2m,铣深只有 20mm,工作速度也只有 0.12km/h。20 世纪 60 年代后,日本又在平地机上改装制成了世界上第一台冷式沥青路面铣刨机,刨宽度为 2m,深度 30~50mm。20 世纪 70 年代以来,随着沥青路面旧料再生技术的发展,德国、美国、瑞典、意大利等国家也相继开发了沥青路面铣刨机。其中,德国维特根作为以生产铣刨机为主的专业公司,除生产热铣刨机外,冷铣刨机已形成了完整系列,规格品种多达几十种,并在世界各国得到广泛使用。我国进口的铣刨机绝大多数为该公司产品。

国外铣刨机的发展和工程应用已有较长的历史,积累了丰富的经验,形成了以德国维特根公司产品为代表的欧洲风格和以美国 RoadTech 公司、CMI 公司、卡特彼勒公司产品为代表的北美风格。它们的工作原理和流程相同,发动机的装机容量基本相当,区别在于欧洲的铣刨机采用四履带行走方式,外形结构紧凑、精巧,更多地采用电子控制技术,特别是目前的数字电子网络控制技术,而北美的铣刨机均采用三履带行走方式,造型粗犷,更加坚固。

国外的路面铣刨机技术已达到较高的技术水平,归纳起来有以下几个特点。

(1)先进合理的底盘结构。

铣刨机的底盘主要以全刚性车架及四轮行走结构组成,驱动及转向方式均以静液压传动为主。

(2) 充分发挥最佳铣削功率。

铣刨机上的自动液压功率调节器可根据路面材料的硬度及铣削深度来控制铣削转子的进刀速度,即可自动调节铣削转子转速和铣刨机行走速度,使铣刨机始终处于最大功率利用状态,并不会发生超负荷工作情况。

(3) 发动机功率增大。

同样铣削宽度的新型铣刨机功率越来越大,生产效率提高。新型铣刨机一次铣削深度均超过300mm,使对整个行车道的全厚度铺层进行铣削成为可能。

(4) 性能良好的铣削转子。

多数冷铣刨机将铣刀头固定在数块半圆形瓦片上,通过瓦片在转子上安装的多少来调整铣刨机的铣削宽度。

(5) 简便的铣削物装载。

铣刨机后部挂装集料输送装置即可完成快速收料,并将铣削物装入运载汽车。通过液压机构调整卸料高度,并可使传送带左右摆动40°~50°,从而实现路侧装料。

(6) 大量采用先进技术如全轮驱动技术及机电液一体化控制技术、智能化故障诊断和维护系统、精确的自动找平系统、安全自保护系统及功率自动分配系统。

(7) 大容量容器水箱、柴油箱容积更大,机器工作时燃油、冷却液加注间隔长,待机时间短。

(8) 模块化设计发动机及其外围部件——液压泵、液压阀和冷却系统均装置在同一底架上,所有的电磁阀都装配在同一个分配阀上,易于调整、检测和维修。

国内沥青路面铣刨机的发展起步于20世纪80年代中期。1985年,交通部将"沥青路面旧料再生设备"的研究列为重点科研项目。1987年,江苏镇江路面机械厂参照国外机型研制出了LX50型铣刨机。其铣刨宽度为500mm,铣刨深度为60mm,行走方式为液压驱动,工作装置采用机械驱动。1990年,天津市道桥处机修厂也研制出了LX1000型铣刨机,铣刨宽度1m铣刨深度80mm行走,工作均采用机械驱动。

近几年,随着我国公路建设及高等级公路的发展,路面机械化养护已越来越得到重视并被广泛采用。沥青路面铣刨机也得到了较快的发展。

1999年,合资后的镇江华晨华通路面机械有限公司在吸收国外先进技术的基础上率先研制出了有较高技术水平的LXZY1000型铣刨机,铣刨宽度为1m,并采用全液压驱动。随后徐州工程机械集团、徐州路遥机械制造有限公司、山东德工机械有限公司和潍坊通用机械有限公司等厂家也相继开发出了1m铣刨机,徐州工程机械集团更是从德国Wirtgen公司引进了2m机型的生产技术。2000年,镇江华晨华通公司在1m铣刨机的基础上又研制开发了国内第一台1m带回收装置的铣刨机,结束了国产铣刨机无回收装置的历史。该公司近期又推出了1.3m带回收铣刨机,使国产沥青路面铣刨机向全系列方向迈出了重要的一步。

对于铣刨深度为320mm、具有自动切深控制和收料装置的中大型路面铣刨机,陕西建设机械股份有限公司和西安宏大交通科技有限公司生产的CM2000、CM1900型路面铣刨机,其整机的结构设计、系统设计以及数字网络控制系统的软件设计都是自行设计完成的,上述企业在这些方面不但拥有自主的知识产权,而且达到了国际先进水平。

目前,国产机型更多地借鉴了欧洲铣刨机的技术和经验,在动力、液压和控制系统上均采用了国际化的配套,可以说在系统配置上达到了国际先进水平。从知识产权的角度来看,部分国产产品如陕西建设机械股份有限公司生产的 CM2000 及西安宏大交通科技有限公司生产的 CM2000 和 CM2200，不但拥有完整的知识产权，而且在整机系统、控制系统及其软件的设计和制造工艺等方面均已达到国际先进水平。

国内外几种典型 2m 铣刨机主要参数见表 11-1、表 11-2。

国外几种典型 2m 铣刨机主要参数 表 11-1

生产厂家	机型	铣刨能力 宽度（mm）	铣刨能力 深度（mm）	发动机 型号	发动机 功率/转速 [kW/(r/min)]	工作速度（m/min）	铣刨鼓 直径（mm）	铣刨鼓 刀头数量（个）	行走速度（km/h）	操作质量（kg）
WIRTGEN	W2000	2000	320	CAT C15	421/2100	0～84	980	162	0～5	32200
WIRTGEN	W1900	2000	320	DCK OM 502 LA	340/2000	0～29.5	980	168	0～4.5	27960
MARINI	MP2100	2100	320	DEUTZ BF8 M1015CP	440/2100	0～30	1070	168	0～5	29000
DYNAPAC	PL2000S	2010	320	CUMMINS QSX15	447/2000	0～40	1000	166	0～5	33500
CAT	PM200	2010	320	CAT C18 ACERT	429/2000	0～39	—	178	0～5.9	30900
ROADTEC	RX-700	2000	356	CAT C18 ACERT	515/2000	0～50.3	1168	168	0～5.1	36650

国内几种典型 2m 铣刨机主要参数 表 11-2

生产厂家	机型	铣刨能力 宽度（mm）	铣刨能力 深度（mm）	发动机 型号	发动机 功率/转速 [kW/(r/min)]	工作速度（m/min）	铣刨鼓 直径（mm）	铣刨鼓 刀头数量（个）	行走速度（km/h）	操作质量（kg）
西安宏大科技有限公司	HD2000	2000	300	CUMMINS NTA855-400	297/2100	0～30	980	162	0～5	25000
陕西建设机械股份有限公司	CM2000	2000	300	CUMMINS KTA19-C600	448/2100	0～30	1060	162	0～5.4	36000
中联重科	BG2000	2000	300	Dch OM502 LA	320/2000	0～29.5	980	158	0～5	28200
广西柳工机械股份有限公司	CLG568	2010	320	DEUTZ BF8M1015C	400/2000	0～29.5	—	—	0～5.1	31500
三一重工股份有限公司	SM2000	2010	320	CUMMINS QSX15-C600	447/2100	0～84	—	—	0～5	35000
徐州工程机械集团	RG210	2100	300	DEUTZ BF8M1015C	419/2100	0～31	1080	174	0～4.5	30000
北方重工集团有限公司	KFX2000	2010	320	DEUTZ BF8M1015C	440	0～30	1070	168	0～4.5	29000
天津鼎盛工程机械有限公司	LX2000	2010	320	DEUTZ BF8M1015C	400/2100	0～30	1070	168	0～10	30000
中交西安筑路机械有限公司	LX2000	1010	300	DEUTZ BF8M1015C	400/2100	0～33	1070	168	0～5	27000
镇江华晨华通路面机械有限公司	HM2100	2100	300	DEUTZ BF8M1015CP	400/2100	0～33	—	—	0～5	28000

11.1.3 路面铣刨机的分类及特点

不同形式的路面铣刨机如图 11-1 所示。铣刨机可根据铣削形式、结构特点和铣削宽度等进行分类。

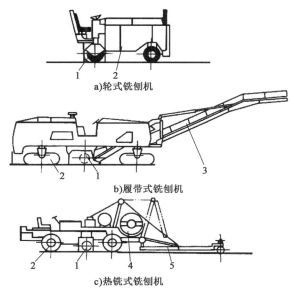

图 11-1　路面铣刨机械结构外形图
1-铣削装置;2-行走底盘;3-输料装置;4-集料装置;5-燃料箱

(1)根据铣削形式不同,铣刨机可分为冷铣式和热铣式两种。冷铣式铣刨指铣刨机在常温下直接对路面进行铣削。冷铣式铣刨机一般单独施工且使用较为普遍。热铣式铣刨机工作中,先用铣刨机上附带的加热装置对沥青路面加热使之强度降低后再铣削,结构复杂且很少单独施工。近年来,已将热铣刨机与路面再生机械结合,其工作原理和工作装置成为路面再生机械的一部分。热铣刨机作为单独机械设备已被淘汰,本书不再赘述。

(2)根据行走装置的不同,铣刨机可分为轮式铣刨机和履带式铣刨机。轮式铣刨机机动性好,但由于轮胎本身承压能力及轮胎与地面附着力的限制,一般只适用于铣削宽度 1.3m 以下的铣刨机。履带式铣刨机用于铣削宽度 1.5m 以上的大中型铣刨机。

(3)根据铣削宽度不同,铣刨机可分为小型、中型和大型三种。小型铣刨机的铣削宽度在 0.3~1m 之间,整机功率一般为 140~200kW。中型铣刨机铣削宽度在 1~2m 之间,整机功率 250~440kW。大型铣刨机铣削宽度在 2m 以上,整机功率在 450kW 以上。

(4)按铣削转子旋转方向不同,铣刨机可分为顺铣式和逆铣式两种。转子旋向与行走方向相同为顺铣式,反之则为逆铣式(图 11-2)。顺铣是铣刨转子的旋转方向与机器的前进方向一致,铣刀从被铣刨层的上表面开始铣刨;逆铣是铣刨转子的旋转方向与机器的前进方向相反,铣刀从被铣刨层的下表面开始铣刨。顺铣时铣刨转子受到向上的反作用力,限制机器牵引性能的发挥;逆铣时铣刨转子受到向下的反作用力,能够进一步发挥机器的牵引性能。由于逆铣方式的效率及整机稳定性较高,近年来各大中型铣刨机均采用逆铣方式。顺铣式仅在极少数小型简易铣刨机中采用。

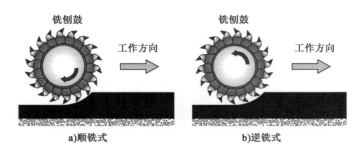

图 11-2　铣刨机铣刨鼓旋转方向

（5）按铣削转子的位置不同，铣刨机可分为后悬式、中置式和与后桥同轴式三种。后悬式即铣削转子悬挂于后桥的尾部，这种悬挂方式大多数出现在早期以拖拉机改装的小型简易铣刨机或用路面拌和机扩展功能而形成的简易铣刨机中。与后桥同轴即铣削转子在铣刨机两个后轮之间与后桥同轴布置相比，这种悬挂方式一般用于铣削宽度 1.3m 以下的小型铣刨机中，优点是节省空间、结构简单，缺点是因空间布置问题只能配备后置式集料输料皮带。中置式即铣削转子布置在铣刨机前后桥之间，使整机的稳定性提高并有助于前置式集料输料皮带的布置。虽然这种形式结构复杂，但作业过程中稳定性好，易于布置集料输料装置，机械传动路线短，因而现代大中型铣刨机广泛采用这种形式。

（6）按输料皮带的布置不同，铣刨机可分为前置式和后置式。前置式输料皮带指输料皮带位于铣刨机前进方向的前端，如图 11-1b)所示即为前置式输料皮带。输料皮带前置的优点是铣刨机施工时，载重汽车不用掉头就可在接料位置就位，沿前进方向缓行从输料皮带接收被铣削的废料，接料后不用掉头就可沿行车方向直接载运；缺点是铣刨废料先经过集料皮带装置再输送到输料皮带装置上，结构复杂、制造成本高。后置式输料皮带如图 11-3 所示。输料皮带位于铣刨机的后面，优点是可以省去集料皮带装置。缺点是铣刨机施工时，接料汽车要在施工路段掉头一次并倒车缓行从输料皮带上接料，接料后又要掉头一次正向行驶，否则，必须沿施工路段逆行。

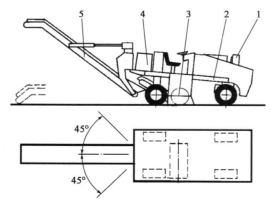

图 11-3　输料皮带后置轮式沥青路面铣刨机结构示意图
1-发动机；2-底盘；3-铣刨装置；4-洒水装置；5-集料输送装置

11.2 路面冷铣刨机构造及工作原理

11.2.1 路面冷铣刨机的总体构造

沥青路面冷铣刨机主要由发动机、机架、行驶系统及驱动系统、铣削转子及驱动系统、液压系统、集料输送装置等组成,其外形及结构如图 11-4、图 11-5 所示。铣刨机虽规格型号不同,结构布置也略有区别,但主要工作原理基本相同。除此之外,为提高铣刨机的工作效率、铣刨精度和自动化程度,现代大中型铣刨机还配置了功率自动控制、铣刨深度自动控制、自动调平及计算机自动控制和故障诊断系统。

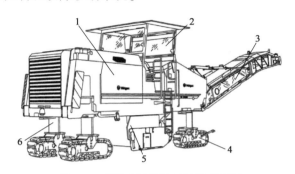

图 11-4 履带式沥青路面铣刨机外形图
1-发动机;2-驾驶室;3-集料输送装置;4-行驶系统;5-铣刨装置;6-支柱

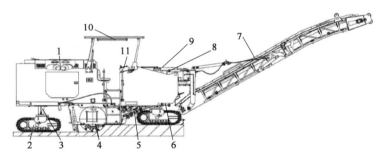

图 11-5 履带式沥青路面铣刨机构造图
1-发动机;2-行走装置;3-支柱;4-铣刨装置;5-洒水系统;6-转向系统;7-集料输送皮带机;8-液压系统;9-机架;10-驾驶室;11-操作台

11.2.2 路面冷铣刨机工作过程

路面铣刨机的主要工作部件是铣刨转子,铣刨转子上均匀布置着按左右螺旋线规律排列铣刀。铣刨转子是以垂直进给和水平进给两种方式进行工作。

路面铣刨机以工作速度向前或向下移动,铣刨转子旋转均匀分布于滚筒上并按螺旋线排列铣刨刀,铣刨刀顺序接触路面表层,路面材料在铣刨转子刀具的冲击和挤压下破碎为颗粒状;同时呈螺旋状对称排列的刀具将铣下的废料向转子中央聚集,并通过抛料板将废料抛到输送机上,并转移到指定位置和运输车辆上。

根据铣刨机的工作原理,铣刨刀具刀尖的绝对运动是铣刨转子绕转子轴旋转的相对运动与机器的前进运动的复合运动。这种运动的轨迹为摆线。由于两种运动速度不同,摆线的形状也不一致。

11.2.3 路面冷铣刨机主要装置和工作原理

1)发动机

早期的路面铣刨机及近年仍然生产的一些简易小型铣刨机为突出体积小的特点采用风冷式柴油机。为提高铣刨机的生产率并满足高等级公路维修需求,国内外近年来生产的铣刨机普遍采用大功率水冷柴油发动机,功率配置一般为每米铣刨宽度的整机发动机功率装备为160~220kW。

2)机架

机架是路面冷铣刨机整机的承重构件,同时为了铣刨机有足够的重量以减少铣刨时整机的振动,铣刨机机架一般用厚度200~300mm的钢板切割成型并焊接制造成整体式结构,使其具有足够的刚度、强度和重量。机架上直接焊接有发动机、散热器、驾驶台、液压支柱等各总成及各构件的固定支座。

一般铣刨转子的支承装置与机架固接,机架与履带(或车轮)之间采用液压油缸升降的支柱相连,支柱及升降油缸的数量与履带装置(或车轮)数量一致,一般为四个,国外一些铣刨机也有采用三个支柱及升降油缸与三条行驶履带相配的形式。不论履带装置(或车轮)为三个还是四个,每个支柱的高度均可以独立调节。

3)行走系统

路面冷铣刨机的行走系统包括行走轮系、转向系统和制动系统等。

铣刨机的四个车轮(或四条履带装置)各自独立通过升降油缸悬挂于机架上的,均可独立升降,每个轮子(或履带装置)皆由各自独立的低速大转矩液压马达驱动,液压马达的转速由变量液压泵输出的流量控制,使行驶和作业速度均为无级变速。铣刨作业时的行驶速度一般为0~30m/min,履带式铣刨机转移工地时的行驶速度为0~5km/h,轮胎式铣刨机转移工地时的行驶速度为0~10km/h。

由于小型铣刨机的铣刨转子一般位于两个后轮之间并与后轮同轴,为了能够铣削道路边缘,大多数机型均将右后轮设计成可摆动式,如图11-6所示。当铣削路面边缘时,右后轮向前翻转180°位于铣削转子的前方。

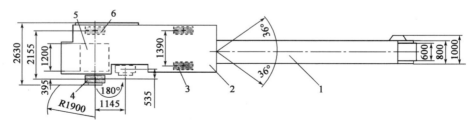

图11-6 W1200F型铣刨机俯视示意图(尺寸单位:mm)
1-集料输送装置;2-机架;3-前轮;4-右后轮;5-铣刨装置;6-左后轮

轮式铣刨机的车轮一般采用实心轮胎或在钢轮毂上浇筑一圈约10cm厚的耐磨橡胶构成,目的是避免空心充气轮胎承载能力低及因轮胎气压波动而引起铣刨深度改变从而使铣削后的道路表面平面度增加的缺点。

不论履带式铣刨机和轮式铣刨机,由于四个车轮或履带由各自独立的液压马达驱动。通过比例控制的液压转向系统前后履带或车轮可单独驱动,使转向灵活、操作方便。

制动过程通过液压驱动完成,此外配备常闭式制动摩擦盘作为附加制动装置及驻车制动装置。

4)铣削转子总成

铣削转子是路面铣刨机的主要工作部件,可以说,铣刨机所有其他装置都是为铣削转子高效精确切削路面而设置的。铣削转子由铣刨鼓、铣削刀基座、铣削上部刀座、铣削刀具等组成。图11-7为大中型铣刨机的铣削转子结构示意图。

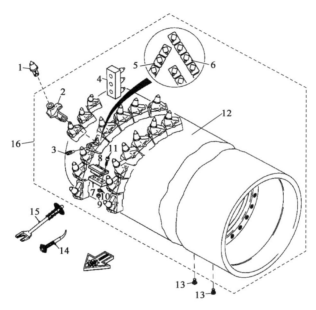

图11-7 铣削转子结构示意图

1-铣削刀具;2-铣削上部刀座;3-定位螺栓;4-组合式刀具;5、6-铣削刀基座;7、8-铣削刀基座;9-螺母;10-弹簧垫圈;11-连接螺栓;12-铣刨鼓;13-螺栓;14、15-拌和刀具;16-罩壳

铣刨鼓一般为直径500~900mm的圆筒,其外表面安装有铣削刀基座、铣削上部刀座、铣削刀具,内部装有传动轴和行星齿轮减速器(图11-8),采用行星齿轮减速器可获得较大的传动比;铣刨鼓通过凸缘、轴承悬挂在机架上。

如图11-9所示,铣削上部刀座上加工有圆孔,铣削刀具插入圆孔中并用附于刀具上的弹性套轴向限位,铣削上部刀座插入基座的矩形孔中并用定位螺栓固定。铣削刀基座以人字形单头或多头螺旋线排列形式焊接在铣刨鼓外表面,基座、上部刀座和铣削刀具的这种螺旋线分布形式使得铣刨转子工作时将铣削出的散料抛向左右对称螺旋线的中央部分,以使被切削下的散料集中成堆由集料输料装置运走。在基座和铣刨刀具之间用铣削上部刀座过渡是为了缓解金属材料耐磨性与可焊性的矛盾,因为基座直接焊接在铣刨鼓上,一旦磨损不易更换,通过上部刀座过渡后加大铣削刀具与基座的空间距离,避免基座接触未被铣削的路面,减少基座磨损并使机械制造加工工艺简化。

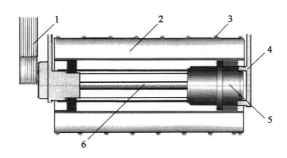

图 11-8　铣削转子内部结构示意图
1-三角形组合带;2-铣刨鼓;3-铣削刀具;4-支承架;5-行星减速器;6-传动轴

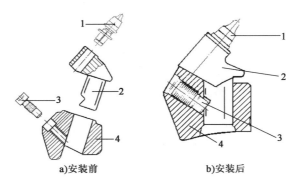

图 11-9　铣削刀具安装示意图
1-铣削刀具;2-铣削上部刀座;3-螺栓;4-铣削刀基座

铣削刀具由刀头、刀体、垫片、弹性套等组成(图 11-10)。刀头呈子弹头形结构,一般由高硬度、高耐磨的合金材料(如钴碳化钨硬质合金)加工而成;刀体由优质合金钢(如 40Cr)制成,将刀头焊接到刀体上后,刀体做特殊强化处理。

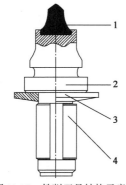

图 11-10　铣削刀具结构示意图
1-刀头;2-刀体;3-垫片;4-弹性套

铣刨过程类似于金属切削。在低速切削时,路面材料在刀尖作用下首先产生弹性变形,当应力超过材料的弹性极限时破坏。刀尖切入路面,刀尖前一定范围的沥青混凝土材料呈拉应力状态,产生刃前裂口。当切削深度达到一定时,刃前裂口扩展裂纹达到整个切削层,此时路面材料就变成不规则的细颗粒状切屑;在高速切削时(即切削速度达到或超过应力传播速度时),刀具对路面材料作用而产生的挤压、剪切等变形来不及传播,整块沥青混凝土材料已被切掉。因此,低速切削是挤压变形破坏,而高速切削是大块材料的剪切和撕裂。

由于刀头工作时直接与路面摩擦,为使其磨损均匀,刀体把柄外部装有弹性套。铣刨刀具插入刀座后,弹性套的张力使弹性套与刀座内孔间过盈配合使铣刨刀不致轴向松脱,而刀体与弹性套之间的间隙又可使刀体在路面对铣刨刀的非对称作用力下旋转,从而减少铣刨刀的偏磨,延长铣刨刀的使用寿命。

垫片让刀头旋转时只与其发生摩擦,保护了刀座;其次,锥形的垫片与刀座的锥形定位面精确配合,保证工作时刀头在刀座中处于良好的对中状态,减少刀座孔的磨损。

5) 铣削转子驱动装置

(1) 机械式驱动装置。

机械式驱动装置中,发动机输出的动力通过离合器和三角形组合皮带传递到铣刨鼓内的传动轴上,经行星减速器减速后驱动铣削转子旋转铣削路面。履带式铣刨机机械式铣削转子传动示意图如图 11-11 所示。发动机输出的转矩经离合器、皮带传动、减速器到达驱动铣削转子。机械式驱动方式能使尽可能多的功率传递到铣削转子上,避免了液压传动所带来的功率损失,提高了铣刨机的生产率。三角形组合皮带传动中附有液压自动张紧装置,既可使传动皮带不至于快速磨损,又可以高效率地传递转矩。

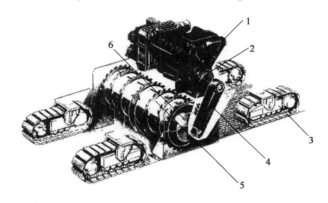

图 11-11 铣刨机铣削转子机械式传动示意图
1-发动机;2-离合器;3-履带行走装置;4-皮带传动;5-铣削转子;6-减速器

(2) 液压式驱动装置。

SFC 型铣刨机铣削转子液压系统如图 11-12 所示,其动力路线为:发动机→分动箱→液压泵→液压马达→铣削鼓轴。

变量泵方向由手动换向阀控制,但只允许铣刨鼓与行走轮的旋向相反而逆铣,以增大铣削力,使铣削效果更好。液压马达设有双向缓冲卸荷装置,以防止其过载。变量泵可随铣削阻力的增加而自动减少转速,以保证铣削鼓的正常工作。冷却油泵的作用是将油箱中的液压油送往冷却油池进行循环冷却,以确保液压油温不至于过高。

6) 铣刨装置升降机构

一般铣刨装置与车架固接,车架通过 4 个升降油缸与 4 个驱动轮(或履带式行走装置)相连,前轮的

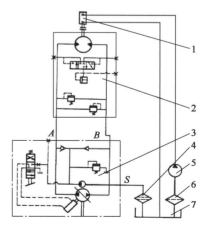

图 11-12 SF1300C 型铣刨机铣削转子液压系统图
1-冷却油池;2-液压马达;3-变量泵;4-精滤器;
5-冷却油泵;6-粗滤器;7-油箱

两个升降油缸为串联,而后轮的两个升降油缸为并联。SF1300C型铣刨机铣刨装置升降机构液压系统如图11-13所示。该铣刨装置升降机构液压系统的工作过程是:当需要升起铣刨装置时,从转向泵送来的液压油经过多路换向阀的下端油道进入后轮升降油缸的大腔,则活塞下移,顶起车架,相应的铣刨装置上移升起。铣削作业中,后轮升降油缸的并联动作相当于两点支承车架,前轮两油缸的串联可确保这两个油缸在一升一降中始终处于同一水平状态而一点支承车架,车架处于三支承为一平面状态,保证了铣削深度不变。同样,需要铣刨装置下降时,油缸小腔进油,活塞上移,车架带动铣刨装置下降,下降速度由节流阀来控制,液压锁可确保铣削装置处于某一位置。

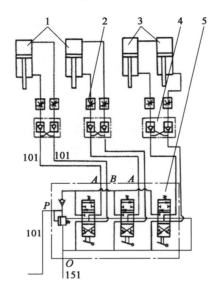

图11-13 SF1300C型铣刨机铣刨装置升降机构液压系统图
1-后轮升降油缸;2-单向节流阀;3-前轮升降油缸;4-液压锁;5-多路换向阀

7)集料输送装置

大中型铣刨机都带有集料输送装置,该装置的功能是收集铣削出的散料并输送到配合铣刨机作业的载重汽车上。一般由于铣刨机结构布置的原因,整个装置分为集料和输料两部分组成,集料皮带的作用是从铣削转子罩壳内铣刨转子的前方收集散料输送给输料皮带,输料皮带的作用是将散料提升到一定高度直接卸到载重汽车上。输料皮带装置由液压油缸操纵可以左右摆动45°,卸料高度可以调节,从而可适应不同的卸料位置。集料输送装置液压回路如图11-14所示。

8)洒水系统

铣刨机洒水系统由水箱、水泵、水管、操纵调节阀及雾化喷嘴等组成。洒水的作用是减少作业时粉尘的扩散,同时冷却铣削刀,延长刀具的使用寿命。洒水系统工作过程为:水由水箱→水泵→水管→操纵调节阀→水管→喷嘴,分别呈散状喷洒到铣削转子和集料输料皮带上,工作过程比较简单,此处不再赘述。

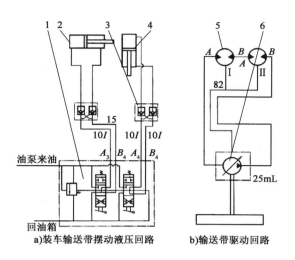

图 11-14 集料输送装置液压回路
1-多路换向阀;2-升降油缸;3-液压锁;4-水平油缸;5-液压马达;6-液压泵

11.2.4 路面铣刨机自动控制与辅助液压系统

为使铣刨机精确、高效地工作,除上述基本构件外,铣刨机还有自动调平控制、自动功率调节和各辅助液压调节系统。

1) 铣刨深度控制及自动调平控制

铣刨机的铣削深度控制是指铣刨机根据路面一点预定铣刨机的铣削深度,即以机架与行走装置之间支柱油缸的伸缩量为设定值,当路面发生变化时,铣刨机控制系统自动调节支柱油缸的伸缩量从而使铣削深度改变,铣削后的路面稳定在设定值的公差范围内。

铣刨机能够通过铣削转子向下切削路面,其机理是通过调节机架与履带行走装置(或车轮)之间支柱油缸的伸缩量改变铣刨转子相对于路面的垂直距离,当铣刨转子低于路面时,在铣刨机自重的作用下,铣刨转子上的铣刨刀压入并在旋转中铣削路面。

图 11-15 所示为 SF1300C 型铣刨机的铣削转子作业深度自动控制装置,用来自动控制铣削转子设定的铣削深度,控制过程如下:

(1) 将深度自动控制器安装在左、右立柱上,并将传感触棒放在参考梁上,接上电缆。

(2) 启动铣削转子液压马达并均匀下降铣削转子,使其沿宽度略为接触路面,即置于"0"位。

(3) 摇动手柄使标尺于"0"位,并使方形管滑上或滑下直至控制器上各灯熄灭,此时铣削深度自动控制装置上的铣削深度为"0"mm。

(4) 转动左、右立柱上的手柄至需要的铣削深度标线(手柄转一周等于4mm的深度)。

自动调平是指以一段预定纵坡、横坡高程的基准线为基准,通过预先调节支柱油缸的伸缩量而设定铣刨深度,当路面凹凸不平而与纵坡、横坡基准之间的垂直距离发生变化时,铣刨机可自动调节每个支柱油缸的伸缩量,使铣削深度改变,从而使铣削后的路面达到与基准线一致的纵坡、横坡要求。

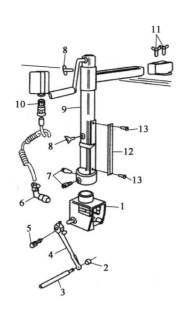

图 11-15　SF1300C 型铣刨机铣削深度自动控制装置
1-控制器；2-螺母；3-传感器棒；4-曲臂；5-平衡块；6-弯电插头；7、13-螺钉；8、11-异形螺钉；9-立柱；10-直电插头；12-标尺

图 11-16a) 为铣刨机机械式自动调平系统的工作原理图。在铣刨机左右侧板上各安装一只机械式传感器,侧板与未铣刨路面接触,两个传感器通过侧板以未铣刨的路面为检测点。当路面凹凸不平而与设定值出现偏差时,侧板在本身重力和路面推力的相互作用下将上下移动,侧板的上下位移带动传感器导杆(或线绳)移动,使传感器内的电阻值变化,从而引起传感器输出电流变化,此电流信号的变化值经电子线路放大后驱动电液比例阀动作,电液比例阀使进入支柱油缸的液压油压力发生变化,油压力使支柱油缸伸长或缩短、铣刨深度加大或减小,从而达到自动调平的目的。

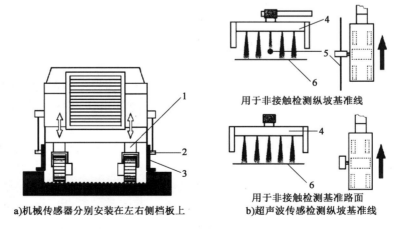

图 11-16　铣刨机自动调平系统的工作原理示意图
1-支柱油缸；2-机械式纵坡传感；3-铣刨机侧挡板；4-超声波传感器；5-纵坡基准线绳；6-路面

图 11-16b)为安装在铣刨机机身左侧超声波传感器的工作原理图。传感器发射并接收超声波信号,路面坡度的变化引起超声波被纵坡基准线反射的时间变化,发射并接收超声波的时间差经传感器转换后变为传感器输出信号变化,该变化的电信号经电子线路放大后驱动电液比例阀动作,最终达到铣刨机自动调平的目的。

图 11-16a)和图 11-16b)中所使用的传感器虽不同,但其输出到铣刨机电液比例控制系统的信号相同。图 11-16a)所示为使用左、右两个纵坡传感器,由于铣刨机的每个支柱油缸可单独动作,根据两条直线决定平面的原理,两个纵坡传感器可实现铣刨机的纵坡、横坡自动找平。图 11-16b)所示为使用一个纵坡传感器不能实现横坡自动找平。若要实现纵坡、横坡找平,应使用两个纵坡传感器或一纵一横两个传感器。此外,图 11-16a)所示的两个纵坡传感器也可以采用两条预定高程的基准线为基准,以实现纵坡和横坡的自动找平。

2)自动功率调节

自动功率调节是指被铣刨路面的硬度或铣削深度变化时,发生如下过程:传感器感知发动机负荷的变化→液压功率调节器改变液压泵输出流量→行走液压马达转速变化→铣刨机行驶速度改变→铣削转子对切削路面的厚度变化→发动机负荷恢复正常。

3)辅助机构液压系统

铣刨机的液压系统中除行走驱动和铣削转子升降外,其余均为控制铣刨机各辅助机构的动作,这些辅助机构的动作主要有:集料输料装置的提升和摆动;集料输料皮带的驱动;铣削转子罩壳尾门的开启与提升;水泵的驱动;驻车制动器的操纵,冷却风扇的驱动等。

11.3　路面铣刨机与作业介质相互作用分析

沥青混凝土路面铣刨机是一种沥青路面维修养护设备,其原理是利用滚动铣削的方法把沥青混凝土路面局部或者全部破碎。铣削下来的沥青混凝土碎料经再生处理后,可直接用于路面表层的重新铺筑。铣刨机的工作装置由铣刨滚筒组成,滚筒外缘焊有刀座,刀具用弹性挡圈固定在刀座孔中。为了减小切削阻力、冲击振动及机器重量,切削方式一般采用与行车相反的反转式。铣刨机工作装置结构如图 11-17 所示。

11.3.1　铣刀的运动学分析

1)铣刀刀尖的运动轨迹

由铣刨机的工作原理可知,铣刀的绝对运动是绕转子轴旋转的相对运动(圆周运动)与转子随机器前进的牵连运动(直线运动)合成的复合运动,运动轨迹为摆线,如图 11-18 所示。

取转子轴轴心为坐标原点,机器前进方向为横坐标 x 的方向,铣刨深度方向为纵坐标 z 的方向。OO_1 是在时间 t 内机器前进的距离(图 11-18),刀头 H 点运动轨迹关于时间 t 的参数方程为:

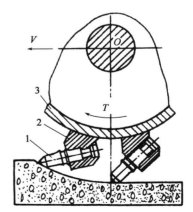

图 11-17　铣刨机工作装置结构
1-刀头;2-刀座;3-滚筒

$$\begin{cases} x = vt + R\sin\omega t \\ z = R\cos\omega t \end{cases} \quad (11\text{-}1)$$

式中：v ——机器作业速度；

ω ——铣刨转子回转角速度；

R ——转子刀尖的回转半径；

t ——时间。

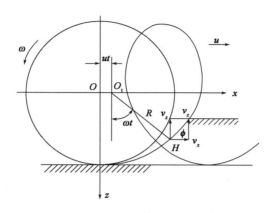

图 11-18　铣刀刀尖运动轨迹

刀尖的运动轨迹随着铣刨机行走运动和转子旋转运动两种运动速度的不同而不同。

2）刀具的铣刨速度

设刀头圆周速度 V_0 与机器作业速度 v 之比为 λ（运动学参数），则：

$$\lambda = \frac{V_0}{v} = \frac{R\omega}{v} \quad (11\text{-}2)$$

随着 λ 值的不同，铣刨刀尖的运动轨迹有很大不同。铣刨作业中 λ 的合理选择，关系到机器的作业质量、工作效率、废料破碎程度、铣刨阻力大小等一系列问题。

将式(11-1)分别对时间求导数，则求得 H 点沿水平方向和垂直方向的分速度（图 11-18）：

$$\begin{cases} v_x = \dfrac{\mathrm{d}x}{\mathrm{d}t} = v + R\cos\omega t \\ v_z = \dfrac{\mathrm{d}z}{\mathrm{d}t} = -R\omega\sin\omega t \end{cases} \quad (11\text{-}3)$$

则刀头点的绝对速度为：

$$v_H = \sqrt{v_x^2 + v_z^2} = \sqrt{(v + R\omega\cos\omega t)^2 + (R\omega\sin\omega t)^2}$$

即

$$v_H = \sqrt{v^2 + R^2\omega^2 + 2uR\omega\cos\omega t} \quad (11\text{-}4)$$

由 $\lambda = \dfrac{V_0}{v} = \dfrac{R\omega}{v}$，得 $v = \dfrac{R\omega}{\lambda}$，代入式(11-4)，得：

$$v_H = \sqrt{\frac{R^2\omega^2}{\lambda^2} + R^2\omega^2 + \frac{2}{\lambda}R^2\omega^2\cos\omega t}$$

即

$$v_H = R\omega \sqrt{1 + \frac{1}{\lambda^2} + \frac{2}{\lambda}\cos\omega t} \qquad (11\text{-}5)$$

速度对水平轴的方向余弦为：

$$\cos\varphi = \frac{v_x}{v_H} = \frac{v + R\omega\cos\omega t}{R\omega\left(1 + \frac{1}{\lambda^2} + \frac{2}{\lambda}\cos\omega t\right)^{\frac{1}{2}}}$$

即

$$\cos\varphi = \frac{1 + \lambda\cos\omega t}{(1 + 2\lambda\cos\omega t + \lambda^2)^{\frac{1}{2}}} \qquad (11\text{-}6)$$

由式(11-5)与式(11-6)可见，铣刀铣刨速度的大小和方向是变化的，与 ω、λ 有关。

11.3.2 铣刨平面度

1) 铣刨平面度 C 的形成

从图 11-19 中可以看出，铣刨后的路面并不是完全平整的，而是有波纹起伏，相邻两刀具切过路面的轨迹交点，形成了波纹凸起的最高点，高点与低点之间的距离为铣刨平面度，用 C 表示。

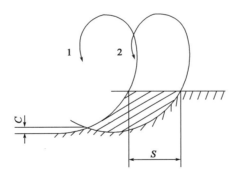

图 11-19　铣刨进给量与平面度

从图 11-19 中可以看出，刀头的进给量 S（即同一回转平面内，相邻两铣刀转过一个安装角时，机器前进的距离）决定了 C 值的大小。

$$s = vt = \frac{v}{nz} = \frac{2\pi R}{\lambda \cdot z} \qquad (11\text{-}7)$$

式中：v ——机器行驶速度，m/s；

　　　n ——转子转速，r/s；

　　　z ——同一回转平面上安装的铣刀数；

　　　t ——同一回转平面上相邻两铣刀转过一个安装角所需要的时间，s；

　　　λ ——刀头圆周速度 V_0 与机器作业速度 v 之比（运动学参数）；

　　　R ——转子刀尖的回转半径，m。

图 11-19 中阴影所示断面为每把铣刀所铣削的断面。可以看出，铣刀下路面废料的破碎程度、铣刨阻力均与进给量 S 有关。进给量大，则铣刨阻力大，废料破碎程度小，而进给量

S 又取决于机器的运动参数。

2) 铣刨平面度 C 的计算

如图 11-20 所示,刀具的轨迹与刀具的轨迹相交于 H 点,H 点与所要求的铣刨深度之间,形成了铣刨平面度 C。设第一把刀尖点为 A,建立如图 11-20 所示的坐标系,当刀运动到 H 点时,转过的角度为 θ。

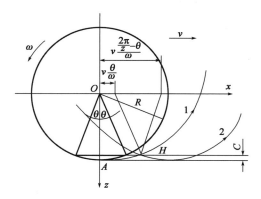

图 11-20 平面度 C 的形成

对于轨迹 1:转过 θ 角所用时间 $t = \dfrac{\theta}{\omega}$,则交点 H 的 x 轴方向坐标为:

$$x_{H_1} = vt + R\sin\omega t = v\frac{\theta}{\omega} + R\sin\theta$$

对于轨迹 2:两相邻刀具夹角为 $\dfrac{2\pi}{z}$,刀 2 运动到 H 点转过的角度为 $\dfrac{2\pi}{z} - \theta$,所用的时间为 $t = \dfrac{\dfrac{2\pi}{z} - \theta}{\omega}$。

如图 11-20 所示,交点 H 的 x 轴方向坐标为:$x_{H_2} = v\dfrac{\dfrac{2\pi}{z} - \theta}{\omega} - R\sin\theta$。

因为 $x_{H_1} = x_{H_2}$,所以 $v\dfrac{\theta}{\omega} + R\sin\theta = \dfrac{v}{\omega}\left(\dfrac{2\pi}{z} - \theta\right) - R\sin\theta$。

对于一般的大型铣刨机,θ 值很小(一般在 3° 左右),这时可以认为 $\sin\theta \approx \theta$,则有:

$$v\frac{\theta}{\omega} + R\theta = \frac{v}{\omega}\left(\frac{2\pi}{z} - \theta\right) - R\theta$$

化简,代入 $\lambda = \dfrac{R\omega}{v}$,则:

$$\theta = \frac{\pi}{\left(1 + \dfrac{\omega R}{v}\right)z} = \frac{\pi}{(1 + \lambda)z}$$

平面度为 $c = R - R\cos\theta$,即:

$$c = R\left[1 - \cos\frac{\pi}{(1 + \lambda)z}\right] \tag{11-8}$$

由式(11-7)及式(11-8)可以看出,进给量 S 与平面度 C 均取决于参数 λ、R、z。增加 z 可使 C 变小,铣削阻力减小,路面破碎质量提高。但是,由于铣削面增加,功率消耗也增加。就目前市场上广泛使用的国内外铣刨机来说,一般在同一回转面上安装的铣刀数不超过两把。转子回转半径 R 是一个重要参数。增加 R,将使 C 增大,其大小受结构限制。为避免铣削阻力过大,R 值不能太大。

3) λ 与铣刨平面度

λ 值是铣刨机的一个重要工作参数,即机器的前进速度 v 与刀具的圆周速度 v_0 之间,保持一定的关系,才能保证铣刨机正常的工作质量和效率。图 11-21 表示了不同的 λ 对 S 与 C 值的影响。图中 $\lambda_1 > \lambda_2 > \lambda_3$。可以看出,随着 λ 的减小,其 S 与 C 值增大。

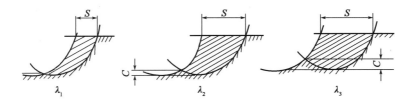

图 11-21 λ 值对 S 和 C 值的影响

从图 11-21 中可以看出,铣刨平面度随着机器行走速度的增大而增大。在作业时,应根据不同的施工要求,选择合适的施工速度,以同时达到较高的质量与效率。

11.3.3 铣刨刀具受力分析

铣刨机作业过程中,多把刀具是在不同铣刨深度下同时参与作业的,不能简单地简化为一把刀具的作业。所以,不仅是铣刨深度影响切向阻力的大小,铣刨宽度即参与铣刨作业刀具的多少,也是影响切向阻力大小的重要因素。

1) 铣刨刀头的受力情况

铣刨作业时,旋转的刀头对路面进行挤压、破碎,于是路面便有反作用力作用在刀头上(图 11-22),即铣削阻力 Q。铣刨时,每个铣刨刀头的位置和切削厚度随时在变化,所以,作用在每个刀头上阻力的大小和方向也在不断变化。作用在刀头上的力 Q 可分解为切向铣刨力 Q_Z、径向铣刨力 Q_X 和轴向铣刨力 Q_Y。其中,切向铣刨力 Q_Z 是沿转子铣刨方向的分力,它消耗了功率的大部分。

2) 单把刀的切向铣刨阻力计算

铣刨刀头对路面的铣刨过程,主要是通过回转的子弹头形刀具对路面进行挤压,使之破碎成不规则的碎块的过程。因此,铣刨作业对路面的破坏,主要是压应力的作用。刀具对路面的破坏作用,是靠刀具对路面的挤压作用实现的。按照赫兹公式,铣刨作业时,每个刀头与路面之间的接触应力如下:

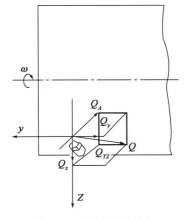

图 11-22 刀头所受的阻力

$$\sigma_c = 0.418\sqrt{\frac{Q_Z}{a} \cdot \frac{E_\Sigma}{\rho_\Sigma}} \tag{11-9}$$

式中：E_Σ——综合弹性模量，kN/cm^2；

ρ_Σ——综合曲率半径，cm；

a——铣刨厚度，cm；

Q_Z——切向铣刨力，kN。

由式(11-9)可得，切向铣刨力为：

$$Q_Z = 5.723 \frac{\rho_\Sigma}{E_\Sigma} a \cdot \sigma_c^2 \tag{11-10}$$

$$\frac{1}{E_\Sigma} = \frac{1}{2}\left(\frac{1-u_1^2}{E_1} + \frac{1-u_2^2}{E_2}\right) \tag{11-11}$$

式中：E_1——刀具的弹性模量，kN/cm^2；

E_2——被铣刨路面的弹性模量，kN/cm^2；

μ_1、μ_2——刀具及被铣刨路面材料的泊松比。

因为 $1 - \mu_1^2 \approx 1$、$1 - \mu_2^2 \approx 1$，且刀具的弹性模量 E_1 远大于被切削路面的弹性模量 E_2，所以上式可简化为：

$$\frac{1}{E_\Sigma} \approx \frac{1}{2E_2} \tag{11-12}$$

$$\rho_\Sigma = \frac{1}{\frac{1}{\rho_1} + \frac{1}{\rho_2}} \tag{11-13}$$

式中：ρ_1、ρ_2——刀具及被切削路面的曲率半径，cm。

因为 $\rho_1 = r$（刀尖圆角半径），$\rho_2 = \infty$，所以上式可简化为：

$$\rho_\Sigma \approx r \tag{11-14}$$

将式(11-12)、式(11-13)代入式(11-10)，可得单把刀的切向铣刨阻力为：

$$Q_Z = 2.862 \frac{r}{E_2} a \cdot \sigma_c^2 \tag{11-15}$$

3) 铣刨厚度 a 的确定

图 11-23 中的 S 为铣刀的进给量。由图 11-23 右下角 △123 可求出刀头任意位置的铣刨厚度为：

$$a = S \cdot \sin\theta \tag{11-16}$$

由式(11-16)和图 11-23 可看出，刀头所处的位置角 θ 不同，则刀头的铣刨厚度不同。将式(11-7)代入式(11-16)，可得：

$$a = S \cdot \sin\theta = \frac{2\pi R}{\lambda \cdot z}\sin\theta \tag{11-17}$$

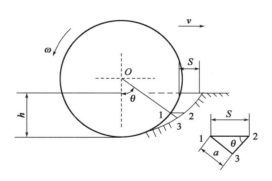

图 11-23 铣刨厚度计算示意图

4) 铣刨转子切向铣刨阻力的计算

铣刨转子总的切向铣刨阻力,不仅与刀头、转子半径、行走速度、路面材料、参与作业的刀具数量有关,还与铣刨厚度有很大关系。在铣刨作业的某一时刻,每把刀具面临的铣刨厚度都不同。所以根据式(11-15)和式(11-17),可得铣刨转子总的切向铣刨阻力为:

$$\Sigma Q_Z = 17.97 \frac{rR}{\lambda \cdot z} \cdot \frac{\sigma_c^2}{E_2} \sum_{i=1}^{N} \sin\theta_i \quad (11-18)$$

式中:z——同一回转平面上安装的铣刀数;

λ——刀头圆周速度 V_0 与机器作业速度 v 之比(运动学参数);

R——转子刀尖的回转半径,m;

N——同一时刻参与作业的刀具数量;

θ——某一时刻,第 i 把刀头所处的位置角(图 11-23)。

11.3.4 影响铣刨机铣削阻力的因素

1) 刀具参数与刀具的排列

(1) 刀头半径对铣削阻力影响较大,如果刀头磨钝,圆周阻力将大幅提高。

(2) 铣刨转子同一回转平面上安装的铣刀数 z 的增加,将会使单把刀的铣刨阻力减小,路面破碎质量提高。但对于在一定宽度上均匀布置的刀具来说,在同一回转面上布置多把刀具,增加了总的铣刨面积和功率消耗。所以,目前各生产厂家在布置刀具时,同一回转面上安装的铣刀数一般不超过两把。

(3) 刀具布置对机器的寿命和施工环境有很大的影响,若布置参数不合理,将造成铣刨下来的物料粒度过大或过小。粒度过大会使机器的振动增大,降低机器的可靠性;粒度过小会产生粉尘,影响施工环境和施工人员的身体健康。为了保证刀具依次切入路面,对切割下的物料具有收料作用和抵消刀具工作时产生的轴向力,铣刨鼓的刀具一般为螺旋式对称布置,既要保证刀具沿铣刨鼓圆周方向布置均匀(即同一条螺旋线上相邻刀具沿圆周方向的间距相等),又要保证刀具沿铣刨鼓横向(轴向)布置均匀。

(4) 按刀具设计理论,在保证刀尖强度的前提下,应尽量降低摩擦阻力,减少摩擦磨损,因此,刀具的前角应尽量大,可保证切削轻快,切削变形小。在逆铣过程中,铣刀刀刃在切入过程中存在滑动摩擦区,切削厚度由零逐渐增大,刀刃要在路面已加工区滑行一段才能继续切入,所以理想的实际切削后角应为 $6°\sim8°$,这样可减小刀具后刃面与切削面的摩擦。

2)速度的影响

(1)刀头圆周速度与机器作业速度之比值 λ 的选择,对铣削阻力影响很大。目前市场上广泛使用的大型铣刨机,受机器整机空间结构布局及驱动方式限制,转子刀尖的回转半径 R 与转子的转速 n 均是一固定值,因此,作业速度 v 的选择,成为决定圆周阻力大小的重要因素。铣刨阻力将随着作业速度,即铣刨进给量的提高而增大。

(2)在进距 S 不变的情况下,即切削纵断面形状不变时,能耗、转矩、切削功率都与线速度呈函数递增关系。在同样的进距条件下,提高圆周速度就意味着提高机器前进速度,提高机器前进速度,可提高作业生产率,但能耗增加;从降低能耗出发,希望切削速度小一些,但过低的切削速度不能保证路面破碎质量,为此,必须降低行走速度,这样一来势必降低作业生产率。所以,最佳切削速度应该根据实际工作条件和施工工艺需求来决定。

11.4　桥面铺装层铣刨技术

11.4.1　铣刨机施工作业前的注意事项

桥面铺装层铣刨作业应按以下各项进行:

(1)铣刨机在使用时应配套好相应的辅助作业机械。有自动收料装置的铣刨机只需要配备装料货车则可,而无自动收料装置的铣刨机应别配小型装载机及装料货车。

(2)铣刨机必须由专人操作,操作人员必须经过严格的技术培训,熟悉整机各系统性能及操作规程,以防发生机械设备故障和人员设备安全事故。

(3)在使用铣刨机前,必须对各部件进行空运试验,在确认各部件运转正常且各部件无泄漏的情况下方可进入正常工作。必要时可对桥面铺装层进行加热后进行铣刨。

11.4.2　桥面铣刨施工作业中的注意事项

(1)一次铣削桥面最大切削深度不得超出规定的铣刨限值。

(2)为了避免铣削刀具过度磨损,对应不同铣刨深度应选择合适的铣刨机工作速度,见表 11-3。

铣刨速度与深度对应关系表　　　　　表 11-3

铣刨深度 (mm)	0~10	10~20	20~30	30~40	40~50	50~70	70~90	90~100	100~150	150~200	200~250	250~300
铣刨速度 (m/min)	≤29.5	≤15.0	≤12.0	≤11.0	≤9.5	≤8.5	≤7.5	≤7.0	≤6.0	≤5.0	≤4.5	≤4.0

铣刨深度越大,刀具与物料接触的时间越长,摩擦发热越多。为避免硬质合金刀头受热量过大而损坏,需加大冷却刀头的喷水量,当铣削深度较浅时(6cm 以下)应减少冷却刀头喷水,以便物料的抛出,减少刀具与被铣下物料的接触概率,减少刀具的磨损。

(3)应根据桥面铺装层硬度选择合适的铣削刀具,见表11-4。

对应不同路面的铣削刀具选择表 表11-4

工况		产品型号	
		Wirtgen(维特根)	Kennametal(美国肯耐公司)
铣刨宽度≤1m 的路面冷铣刨机	软沥青路面	W4L、W5、W5H	RP01/RP10、RP03/RP12、RP04/RP13、RP08/RP17
	中等硬度沥青路面	W4L、W5L、W5LH	RP03/RP12、RP08/RP17、RP04/RP13、RP08/RP17、RP23
	硬沥青路面	W4L、W6E	RP01/RP10、RP04/RP13、RP03/RP12、RP08/RP17、RP23
	混凝土路面	W1-10	RP22
铣刨宽度≥1m 的路面冷铣刨机	软沥青路面	W6、W6H	RP25、RP24、RP23、RP20、RP18、RP08/RP17、RP07/RP16、RP06/RP15、RP05/RP14、RP04/RP13、RP03/RP12、RP01/RP10
	中等硬度沥青路面	W5L、W5LH、W6L、W6LH	RP27、RP28、RP26、RP25、RP23、RP20、RP18、RP08/RP17、RP07/RP16、RP06/RP15、RP05/RP14、RP04/RP13、RP03/RP12、RP01/RP10
铣刨宽度≥1m 的路面冷铣刨机	硬沥青路面	W6E、W7H	RP23、RP20、RP19、RP07/RP16、RP06/RP15、RP05/RP14、RP04/RP13、RP01/RP10
	混凝土路面	W1-13	RP21

(4)每工作6~8h,打开铣刨转子罩壳后挡板检查铣削刀具是否松动、脱落、折断或过度磨损,并及时更换,以免由于铣削刀具的缺损而引起铣刨转子损伤。应确保安装的刀具能在刀座孔中自由转动,刀具磨损严重时应及时更换。刀具的伸出长度对施工质量影响较大,更换刀具时尽量保证刀具伸出长度一致。如铣刨刀具有1/2 磨损时需要更换,应把整套刀具都更换掉,把磨损不严重的刀具重新组合成一套继续使用,这样既能保持路面施工质量,又能延长刀具使用寿命。

(5)转移工作点或空驶前须将铣刨转子提升离地面。

(6)铣削转子运转过程中严禁倒车。

(7)作业过程中铣刨机严重抖动或铣刨转子处发出异常声响,可能是铣到钢筋等坚硬物,应立即停机并提升铣削转子检查。

(8)严禁在铣刨机卸料皮带装置上悬挂重物或利用卸料装置的提升摆动功能将铣刨机作起重工具用。

(9)近距离自行转移工地时,卸料皮带装置必须与机身成直线,不得左右偏斜。

(10)铣削刀具更换按下步骤进行:

①操作总升降手柄,使铣刨鼓离开地面;

②使发动机停止运转,使离合器分离;

③开启铣刨鼓后罩壳并将罩壳支撑;
④用冲子和手锤或用专用工具卸下损坏的铣削刀具;
⑤装上新的铣削刀具,关闭防护罩。

11.4.3 作业速度合理匹配

铣刨机械的工作速度和转子速度是机器的主要技术性能参数,工作速度直接影响机器的作业生产率。因其受路面材料种类、混凝土强度、铣削深度和环境温度的影响,工作速度一般都设计成为无级调节,以满足上述工况的变化要求。对一般的沥青路面而言,路面铣刨机的工作速度与铣削深度的关系特性如图11-24所示。其关系特性会因路面材料和环境温度的变化而变化。

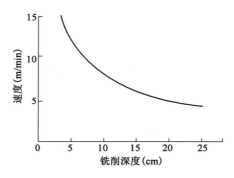

图11-24 工作速度与铣削深度的关系特性图

本章参考文献

[1] 杨士敏.工程机械地面力学与作业理论[M].北京:人民交通出版社,2010.
[2] 展朝勇.公路养护机械与运用技术[M].北京:人民交通出版社股份有限公司,2014.

第 12 章

桥面铺装辅助设备

12.1 钢桥面抛丸机

12.1.1 概述

钢桥面抛丸机是利用电机驱动的抛丸轮在高速旋转过程中产生离心力和风力,当一定颗粒度的弹丸流入进丸管时(可以控制弹丸的流量)便被加速带入高速回转的分丸轮中。在离心力的作用下,弹丸由分丸轮窗口抛出进入定向套,再经由定向套窗口(控制丸料的抛打方向)抛出,由高速回转的叶片拾起,并沿叶片的长度方向不断加速运动直至抛出,抛出的弹丸形成一定的扇形流束冲击桥面钢板,起着清理强化的作用。然后,弹丸和灰尘、杂质一起经过反弹室来到储料斗的上方。大功率的除尘器通过储料斗上方的分离装置将丸料和灰尘分离,丸料进入储料斗继续循环使用,灰尘则通过连接管进入除尘器。当灰尘进入除尘器后,通过滤芯的分离,停留在储灰斗中和滤芯的表面。自动反吹除尘器可以通过压缩机提供的反吹空气自动间隔清理每一个滤芯。最后,在机器内部通过配套吸尘器的气流清洗,将丸料和清理下来的杂质分别回收,并且使丸料可以再次利用。抛丸机配有除尘器,可做到无尘、无污染施工,既提高了效率,又保护了环境。

12.1.2 主要结构

桥面抛丸机整机如图 12-1 所示。抛丸机主要由抛丸主机、除尘系统、钢丸收集器、输风管以及游龙架等组成。其中,抛丸机的主要工作装置为抛丸主机以及除尘器。其工作原理图如图 12-2 所示。

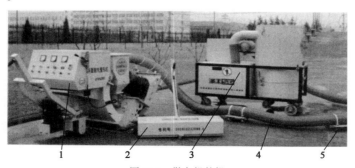

图 12-1 抛丸机整机
1-抛丸主机;2-钢丸收集器;3-除尘器;4-输风管;5-游龙架

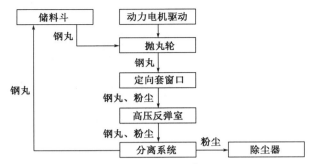

图 12-2 桥面抛丸机工作原理图

1)抛丸主机

抛丸主机的结构简图如图 12-3 所示。其主要由操作把手、行走驱动装置、电气控制箱、转向装置、料门调节装置、弧形风道、钢丸循环箱、吸盘组件、杂物过滤筛屉、抛头组件、抛头电机以及皮带传动装置等部件组成。抛丸主机是该设备的工作主体,其关键部件为抛头组件以及分离系统。图 12-4 为高速丸流的形成示意图。

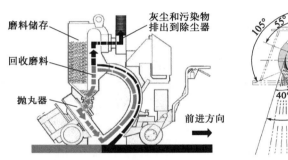
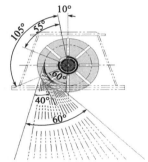

图 12-3 抛丸主机结构简图　　图 12-4 高速丸流的形成

(1)抛头组件。

抛头组件是抛丸器的核心部件,主要由进丸管、分丸轮、定向套、叶轮与叶片等部件组成,如图 12-5 所示。分丸轮安装在叶轮的中心,通过联动盘与叶轮轴联结,随叶轮轴同步转动。分丸轮前部与进丸管相连,进丸管的作用是给分丸轮喂丸,分丸轮带有窗口,能对进入叶片的丸料进行分配,并推动弹丸使其获得一定速度。

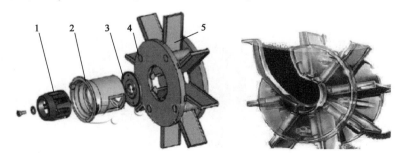

图 12-5 抛头
1-分丸轮;2-定向套;3-联动盘;4-叶轮;5-叶片

定向套套装在分丸轮和叶轮之间,固定于抛头外壳上,不随分丸轮、叶轮旋转,定向套的作用是控制弹丸最终从叶片抛出的方向。定向套上有一个定向口,定向口的角度可以调整。通过调整定向口角度可以控制丸料的抛出方向,进而控制丸料的抛打面积和各处抛射密度。调整定向套的定向口角度时,可以松开固定定向套的压块,使定向套转到所需角度位置。

叶轮通过结合盘与叶轮轴联结并随叶轮轴同步转动。在叶轮上有八个燕尾槽,这八个燕尾槽位置由叶片结构决定。对于直线叶片,必须保证叶片的工作平面在叶轮的直径方向上。

叶片采用直线叶片,共八片,采用燕尾槽的底座固定在叶轮上。丸粒从分丸轮中飞出,通过定向套的定向口进入叶片,继而随叶片一起高速旋转并相对叶片运动,最后从叶片的边缘抛出,打在工作面上。

（2）分离系统。

桥面抛丸机分离室外形图如图12-6所示。钢丸与粉尘经过高压反弹室后从分离系统入口进入。钢丸与粉尘形成的两相流在惯性和除尘器负压的共同作用下,撞击到导流罩上形成一次减速。一次减速后,速度较快的钢丸从导流罩下方直接回到储料斗中,粉尘自身质量相较钢丸的质量很小,主要受除尘风机负压作用,重力及惯性可忽略不计,最终都将跟随气流经除尘管道被除尘器收集。高速钢丸在导流罩内多次撞击后,一部分撞击在导流挡板上最终减速,少量钢丸可以撞击到连接在分离室盖的挡料板上。速度降低到足够小的钢丸自由落体回到储料斗中。

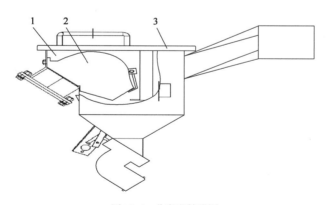

图12-6 分离室外形图
1-分离室壳体;2-导流罩;3-分离室盖

2）除尘器

除尘器主要包括除尘器箱体、吸尘风机和滤筒。除尘器箱体侧壁设有吸入口,顶部设有排出口,排出口与吸尘风机的吸风口连接,吸尘风机的排风口连通至下一级处理设备或外界大气;除尘器箱体内设有一滤筒安装板,在滤筒安装板上安装着若干个均布设置的滤筒。当抛丸机工作时,除尘器箱体上的吸入口与抛丸主机上的分离器出口连接,吸尘风机启动,使除尘器箱体内产生抽吸力,该抽吸力将抛丸室内工作时产生的粉尘吸入除尘器箱体,并使粉尘附着于除尘器箱体内的滤筒上,由此完成除尘。在使用一段时间后,滤筒上附着的粉尘过多,影响到除尘效果。此时,将除尘器箱体的吸入口关闭,启动反吹清扫系统,储气罐中的高压气体经脉冲电磁阀和连接管进入滤筒内部,由内向外反吹,从而将附着在滤筒上的粉尘吹脱,静置后自然沉降在除尘器箱体底部。然后打开检修门,清扫干净即可重复使用。除尘器的结构简图如图12-7所示。

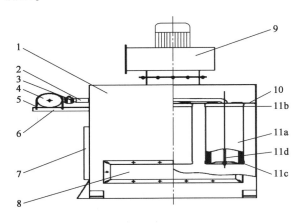

图12-7 除尘器结构简图

1-除尘箱体;2-连接管;3-脉冲电磁阀;4-储气罐;5-环形螺栓;6-托架;7-检修门;8-吸入口;9-吸尘风机;10-滤筒安装板;11-滤筒

12.1.3 佰锐泰克2-4800DH抛丸机

佰锐泰克的2-4800DH型号抛丸机是柴油机驱动的大型驾驶式抛丸设备,如图12-8所示。在ECO改性聚氨酯混凝土桥面铺装时经常采用该抛丸机进行钢桥面板的抛光除锈。该抛丸机采用抛丸装置和吸尘系统一体式设计,摆脱了传统手扶式抛丸设备的除尘连接管,设备运输和操作更加灵活方便。吸尘器带有自动反吹系统,保障了设备的连续工作能力,大容量的储灰斗大大缩短了清理时间。设备操作简单,适合钢桥面板平整大面积作业,效率高,辅助人员少。设备前端抛丸头部分可以完全拆卸下来,方便转场和搬运。复合显示面板能够显示设备的工作状态,并可以自动进行故障检测。其性能参数见表12-1。

图12-8 佰锐泰克的2-4800DH抛丸机

抛丸机性能参数　　　　　　　　表12-1

项　目	技 术 参 数
混凝土路面处理效率	轻度到中度抛丸达到1200~3000m²/h
钢桥面处理效率	SSPC-SP10/NACE2:Sa2.5达到350m²/h
清理宽度	1220mm
行走速度	0~113m/min
钢丸容量	540kg
发动机	12.5L,6缸,350匹马力[①]
燃料	柴油,100加仑
外观尺寸	5570mm×2940mm×2750mm
质量	11.8t
行进方式	驾驶

注:① 1马力=735.499W。

12.1.4　抛丸机使用效能影响因素分析

1)抛丸设备的类型

桥面抛丸机作为钢桥面板清理设备已经得到越来越多的应用,桥面抛丸器分为两大类:手扶式抛丸机以及车载自行式抛丸机。

手扶式抛丸机设备体积小、行走速度慢,有效施工宽度相较车载自行式抛丸机小,且需要外接电源的接入。施工过程中手扶式抛丸机需要通过连接管连接除尘系统。手扶式抛丸机较小的体型,使得其能够在施工过程中对路面边缘部位进行有效的施工打磨,而且相较于车载自行式抛丸机价格便宜且转场运输方便,在钢桥面铺装施工中经常与车载自行式抛丸机配套使用。

车载自行式抛丸机体积较大,适用于大面积的水平表面工作,如钢桥面板的抛丸清洁作业。施工时设备由自行驱动,自带除尘设备,可保证施工环境的整洁。对于桥面边缘及细小之处,需配合手扶式抛丸机具使用。

2)钢丸的选择

桥面抛丸机施工过程中,影响清理效果的因素很多,比较重要的影响因素是钢丸问题。

一是钢丸供给量不足,这一因素其实是由于操作人员操作不当引起的。在路面抛丸机施工过程中,操作人员忽略了钢丸消耗带来的钢丸量减少问题,盲目地控制机器施工,不检查钢丸余量,直到抛丸清理效果不佳才急忙查找原因,即便问题解决了还得对未清理好的路面进行重新打磨施工,费时费力,增加成本。

二是钢丸质量差,这一因素源于钢丸自身脆性过高,也就是碳等其他元素含量高。当钢丸被高速抛打到工作面上时,冲击力将钢丸击碎,碎丸随着回收装置分离之后重新循环到设备内部,造成二次使用,碎丸由于形状不标准,且重量、硬度都发生了改变,在上述因素制约下工作,就很难达到理想的效果。

三是钢丸硬度不合适,钢丸硬度问题是影响桥面清理效果的重要因素之一,由于施工工艺、原材料、生产条件的不同生产出来的钢丸在硬度方面也会有影响,硬度过高则施工时感觉清理沟槽过深,硬度低则达不到清理效果。

3）使用前的准备工作

（1）预清理工作。

在对桥面抛丸及调试之前,首先要进行预清理工作。抛丸作业前,需要将路面上的油污、锈迹等清理干净,因为钢丸抛打到桥面上还要回收重新利用,清理了桥面的油污和锈迹,便可以防止施工过程中污染钢丸。清理掉凸起标线,可提高抛丸效率,并能防止漏丸、漏抛等现象的发生。

（2）就位调试工作。

在抛丸机正式作业前,需进行调试,以保证桥面钢板抛丸作业时正常、连续作业。

（3）试运转工作。

桥面抛丸机起动后,要先进行试运转,检查各电机的运转方向,必须正方向运转,如相反应调整顺序。经试运转并确定各部分运转正常后,方可投入使用。

（4）进行试抛施工。

在正式使用前,要提前进行试抛施工,确定满足抛丸质量要求的几个关键参数,包括钢丸的大小和形状、钢丸种类与比例、设备行走速度、钢丸抛射流量等。

4）保证工作装置最佳状态

使工作装置处于最佳工作状态是保证抛丸效果的关键措施。要仔细阅读抛丸机的使用说明书,掌握各种装置的结构和工作原理、要求的理想状态以及达到理想状态的具体调整方法。

（1）调整抛丸器的抛射方向。高速运行的钢丸是通过定向套抛出的,对于不同的工作环境以及打磨对象,钢丸的抛射方向也具有差别,因此,定向套开口角度就直接影响到钢丸的抛射弧线,从而对清理效果造成影响。

（2）检查各个接口处的密封性,并更换已磨损配件,同时检查集尘箱的状况并及时对其进行清理。

5）特别注意事项

（1）注意防水。因抛丸机采用的是机械原理,而此原理的动力来源除了一些电子设备外,最主要的是电机,因此,在下雨天等环境下,注意防水是很必要的。

（2）注意润滑。为让设备使用起来更加流畅,建议隔一段时间给设备的机械连接处以及电机等地方涂抹润滑油。

（3）注意维护。任何产品都需要维护,需要做定期检查与维护,抛丸机也不例外,定期给路面抛丸机做维护可以延长抛丸机的使用寿命。

6）人员操作规范

（1）设备的操作人员必须要进行严厉的岗前培训,要对设备的功能特点等十分了解。

（2）设备的操作人员在操作设备前要对机器的说明书十分了解,对各项程序都能熟知。

（3）开机前,操作人员要查看设备的各种开关等,避免发生误操作而造成设备损坏。

（4）如果不是本机的操作员,一般禁止随意对本机进行操作,并确保尽量不要接近。

（5）操作员在操作设备前,要穿好防护的作业服,戴好有防护效果的防护眼镜等。

(6)开机前应注意面板上的各种指示,当指示都在正常值时,方可开始正常作业,当仪表上指示值出现比较大的误差时,应关机查看。

(7)在设备运转的过程中,要时刻留意设备是否存在过热的状况,或者发出异常的响声,发现有比较严重的故障时,应该立即按下急停按钮,待排除故障后再开机操作。

12.2 叉　　车

12.2.1 概述

叉车是工业搬运车辆,对成件托盘货物进行装卸、堆垛和短距离运输作业。ECO 改性聚氨酯混凝土铺装层施工时用叉车来装卸打包好的集料。根据其工作特点,叉车采用前轮驱动,后轮转向。叉车的转向系统主要由液压泵、转向控制器和转向液压缸等组成。通过转向控制器控制转向液压缸的动作,从而控制叉车后轮的转向。叉车通常使用燃油机或者蓄电池驱动。叉车的主要技术参数有额定起重量、载荷中心距、最大起升高度、门架倾角、最大行驶速度、最小转弯半径、最小离地间隙以及轴距、轮距等,这些技术参数代表着叉车的结构特征和工作性能。同时,叉车广泛应用于车站、港口、机场、工厂、仓库等国民经济中的各个部门。

12.2.2 主要结构

叉车种类繁多,但无论哪种类型的叉车,基本都由以下三大部分构成。

动力部分:为叉车提供动力,一般装于叉车后部,兼起平衡配重作用。

底盘:接受动力装置的动力,使叉车运动,并保证其正常行走。

工作部分:用以叉取和升降货物。

三大部分结构和安装位置的差异,导致形成不同类型的叉车。平衡重式叉车(图 12-9)是一种最普遍的叉车,本书以该类叉车为例介绍叉车主要的结构。

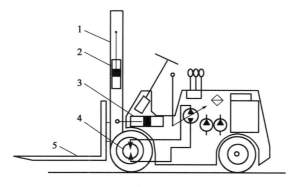

图 12-9　平衡重式叉车结构图
1-门架;2-起降液压缸;3-倾斜液压缸;4-液压行走马达;5-货叉

1)动力部分

内燃叉车大多是以内燃机为动力,主要包括汽油机、柴油机以及液态石油气机。电动叉车的动力装置由蓄电池和直流电动机构成。

传动系统是接受动力并把动力传递给行驶系统的装置,一般有机械式传动系统和液力机械式传动系统两种。前者由摩擦式离合器、齿轮变速器、万向传动装置及装在驱动桥内的主传动装置和差速器组成;后者以液力变矩器取代摩擦式离合器,其余部分与前者相同。近年来,又出现采用全液压传动系统的新型叉车,减少了传动的元件,提高了可靠性。

2)底盘部分

行驶系统是确保叉车运行并支撑整个叉车的装置,由支架、车桥、车轮以及悬架装置等组成;叉车的前桥为驱动桥,这是为了增大有载搬运时的前桥轴荷,以提高驱动轮上的附着质量,使地面附着力增加,从而确保发动机的驱动力得以充分发挥,其后桥为转向桥。

转向系统是叉车用于转向、掉头等作业的系统,按转向所需的动力源不同,可分为机械转向系统和动力转向系统两种。前者以操作员的体能为转向能源,由转向器、转向传动机构和操纵机构3部分组成;后者是兼用操作员的体能和发动机动力为转向能源的转向装置。在正常情况下,叉车转向所需能量,只有很小一部分由操作员提供,大部分是由发动机通过转向助力装置提供。但在转向助力装置失效时,一般还应当能由操作员独立承担汽车转向任务。叉车作业时,转向行走多变,为减轻操作员操纵负担,现代内燃叉车多采用动力转向装置。常使用的动力转向装置有整体式动力转向器、半整体式动力转向器和转向助力器3种。

制动系统是使叉车减速或停车的系统,它由制动器和制动传动机构组成。制动系统按制动能源可分为人力制动系统、动力制动系统和伺服制动系统3种。人力制动系统以操作员体能为制动能源;动力制动系统完全依靠发动机的动力转化而成的气压或液压形式的势能为制动能源;伺服制动系统是前两者的组合。

在平衡重式叉车上,叉车后部设有平衡配重,以平衡叉车前部的货物的质量,叉车的动力装置(内燃机)或蓄电池,一般装在叉车后部,以起到部分平衡作用。

3)工作部分

工作部分是叉车进行装卸作业的直接工作机构,其结构如图12-10所示,由5部分组成。

(1)取物工具。它是以货叉为代表的多种工作属具,用以叉取、夹取、铲取货物。

(2)起重货架。起重货架用来安装货叉或其他工作属具,并拖动货物一起升降。

(3)门架。它是工作装置的骨架,工作装置的大部分零部件安装在门架上。两节式门架由外门架和可沿外门架上、下升降的内门架组成;三节式门架由内、中、外3个门架组成。

(4)门架倾斜机构。门架倾斜机构实现门架的前后倾斜,主要由倾斜油缸组成。

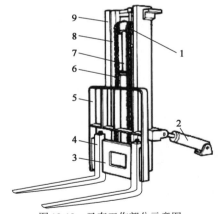

图12-10 叉车工作部分示意图
1-链轮;2-倾斜油缸;3-货叉架;4-货叉;5-挡货架;
6-链条;7-起升油缸;8-内门架;9-外门架

(5)起升机构。起升机构是拖动货物上、下升降的动力装置和牵引装置,主要由链轮、链条和带动货架升降的起升油缸组成。

(6)液压操纵系统。它是对货物的升降和门架的倾斜以及对其他由液压系统完成的动作,实现适时控制装置的总合,由液压元件、管路和操纵机构等组成。

叉车工作部分示意图如图12-10所示。

叉车工作部分中的货叉是直接承载货物的叉形结构,叉架是一个框架形状的结构,链条的一端与叉架相连,链条在绕过起升液压缸头部的滑轮后,另一端固定在缸体或外门架上。起升液压缸通过滑轮与链条,使叉架沿着内门架升降,内门架又以外门架为导轨上下伸缩。为了满足码垛作业对升降高度的要求,同时为减少叉车自身的高度外形尺寸,门架通常为伸缩式结构,由内外两节组成。外门架的下部铰接在车架或前桥上,借助倾斜液压缸的作用,门架可以在前后方向倾斜一定角度,前倾的目的是装卸货物方便,后倾的目的是当叉车行驶时,使货叉上的货物保持稳定。

12.2.3 CPD15 合力叉车

CPD15 合力叉车是 1.5t 交流蓄电池平衡重式叉车。如图 12-11 所示,其采用大圆弧护顶架及流线型设计,门架及胶管滑轮组更紧凑、小直径转向盘及仪表右置,可以有效增加操作员视野。配置门架缓冲、后桥缓冲及后延式阀操纵,可大幅提高操作员操作舒适性;三段式驱动桥,实现小前悬设计,整机纵向稳定性提升;高置式后桥结构,整机横向稳定性大幅提升;转弯自动减速,操作安全。配置大屏幕液晶显示仪表,可直观显示车辆运行状态,具有故障显示及误操作报警功能;蓄电池侧取车型,可实现快速更换蓄电池。其性能参数见表12-2。

图 12-11　CPD15 合力叉车

CPD15 合力叉车性能参数　　　表 12-2

项　目	技 术 参 数
额定起重量	1500kg
载荷中心距	500mm
标准起升高度	3000mm
全长(不带货叉)	2070mm
全宽	1086mm
爬坡能力	22%

12.2.4 叉车使用效能影响因素分析

1)蓄电池影响

蓄电池主要为叉车提供电能,其容量的大小与性能的高低对叉车的性能有着非常直接的影响。

2)叉车类型型号的影响

叉车的种类繁多,用途不一。一般而言,叉车可分为内燃式平衡重式叉车、电动平衡重式叉车、仓储叉车以及重型叉车等几大类。进行工程作业时,需要根据叉车的作业情况以及作业环境选择叉车的吨位、发动机型号、门架高度、门架形式、门架承载能力等,使叉车的作业能力达到工程施工的强度。

3）叉车使用注意事项

（1）运行前要检查制动系统有效性，如发现缺陷就在运行前处理完善后再操作。

（2）搬运货物时不允许用单个货叉运转货物，也不允许用货叉尖端去挑起货物，必须使货叉全部插入货物下面并使货物均匀地放在货叉上。

（3）平稳起步，转向前一定要先减速，正常行驶速度不要过快，平稳制动停车。

（4）不准在货叉上站人，叉车上不准载人运行。

（5）对于尺寸较大的货物要小心搬运，不要搬运未固定或松散的货物。

（6）定期检查电解液或柴油，禁止使用明火照明来检查电池电解液。

（7）停车不用前，要将货叉下降着地并将叉车摆放整齐，停车并断开整车。

（8）电源电量不足时，叉车的电量保护装置自动开启，叉车货叉将拒绝上升操作，禁止继续载货使用，此时应该空车驶到充电机位置给叉车充电。

（9）充电时，先断开叉车工作系统与蓄电池的连接，再将蓄电池与充电机连接，再连接充电机与电源插座，开启充电机。

12.3 清扫车

12.3.1 概述

ECO改性聚氨酯混凝土在钢桥面铺装时需要对原桥面进行清扫，一般采用封闭式清扫车来完成。封闭清扫车是一种专业的环保清扫设备，在进行清扫工作时，通过圆柱形的水平柱刷外加铲斗，通过柱刷的反转可直接把尘土、石头、铁削、煤渣等杂物利用抛物线的原理扫入铲斗内部，当铲斗装满后通过提升装置将铲斗提升，并将清扫物进行装车或卸载到指定地点。在封闭式清扫车作业过程中，由于罩壳的阻挡作用，使得工作过程中不起尘、不污染环境，因此，它是一种环保的工业清扫设备。因其具有清扫面积大、清扫速度快、效率高、环保等优点，清扫车被广泛应用于市政保洁，煤厂、水泥厂、港口码头、造船厂等各种行业及场合。

12.3.2 主要结构

封闭式清扫车如图12-12所示，其主要由封闭清扫器以及车体组成。

图12-12 封闭式清扫车

1）封闭清扫器

封闭清扫器的结构如图12-13所示,主要由上箱体、毛刷、整体式旋转架、下箱体以及电动机等组成。上箱体与下箱体通过旋转轴铰接,整体式旋转架通过轴承安装于上箱体,且轴承连接于上箱体的电动机之上,电动机经管路连接液压接头。

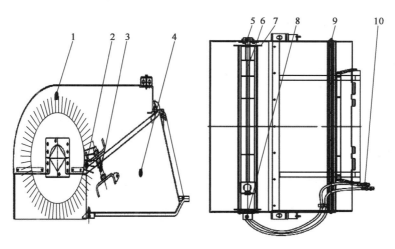

图12-13　封闭清扫器结构图

1-上箱体;2-毛刷;3-调节螺杆;4-下箱体;5-轴承;6-整体式旋转架;7-可拆卸压板;8-电动机;9-旋转轴;10-液压接头

封闭清扫器工作时,电动机通过液压管路、液压接头连接多路阀,电动机带动整体式旋转轴架以及上面的毛刷转动,通过调节螺杆进一步调节毛刷与地面的接触进行清扫,将灰尘、石块、散料旋转进下箱体中,当收集好物料之后通过滑移装载机工作装置的快速举升、下降使封闭式清扫机的上下箱体打开,将收集的物料倾倒至指定位置。毛刷损耗完时,打开箱体上的轴承与电动机,将整体式旋转架与上箱体分离,即可更换毛刷。

2）车体

封闭式清扫车车体结构如图12-14所示,主要由发动机、车架、传动系统以及液压系统组成。

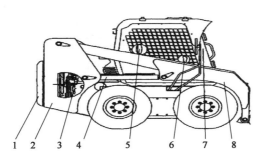

图12-14　封闭式清扫车车体结构图

1-机罩;2-车架;3-发动机;4-油箱;5-座椅;6-控制手柄;7-驾驶室;8-动臂

(1)发动机。

发动机是封闭式清扫车的动力源,安装于下车架上,为清扫机械正常运行提供动力。

(2)车架。

采用上下分体式车架,下车架有发动机、链条传动系统、行走闭式系统、油箱的安装平台;上车架有散热系统、工作液压系统、管路工作装置、驾驶室部件的安装平台等。大修时可以分离车架,车架底面开有维修口,便于发动机和液压系统维护;链箱两侧布置,便于链条的调整与维护。

(3)传动系统。

传动系统采用静液压闭式回路,一级链传动,左、右两个电动机可以独立工作,通过链条直接驱使左、右轮,左、右轮转速不一致时实现转向。

(4)液压系统。

主机的所有作业动作都是通过液压系统实现的。液压系统包括工作液压系统和散热液压系统、行走液压系统和操纵系统。主要液压元件有工作泵、行走柱塞泵、散热泵、主控阀、调平阀、行走电动机、散热电动机、快换接头和过滤器等。

12.3.3 山猫 S160 滑移清扫车

山猫 S160 滑移清扫车由美国 Bobcat(山猫)公司生产,如图 12-15 所示。山猫 S160 滑移清扫车由山猫滑移主机配备封闭式清扫器和铲斗组成,方便清扫、收集并倾倒渣土,能够向前向后清扫。其工作原理是:一个圆形的扫把加一个铲斗,利用扫把反转将杂物抛进铲斗,待铲斗满之后可以直接装车。

图 12-15 山猫 S160 滑移清扫车

山猫 S160 滑移清扫车性能参数见表 12-3。

山猫 S160 滑移清扫车性能参数   表 12-3

项 目	技 术 参 数
发动机型号	久保田 V2003
清扫宽度	1524mm
清扫器宽度	1681mm
风机转速	2900r/min
垃圾桶容量	$0.34m^3$

续上表

项　　目	技 术 参 数
额定功率	44.9kW
扫帚直径	554mm
清扫器质量	344kg
行走速度	11.8km/h
整机质量	2774kg

12.3.4　清扫车使用效能影响因素分析

本小节以滑移清扫车为例进行使用效能影响因素的分析。滑移清扫车具有清扫面积大、清扫速度快、效率高、环保等优点。

1）最佳作业速度的选择与控制

如何选择和控制清扫机车的行驶速度和驱动清扫工作装置的转速，对清扫使用效能有着直接的影响。实践证明，灰尘覆盖量和尘埃粒度大小、路面干燥程度和湿度状况是调节、改变行驶速度与工作转速的主要依据。

根据路面的实际状况，水平柱刷荷载会发生相应变化，操作时，应将工作装置适时调至不同的工作状态，以满足清扫等工作系统对动力的要求。

2）封闭式清扫器工作装置使用参数的合理调整

清扫工作装置的使用参数主要包括扫刷接地压力、扫刷极限位置等。使用参数调整是否合理直接影响清扫保洁效率和扫刷的使用寿命。

3）保证工作装置的最佳状态

使工作装置处于最佳工作状态是保证清扫效果、提高作业效率的关键措施。应掌握各种装置的结构和工作原理、要求的理想状态以及达到理想状态的具体调整方法。

4）严格注意操作事项

（1）车辆左右倾斜时不准升起箱体。

（2）清扫机作业时，要打开警示灯，提醒后方驶来车辆驾驶人的注意。

（3）对紧附在路面上的垃圾，需打开功能开关，增大柱刷对地面的压力进行清扫。

（4）清扫车在作业过程中，如过载警告灯亮（或警告喇叭响），表明垃圾储存箱已满载。这时，应将清扫刷收回在锁紧位置，驶离清扫路段，倾倒垃圾。

（5）卸垃圾时，清扫车必须停在平坦、坚实的地方，严格按照卸载的程序来进行。

（6）车辆熄火前，必须使封闭式清扫装置处于落地状态。

5）合理进行技术改造，降低吸扫装置故障率

通常，滑移清扫车主机的工作可靠性较高，故障较少，常见故障主要集中在清扫工作系统。引起故障的原因除了使用操作不当、例行维护不到位等外，零部件的结构不符合使用要求、材质选用不当也是引起故障的原因。实践证明，正确分析故障原因，对不符合使用要求的零部件结构进行更换或技术改造，是提高清扫车作业效率、降低故障率的重要方法。

本章参考文献

[1] 陈佩珊,李思奇,周嘉欣,等.叉车的发展概述及前景展望[J].起重运输机械,2021(22):19-24.

[2] 杨承阁,范鑫,李思思,等.路面抛丸机分离系统结构设计[J].湖南工业职业技术学院学报,2019,19(6):5-7,12.

[3] 张波.叉车门架结构的有限元分析[J].装备机械,2019(2):12-14.

[4] 李树振.车载式路面抛丸机的研究设计[D].济南:山东科技大学,2019.

[5] 刘美红.某型2T电动叉车总体设计及关键结构的有限元分析[D].西安:长安大学,2016.

[6] 杨承阁,李自光,袁金海.路面抛丸机分离系统气固二相流数值模拟[J].公路与汽运,2013(2):135-139.

[7] 陈在旭.GYSPW2080型路面抛丸整形机及抛丸整形处理工艺的应用[J].工程机械,2012,43(11):6-11+1.

[8] 徐杰君.叉车门架的有限元分析及动态仿真分析[D].咸阳:西北农林科技大学,2009.

[9] 张同金.湿式道路清扫车液压系统设计及仿真[D].济南:山东大学,2019.

第 13 章

ECO 改性聚氨酯混凝土铺装成套关键设备及智能化

13.1 概　　述

13.1.1　ECO 改性聚氨酯混凝土铺装成套关键设备

ECO 改性聚氨酯混凝土铺装结构示意如图 13-1 所示，由于 ECO 改性聚氨酯混凝土自身特性和钢桥面铺装施工特殊性要求，进行 ECO 改性聚氨酯混凝土钢桥面铺装时，采用传统已有施工设备已不能满足施工要求。因此，宁波路宝科技实业集团有限公司在反复实践和全面论证的基础上，制定了一套自动化、标准化的施工工艺，并研发形成了成套关键设备，如图 13-2 所示。ECO 改性聚氨酯混凝土施工工艺与传统桥面铺装材料的施工工艺有所不同。相较传统铺装材料的施工工艺，ECO 改性聚氨酯混凝土桥面施工无须压路机的压实作业，而且 ECO 改性聚氨酯混凝土采用现场搅拌、现场摊铺的施工方式进行。其施工工艺流程如图 13-3 所示。

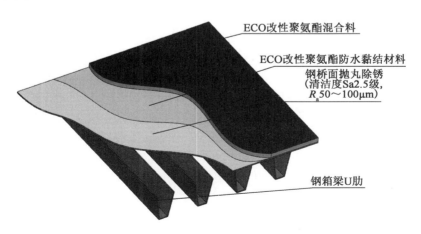

图 13-1　ECO 改性聚氨酯混凝土铺装结构示意图

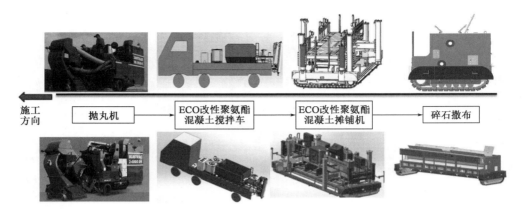

图 13-2　ECO 改性聚氨酯混凝土铺装成套关键设备

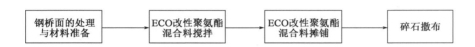

图 13-3　ECO 改性聚氨酯混凝土施工工艺流程

13.1.2　钢桥面铺装施工及设备智能化发展

21 世纪以来，随着我国经济的快速发展，国内的基础设施建设投入逐年增加，伴随着公路等基础设施建设在数字化、智能化、信息化方向的不断发展，钢桥面铺装施工技术也逐渐往数字化、智能化、信息化的方向发展。

但是，我国钢桥面施工质量监控系统仍没有全部实现管理手段信息化，传统的质量检测方法也只是在施工前先按照配合比制作马歇尔试件，并通过击实试验检测其密实度，然后在其施工后进行钻芯取样，再进行表面质量检查和压实度检测，但这种方法属于破坏性检测，费时费力，而且在施工过程中出现质量缺陷时，不能及时识别问题环节，这样就会造成在路面施工时施工的质量存在较多缺陷，过早出现诸如开裂、拥包、坑槽等早期损坏现象。因此，传统的质量监控手段已经不能满足现在我国对公路钢桥面的施工质量要求，而这些不足之处，究其根源，就是整个施工过程质量监控体系不够完整，在工程施工中缺乏科学的监控手段，对施工过程中的重要施工工艺不能进行有效监控。

随着科学技术的不断发展，物联网技术与 5G 网络已经慢慢渗入各工业领域，使各行业的生产、管理等工作逐步往信息化和智能化方向发展，这对改善生活质量和解放生产力有很大意义。而与此同时，物联网技术也打破了传统的钢桥面施工质量监测模式，它通过数据采集器对数据进行检测，然后对数据信号进行采集、传输，再根据一定的网络传输协议，将监控对象与互联网相连，实现与监控中心的数据通信与交换，完成对施工参数的监控。且 5G 时代的到来，令数据传输过程中数据采集端与数据显示端中间的数据传输速度大大加快，减少了数据采集前段、监控软件之间的数据传输滞后性。桥面施工过程质量监管模式也由"结果检查"转变为"过程控制"与"动态管理"。

通过"过程控制"的智能化施工质量监控系统,施工管理人员能够及时发现施工过程中存在的施工质量问题,进而及时对出现的问题提出针对性的解决方案,避免了传统施工过程中主体施工完之后才能对问题铺装面进行重修的问题。而且数字智能化施工质量监控系统能够对施工过程进行回溯,为以后钢桥面进行管理维护提供了丰富的数据支撑。因此,对于钢桥面数字智能化施工质量管理系统的研究是现在亟须解决的问题。

13.2 ECO改性聚氨酯混凝土搅拌车智能化

ECO改性聚氨酯混凝土的拌和采用专用的搅拌车,其示意图如图13-4所示。

图13-4 ECO改性聚氨酯混凝土搅拌车示意图

ECO改性聚氨酯混凝土搅拌车基本结构可分为两大部分:一是行驶底盘部分,这部分是搅拌车的行走和承重部件,其功能是使搅拌车能够按照预定速度行驶,以完成运输作业中的行驶任务,并在其上布置全套的作业装置;二是作业装置部分,这部分的功能是完成搅拌车作业过程中各种物料的存储、输送、计量、搅拌、控制、操作等。其主要由集料箱、胶料箱、计量控制系统、螺旋输送机、动力系统等组成。

搅拌车作业时,通过集料仓底部安装的链条输料装置进行石料的输送,控制链条输料器的转速以及料门的开度,从而控制ECO改性聚氨酯混凝土的集料级配。同时通过计量控制系统对结合料按配合比要求进行计量,集料与结合料进入搅拌装置中进行搅拌,通过螺旋输送机的旋转进行拌和与输送。

ECO改性聚氨酯混凝土施工过程中,其级配以及搅拌均匀性影响着施工质量的高低。在进行ECO改性聚氨酯混凝土施工作业时,通常配置两辆搅拌车轮流进行混凝土的搅拌作业。搅拌车施工作业前,通过装载机将存放于施工现场指定地点的两种不同规格集料装进集料箱不同的料仓,并将胶料箱存满所需结合料。针对搅拌车搅拌过程,ECO改性聚氨酯混凝土的配合比、螺旋输送机的转速与倾角是关键性的指标。针对搅拌车施工质量要求,建立搅拌车的数字智能化施工监控模型,如图13-5所示。搅拌车监测的主要参数为搅拌车车号、车速、胶料箱料位、链条输料器转速、料门开度、螺旋搅拌输料装置的工作参数等信息,工程信息为工程名字、工作日期等。

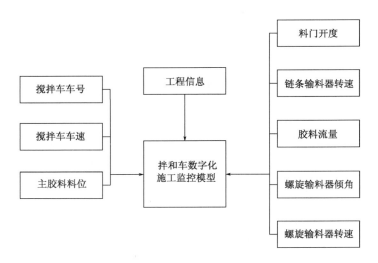

图 13-5 搅拌车数字智能化施工监控模型

ECO 改性聚氨酯混凝土的生产质量很大程度上决定了钢桥面铺装施工的质量,搅拌生产过程中的相关指标是决定工程铺装质量的主要因素。搅拌车监管系统在搅拌车上安装专业拌和数据采集硬件终端,配合相应软件系统,实时采集 ECO 改性聚氨酯混凝土搅拌过程的工作数据并通过网络将数据发送到数据中心平台。搅拌车监控界面如图 13-6 所示。

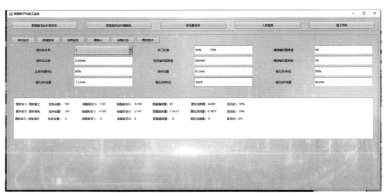

图 13-6 搅拌车监控界面

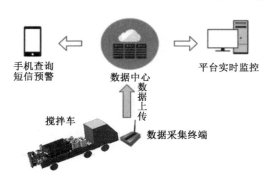

图 13-7 搅拌车拌和数据监管系统示意图

通过分析搅拌车生产的 ECO 改性聚氨酯混凝土的数据信息,例如 ECO 改性聚氨酯混凝土各组分的实时添加比例、集料配比、胶石比、掺配比、搅拌转速、搅拌时间、搅拌充盈率等,并与设计配合比参数进行实时比对,对生产状况进行实时监控,进行数据波动分析和产量分析汇总。当生产质量未达到设计要求时,系统自动发送手机短信至相关负责人,及时预警。搅拌车拌和数据监管系统示意图如图 13-7 所示。

13.3　ECO改性聚氨酯混凝土摊铺机智能化

1) ECO改性聚氨酯混凝土摊铺机结构

ECO改性聚氨酯混凝土摊铺机的示意图如图13-8所示。摊铺机通过工控系统来控制整台设备的运动,整台设备为液压驱动,由柴油机速度液压泵工作,从而对整台设备各个机构提供动力,实现各个工作装置的作业。

图13-8　ECO改性聚氨酯混凝土摊铺机示意图

进行ECO改性聚氨酯混凝土摊铺时,摊铺机的皮带输料器位于搅拌车螺旋搅拌输料装置的下方,皮带输料器将ECO改性聚氨酯混凝土输送至布料槽之中,通过摊铺机螺旋布料器将ECO改性聚氨酯混凝土均匀地分布在料槽之中。通过熨平板的振动夯实以及抹平作用完成ECO改性聚氨酯混凝土的摊铺作业,实现桥面的铺装。

2) 摊铺机施工参数数字智能监控

ECO改性聚氨酯混凝土摊铺机的作业参数主要有行走速度、铺层厚度、螺旋布料器转速、料位、振捣机构的振幅、频率等,对摊铺机的作业质量有着较大的影响。摊铺机摊铺作业前,需通过摊铺机四周安装的超声波找平系统,调节摊铺机总成机构的高度控制振动熨平板相对于施工桥面的平行度达到施工要求。当进行摊铺时,开启螺旋布料器、皮带输料器的动力装置,使其处于运动状态;通过搅拌车,将ECO改性聚氨酯混凝土卸至于皮带输送机构上,让其随皮带一起运动;ECO改性聚氨酯混凝土由于重力作用,掉入布料槽内,随螺旋布料器的旋转,均匀地输送到整个布料槽内中,当ECO改性聚氨酯混凝土的料位达到合适状态后启动行走机构,让摊铺机匀速行驶,通过振动熨平板的振动抹平作用对ECO改性聚氨酯混凝土进行摊铺与夯实,通过与振动熨平板连接的抹平板对摊铺的ECO改性聚氨酯混凝土进行抹平处理。施工完成后,开启辅助升降机构,升起整台设备,将载重汽车开到设备下,然后缓慢降下辅助升降机构,以此来完成装载运输转场。

摊铺机速度时快时慢将影响振捣机构的夯实作业,从而对铺层的平整度产生重大的影响;另外,供料困难时铺层表面易产生台阶,影响夯实以及路面平整度。

针对摊铺机的摊铺作业过程,行走速度、摊铺厚度、熨平板的振幅与频率以及料槽的料位和螺旋布料器转速等参数是摊铺机的关键指标。针对摊铺机的施工质量要求,建立摊铺机数字智能化施工质量监控模型,如图13-9所示。

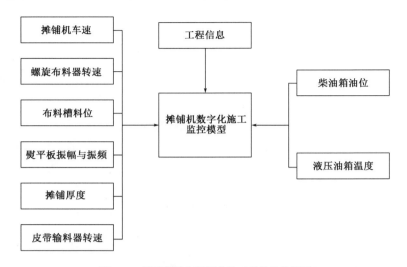

图13-9 摊铺机数字智能化施工质量监控模型

摊铺机的数字化施工质量主监控界面如图13-10所示。监控软件系统中的子导航栏下是摊铺机状态监控参数,将传感器采集的数据信息通过数据分析与计算之后,实时显示在导航栏下的数字监控栏内。数字化施工系统利用摊铺机施工过程中采集的GPS(Global Positioning System,全球定位系统)信号数据,调用高德地图实时显示出摊铺机的施工定位信息。与此同时通过坐标转换,将GPS采集的坐标信息换算为施工平面坐标,在施工图形显示栏绘制施工图,施工图是将坐标信息与摊铺厚度与速度绑定,通过不同的颜色显示出摊铺机的施工的速度与摊铺厚度的变化情况。

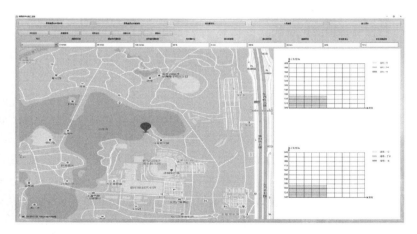

图13-10 摊铺机施工主监控界面

3)智能摊铺系统

摊铺作业时存在常规挂钢线会引起施工时所挂钢线下垂、传感器跳动等问题,因此,给ECO改性聚氨酯混凝土摊铺机搭载"3D智能摊铺系统"(图13-11),通过卫星全球导航定位系统和激光高精度测量系统,实现立体控制摊铺的高程精度和平面精度。这样,便无须测量人员进行现场测量放桩和架设参考基准线,并能根据现场施工要求进行灵活调整,很好地控制了结构层厚度、高程及平整度,实现了钢桥面智能化摊铺,在减少了人员投入的同时,降低了项目的安全风险。

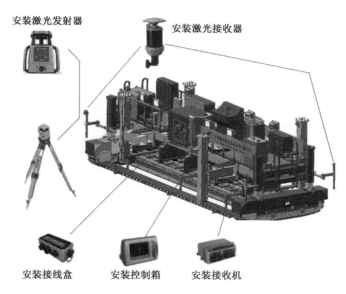

图 13-11　高精度 3D 铺装控制系统

经升级改造的智能摊铺机具有以下优点。

(1)数字智能化施工。能够将设计数据导入控制器,实现智能化、数字化施工,大大减少了人员使用强度。

(2)全过程控制。实现摊铺桥面实时三维坐标数据监测,显示图形和数据信息,精准控制施工过程。

(3)高精度作业。系统根据施工要求,准确地按照设计进行施工,很好地保证了桥面的平整度和厚度。

(4)全天候作业。系统施工不受光线的影响,可以 24h 全天候连续施工作业。

(5)人性化显示。系统用控制器屏幕显示当前施工状态,简单易懂,便于操作者查看及调整。

(6)节省材料。通过优化设计,可以精确控制施工,最大限度节约材料成本,避免浪费。

13.4　石屑撒布机智能化

1)石屑撒布机结构

石屑撒布机示意图如图 13-12 所示。当 ECO 改性聚氨酯混凝土完成摊铺之后,立即采用石屑撒布机将 1~2mm 粒径的石屑撒布在摊铺好的 ECO 改性聚氨酯混凝土桥面表面,形成均匀分布、颗粒相互重叠的磨耗层。

图 13-12　石屑撒布机示意图

2）石屑撒布机数字智能化监控

石屑撒布机进行撒布时,行走速度以及石屑撒布量与撒布均匀度是重要的监控指标。

ECO 改性聚氨酯混凝土摊铺完成后,石屑撒布机紧随其后进行撒布。石屑撒布机工作时,启动柴油发动机,驱动液压泵和储气罐组件液压马达,让料门组件气缸处于伸出状态,关闭料门,防止砂砾碎石撒出。开启螺旋输料器、撒布辊动力系统,使其处于运动状态,往撒布机料斗中加入适量的砂砾石屑,通过螺旋输送机将加入的砂砾石屑输送到整台设备的料斗中;开启履带电动机,驱动履带,让整台设备根据施工要求所需速度缓慢往前行驶。同时开启料门机构,由于料门控速油缸的限制,使得料门以适当速度打开;砂砾石屑撒落到撒布辊的网格板的网格之中,给予砂砾碎石一定初速度,往后撒出;砂砾石屑沿挡料组件洒落于施工路面上,以此往复加料施工;施工完成后,通过起重机械将整台设备吊装于载重汽车之上,实现设备转场,完成整个过程。

针对石屑撒布机的作业过程,行走速度、撒布宽度、撒布量以及撒布均匀度都是撒布机工作的关键指标。针对撒布机的施工质量要求,建立石屑撒布机的数字化施工监控模型,如图 13-13 所示。

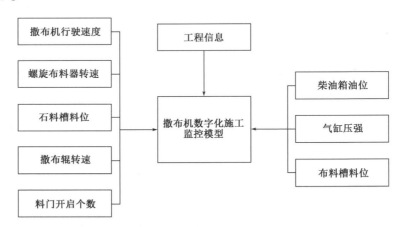

图 13-13　石屑撒布机数字化监控模型

石屑撒布机的数字化施工监控界面的主界面如图 13-14 所示。撒布机监控系统的子导航栏下是石屑撒布机状态监控参数,对传感器采集的数据信息通过数据分析与计算之后,实时显示在导航栏下的数字监控栏内。同摊铺机作业监控系统一样,数字化施工系统利用石屑撒布机施工过程中采集的 GPS 信号信息,调用高德地图实时显示出撒布机的定位信息。

与此同时通过坐标轴转换,将 GPS 采集的坐标信息换算为施工平面坐标,在施工图形显示栏绘制施工图,绘制施工图时将坐标信息与行驶速度绑定,通过不同的颜色显示出撒布机的施工速度的变化与位置的关系。

撒布机的施工宽度与料门的开启个数有关,通过采集料门开启信息,用图形化的方法显示出碎石撒布机的施工料门开启状况。

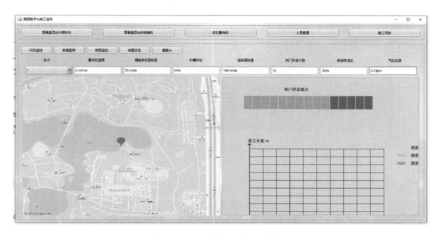

图 13-14　石屑撒布机监控界面

13.5　ECO 改性聚氨酯混凝土数字智能化施工方案

13.5.1　智能化施工监控系统方案

1)总体方案

施工过程中数字化施工系统对施工机械的运行状态、施工位置、工程施工进度等信息进行监控,将搅拌车、摊铺机以及石屑撒布机上的各种传感器以及 RTK(Real-time Kinematic,实时动态)系统采集的基础数据实时发送至服务器,并在数字化施工系统中通过数学模型以及相关算法转换成表征施工质量的指标。数字化施工系统对采集的实时数据信息进行数据处理与分析,并将处理结果反馈至驾驶室内、移动终端及办公终端,实现监视、报警、管理、评价等功能,方便不同用户及时查看施工质量指标。

数字化施工总体方案如图 13-15 所示,包括施工现场、云平台、公司服务中心以及用户 5 个对象。作业设备将相关参数通过基站网络上传到云平台,云平台通过模型计算和存储后,一方面将数据展现到作业设备的监控屏幕上,辅助钢桥面施工机械工作;另一方面将数据传送给用户和公司内部平台,实现管理功能。施工设备安装数据采集传感器,传感器将采集到的数据通过串口和 CAN(Controller Area Network,控制器域网)通信传输至集成控制器中,控制器的数据传输单元可将采集到的数据通过 5G 网络实时传送至云中心服务器,并在服务器中完成数据的存储、读取、运算、分析等工作,将实时动态处理结果反发送至监控终端,实现报警、监控、管理等功能。

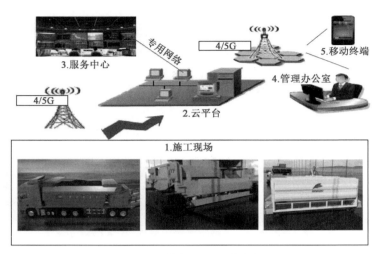

图 13-15 数字化施工总体方案

2）数据采集

（1）定位数据采集。

在施工中，位置信息、速度可通过 GPS 数据计算。采用 GPS RTK 定位技术达到厘米（cm）级高精度定位效果。统计解析 GPS 数据，并将其量化、平面坐标转化，然后根据特殊算法和合适的技术进行轨迹描绘，通过轨迹及铺盖面积图直观地显示机械设备工作状况。

（2）施工参数数据采集。

利用传感器进行接触式数据采集，根据需要采集的数据选择合适的传感器以及数据采集终端，并安装于施工机械相应的数据采集部位。进行采集工作时，将传感器采集的数据传输到数据采集终端，通过无线数据模块传输至云中心，并在监控平台上实时显示施工机械的工作状态以及施工质量指标，达到数字化施工质量监控的目的。

3）数据传输

数据传送主要针对施工过程的指标参数与云平台监控中心的数据进行交互式传输，图 13-15 反映了数据传输的全过程。首先，在具备参数采集的施工机械上安装 GPS RTK 接收机，按照固定间隔采集 ECO 改性聚氨酯混凝土摊铺机以及石屑撒布机位置信息等相关信息；然后，通过 RS232/CAN 通信实时传送至集成控制器中。由于工作过程中采集参数量大，传送的数据先存入本地服务器，然后再通过 5G 网络用 TCP/IP 协议将数据发送至远程服务器中。

4）数据处理

基于三角定位理论计算施工机械作业轨迹，并以图形形式表现，直观地实时展示施工机械作业状态。采用数据量化和监控视野缩小技术，减小服务器单位时间内处理的数据量，同时，通过 Alpha 通道画笔绘图技术回溯轨迹，直接画图记录摊铺机与石屑撒布机的行走信息；为了利于行驶速度区分，将 Alpha 值转换成 RGB 值，根据行走速度的不同将行走路线转化为彩色色码图。其他的参数处理采用同样方法，通过图形直观展示监控参数。所有的检测数据和 GPS 数据都汇总储存在云服务平台之中，这样用户就可以对当天或固定某一时间段内的数据进行调取查询，为日后的管理养护提供辅助支持。

13.5.2 数字智能化施工监控系统设计

传统的施工主要依赖于人员的调度和配合,机群之间缺乏信息共享,难以实现高质量施工效果。随着工业 4.0 时代的到来、大数据以及 5G 技术的不断发展与完善,钢桥面施工也逐渐往数字化方向发展。针对聚氨酯混凝土搅拌车、摊铺机、石屑撒布机的数字智能化施工,依据数字智能化施工监控总体方案,进行数字化智能化施工系统设计,主要包括系统架构、物理架构、功能模块等。

1)系统目标

桥面铺装设备数字化施工升级在施工过程中应用较少,传统施工无法做到对施工过程与施工质量的实时监控,常常导致施工过程出现的质量问题只能通过事后检测才能够查出,且对于施工过程的回溯较为困难。

为了克服传统施工工艺中设备独立作业、质量监管不全面、事后检修等方面的不足,在基于大数据、5G 以及数字孪生等技术的基础上进行机械设备的数字智能化升级。借助"互联网+"的思维,以 5G 通信网络为载体,通过实时监测施工过程中的各项主要参数,采集相关的数据信息,如设备行驶速度、位置、螺旋输送器转速等,实现对施工设备的监控与指导。为了全面实现数字智能化施工,保证更好的施工质量,数字智能化施工系统需要实现以下目标:

(1)构建服务器对数字化施工过程中产生的监测数据进行远程存储,利用数据挖掘和分析,及时向项目管理人员进行实时可靠、有效的决策信息。

(2)能够对施工作业的整个过程产生的数据进行监测和存储,监测数据能够及时传送至远程控制中心,当发生异常情况时可以进行有效预警或报警。

(3)施工设备之间能够进行相互通信,实现数据传输、共享与备份。

(4)能够对智能单机作业参数进行监测,根据当前智能单机的作业参数进行机群调度,保证智能单机的作业工况。

(5)对当前的施工质量状况进行分析,判断施工质量是否达到相关标准,提供作业方案以及实时导航,便于操作人员采取相应的调整措施;并且能够对已完成项目进行回溯,为其他项目的执行提供参考方案。

2)数字智能化施工系统的构建

数字智能化施工主要由服务平台、通信网络、作业机械、移动终端组成。通信网络以 5G 网络为骨干数据传送网络。服务平台用以提供作业设备基本信息管理、设备调度、机群位置以及状态数据管理、视频监控等功能。

作业设备通过卫星定位系统和传感器可以实时采集作业设备的位置信息、工作状态和施工质量信息,并将采集数据同步至局域网络服务器。作业设备机群中某一智能单机可作为局域网络服务器,同时局域网络服务器可以作为信息中转站,一方面,可接收智能单机的同步信息,将数据上传云平台;另一方面,可以将云服务平台的控制指令等信息发送到智能单机和移动终端。移动终端用以查询施工状态、接收控制信息和告警信息等。数字智能化施工监控系统实现数据的采集、传送、处理和优化,能够提供监管、定位和历史轨迹追溯等服务,从而实现对数字智能化施工过程的监控。

针对施工过程中的各个施工设备,采用 Wi-Fi 建立无线局域网进行作业参数和工艺参数的实时共享,因为 Wi-Fi 传送机群数据的网络时延小,可确保数据传输速度。数字化单机将采集的机器作业工艺参数等信息实时传送给无线局域网服务器,通过 5G 网络传输给云中心,云中心将收集到的信息经过储存、分析、挖掘等操作后传给中央控制中心,再把作业指令传送到各作业设备,从而实现主机控制中心和施工现场机群的通信、智能调度以及故障诊断和施工质量监控等功能。

智能单机将机器的 GPS 信息发给中央控制中心,经过坐标数据处理后转为车辆的位置、速度等信息,再利用 5G 网络将设备定位信息传送至云中心,云中心将信息处理过后再传送给主机控制中心,经过电子地图的匹配处理,进而动态显示施工设备的正确位置。

综上所述,主机控制中心能实时地掌握施工设备的位置、速度、车况等动态信息,经控制中心后处理进而选择最优作业方案,将指令传送给作业设备,从而实现现场智能协调。

3)数字智能化施工监控系统架构

数字智能化施工监控系统逻辑结构从上到下分为终端层、软件服务层、平台层和基础设施层,具体系统架构如图 13-16 所示。

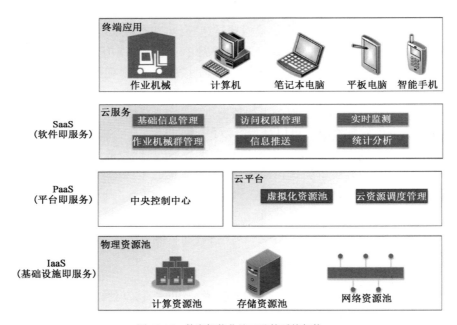

图 13-16 数字智能化施工监控系统架构

终端层用以提供用户访问系统,访问方式包括浏览器、App(应用程序)和短信,访问终端包括智能单机、电脑、手机、平板电脑等。

软件服务层(Software as a Service,SaaS),通过互联网向用户提供相应的云服务,主要包括基础信息管理、访问权限管理、实时监测、作业设备机群管理、信息推送和统计分析等核心功能。

平台层(Platform as a Service,PaaS),包括中央控制中心和云平台管理。中央控制中心进行数据的存储和分析来实现云服务的提供,云平台管理用以虚拟化资源池和云资源的调度管理。

基础设施层(Infrastructure as a Service,IaaS),也是系统的物理资源池,能够向用户提供计算能力、存储能力和网络能力的基础设施,保证系统的正常运行。基础设施层主要包括计算资源池、存储资源池和网络资源池。

4) 系统物理结构

数字智能化施工系统物理架构如图 13-17 所示,包括智能单机即作业机械、局域网服务器、平台服务器、用户终端、无线通信平台等。其中,平台服务器包括管理、数据和应用服务器;管理服务器用于实现平台数据的采集、传输和存储,以及资源的管理和分配;数据服务器用于存储智能单机采集的数据以及智能单机自身的状态信息等数据;应用服务器用来进行存储数据的统计和分析;无线通信平台主要采用无线局域网和运营商基站用以实现局域网与云平台间的相互通信。

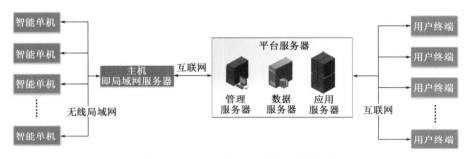

图 13-17　数字智能化施工系统物理架构图

5) 系统功能模块设计

根据数字智能化施工系统的设计目标,系统功能包括基础信息管理、机群作业管理和信息推送,系统功能模块如图 13-18 所示。

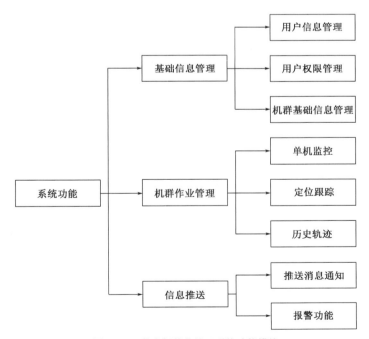

图 13-18　数字智能化施工系统功能模块

基础信息管理包括用户信息、用户权限管理和机群作业管理。其中,用户信息管理用来录入现场作业人员、现场经理、监控中心等用户角色的基础信息;用户权限管理根据用户职能和在岗状态分配用户可查询、接收和发送的指令权限;机群基础信息管理用来录入智能单机的基础信息。

机群作业管理用于查询在岗工作状态中的智能单机位置信息、当前工作状态和历史轨迹,并对智能单机发送控制指令。当主机处于异常状态时重新指派主机。

信息推送功能主要用来推送通知和告警信息。当智能单机处于异常状态时,例如超出指定施工区域范围或者发生机械故障,在用户终端中显示告警信息,并将告警信息推送到指定人员的手机上。当施工工艺达到某种状态时,可以显示通知信息并向相关人员推送。该模块在检测到问题后,立即给相关人员发送手机短信提醒功能。

13.6　钢桥面数字化施工控制管理系统

为便于用户查看数字化施工过程,用户可以通过移动终端访问服务器,服务器执行数据存储、计算和管理等服务之后,将结果返还给用户并在终端显示出来,移动终端是用户与系统交互的媒介,可以是智能手机、平板电脑等移动设备。不同的用户具有不同的权限,系统提供功能也不相同。

打开数字化施工控制管理系统,登录用户名与密码并选择查看的施工项目,验证通过之后进入系统主界面,如图 13-19 所示。

图 13-19　系统登录界面

进入系统之后,软件界面最上侧为数字智能化施工系统的五个模块导航栏:ECO 改性聚氨酯混凝土搅拌车、ECO 改性聚氨酯混凝土摊铺机、石屑撒布机、人员管理以及施工项目。导航栏下侧为模块的子导航栏以及数据显示界面。系统主界面如图 13-20 所示。

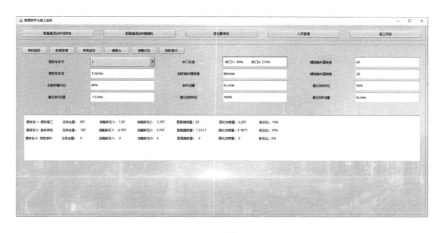

图 13-20　系统主界面

1）数字化模块

（1）实时监控模块。

对施工过程中的施工设备进行相关参数的数据采集,通过网络进行数据,将数据传输至服务器中,通过算法对采集数据进行处理与计算,将监测数据在实时监控面板上实时显示出来。

如对搅拌车作业参数进行数字监控的同时,通过服务平台的大数据分析计算,计算出每台搅拌车的总搅拌量以及搅拌过程中消耗的各种原材料的总量以及相应的胶石比,如图 13-21 所示。

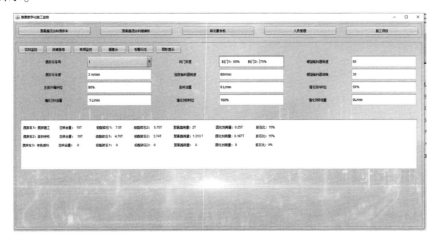

图 13-21　实时监控模块

（2）数据查询模块。

以搅拌车施工作业采集数据查询为例,数据查询模块显示出搅拌车施工过程中所采集的所有相关数据,并在表格中显示,操作人员可以通过选择查询方法以及查询条件对搅拌车数字化施工过程进行回溯,如图 13-22 所示。

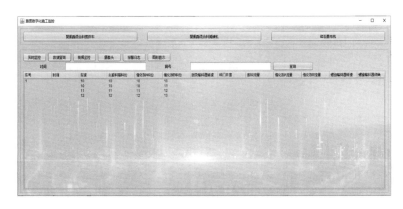

图 13-22　数据查询模块

(3) 视频监控系统。

数字化施工过程中,通过安装于施工设备上的传感器采集相关指标参数的数字信号,通过摄像头对整个施工现场进行监控,并对施工机械一些重要部位进行摄像监控。

(4) 报警日志。

设备施工时,采集的数据指标超出所设定的阈值时,数字化施工控制管理系统会自动向拥有权限的管理人员发送告警信息,并在界面表格添加相关的报警信息,以方便管理人员对工程施工过程实时调整,同时使人员对工程技术后进行回溯时,能够更加快捷地了解施工问题。报警日志界面如图 13-23 所示。

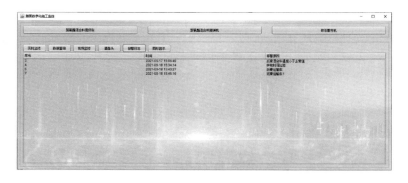

图 13-23　报警日志界面

(5) 数字化图形展示。

以搅拌车施工作业过程为例,在搅拌车施工过程中,通过图形化的方式显示出一段时间内搅拌站的一些重要参数变化规律,能够使监控操作人员快速了解施工过程中相关参数的变化情况。其界面如图 13-24 所示。

2) 人员管理系统

人员管理系统是对登录系统的人员以及权限进行查看与管理。系统管理人员可以通过查询条件来查询人员信息,当管理人员需要添加系统登录账号时,可通过添加按钮调出人员添加信息界面,信息录入完成之后,通过确认将新的账号添加进数据库并在表内显示出来。当对现有账号进行修改管理时,双击表格内需要修改的任务信息,可以重新调出账号信息进行修改与删除。人员管理界面和人员管理操作分别如图 13-25、图 13-26 所示。

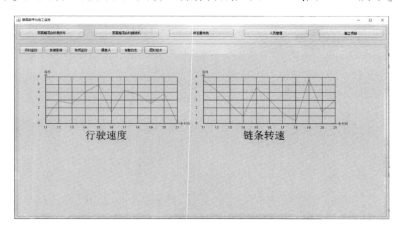

图 13-24　数字化图形显示界面

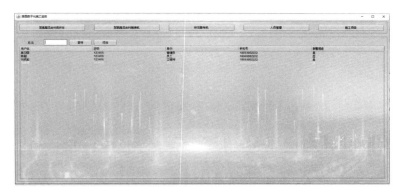

图 13-25　人员管理界面

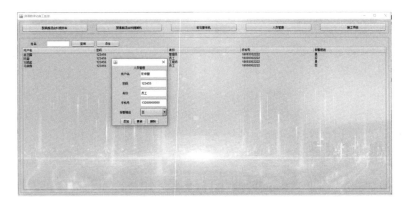

图 13-26　人员管理操作

3) 施工项目

施工项目界面可以查看项目施工过程中的工程施工进度,其界面如图 13-27 所示。系统登录人员可以在此界面查看施工过程中每日的施工进展,如查看搅拌车一天内消耗的原材料的情况以及当天内生产的 ECO 改性聚氨酯混凝土总量,同时也能够了解摊铺机以及石屑撒布机当天施工长度以及摊铺机的摊铺厚度等重要数据信息。

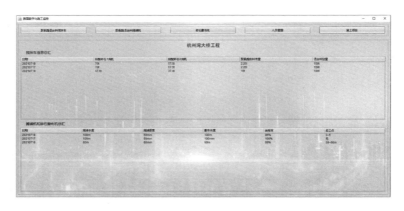

图 13-27　施工项目界面

本章参考文献

[1] 林通. 基于云服务的振动压路机压实过程作业质量监控系统研究[D]. 西安:长安大学,2018.

[2] 赵素素. 基于物联网的沥青路面压实质量监控信息系统研究[D]. 西安:长安大学,2017.

[3] 王金国,罗朝华,丛培,等. 基于 BIM 的隧道工程数字化施工控制技术与应用[J]. 公路与汽运,2019(5):157-158,165.

[4] 何鹏. 数字化技术在公路路面施工中的应用研究[J]. 北方交通,2018(4):133-135.

[5] 何于秋. 市政道路工程施工方案 3D 数字化决策技术研究[D]. 石家庄:石家庄铁道大学,2014.

[6] 刘伟涛,郑东锋,石振明,等. 数字化在隧道工程中的应用[C]∥第八届全国工程地质大会论文集,2008:433-436.

[7] 钟康健,马超凡. 建筑信息模型+数字化+物联网技术引领下的智慧桥梁施工管理分析[J]. 公路,2021,66(7):203-208.

[8] 王成武,唐建亚,马君科,等. 基于 BIM 数字化的路基施工管控应用研究[J]. 智能建筑与智慧城市,2021(2):24-26,29.

附　录

附录 A　钢桥面铺装整体拉拔强度试验方法

A.1　目的与适用范围

A.1.1　本方法适用于实验室条件下测定和评价防水黏结层与钢板之间的黏结强度[图 A-1a)]，也适用于实验室条件下对改性聚氨酯混凝土与其下部结构之间的黏结强度进行检验[图 A-1b)]。

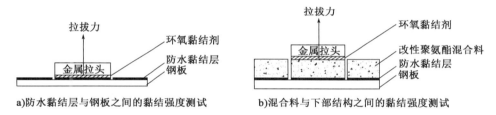

a) 防水黏结层与钢板之间的黏结强度测试　　b) 混合料与下部结构之间的黏结强度测试

图 A-1　拉拔强度试验方法示意图

A.1.2　黏结强度试验的拉伸速率采用 10mm/min。试验温度应根据具体要求确定，通常采用的试验温度为 0℃、10℃、25℃、45℃和 60℃，并应在报告中注明。

A.2　试验仪具

A.2.1　万能材料试验机：能按照规定拉伸速度拉伸试件，拉伸过程无明显振动和偏心。应具有环境保温箱，温度控制准确至 ±0.5℃，加载速率可以选择。

A.2.2　拉头：采用不锈钢或黄铜制作，直径 50mm。

A.3　试验步骤

A.3.1　钢板抛丸状态按照现行《涂覆涂料前钢材表面处理　表面清洁度的目视评定　第 1 部分：未涂覆过的钢材表面和全面清除原有涂层后的钢材表面的锈蚀等级和处理等级》(GB/T 8923.1)规定进行处理，清洁度需达到 Sa2.5 级，粗糙度需符合《公路钢桥面铺装设计与施工技术规范》(JTG/T 3364-02—2019)要求。

A.3.2　按照规定的施工方法及用量在抛丸处理后的钢板上成型防水黏结层，并按照本规范或厂家产品说明书要求进行养护。

A.3.3　在养护后的钢板上成型改性聚氨酯混凝土。

A.3.4　按照本规范或厂家产品说明书要求对成型后的改性聚氨酯混凝土进行养生。

A.3.5 规定尺寸试样的制备:

(1)对于图 A-1a)所示情形,将拉头底部涂布一层环氧树脂,并黏附在待测试件防水黏结层表面,待环氧树脂完全固化后,用刀具沿拉头边缘小心切割至防水黏结层至钢板表面,进行下步试验。

(2)对于图 A-1b)所示情形,对黏附好拉头的试件钻芯,要求钻芯处露出钢板表面,芯样表面和拉头底部涂布环氧树脂,将拉头黏附于芯样上,待环氧树脂完全固化后,进行下步试验。

(3)将黏附好拉头的试件置于已达规定温度的恒温箱中保温不少于 5h。

(4)将保温后的试件装入试验机。安装试件时,要使试件纵轴与上、下拉头中心连线相重合,并且保证试验温度在规定范围内。

(5)采用 10mm/min 的拉伸速率进行试验。

(6)记录黏结破坏时的荷载及破坏位置,观察断裂面情况。

A.4 试验数据处理

黏结强度按式(A-1)计算:

$$P = F/S \tag{A-1}$$

式中:P——试件的黏结强度,MPa;

F——试件破坏时的最大荷载,N;

S——拉头底面面积,mm^2。

A.5 试验报告

A.5.1 同一批试件室内平行试验不得少于 5 个,现场试验不得少于 4 个。当同一批试件中某个测定值与平均值之差大于标准差的 K 倍时,该测定值应予以舍弃,并以其余测定值的平均值作为试验结果。试件数目为 4、5、6 个时,K 值分别为 1.46、1.67、1.82。

A.5.2 试验后应仔细观察破坏面产生的位置(即破坏截面的结构层位及其所处的位置),详细记录并在报告中注明。

(1)测试防水黏结层与钢板之间的黏结强度时,破坏面可能出现在防水黏结层与钢板间、防水黏结层内部、拉拔头与防水黏结层之间;测试改性聚氨酯混凝土与防水黏结层之间的黏结强度时,破坏面可能出现在防水黏结层与钢板间、防水黏结层内部、防水黏结层与混凝土铺装层之间、改性聚氨酯混凝土铺装层内部等部位。

(2)当出现拉拔头与改性聚氨酯混凝土铺装层之间脱层,或破坏情况全部为改性聚氨酯混凝土内部断裂时,视为黏结强化度大于测试值。

(3)若破坏面出现在改性聚氨酯混凝土铺装层与防水黏结层间,或防水黏结层与钢板间,应描述黏结层被拉脱的面积占整个黏结层试验面积的百分比。

附录 B 改性聚氨酯混凝土铺装工艺流程

改性聚氨酯混凝土铺装工艺流程如图 B-1 所示。

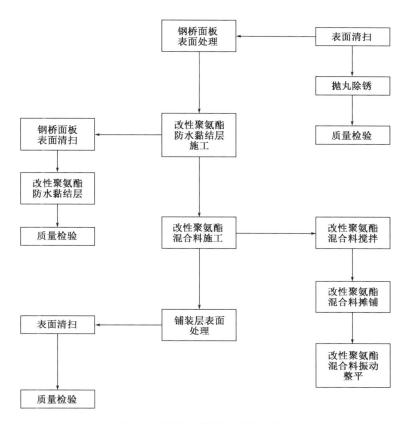

图 B-1 改性聚氨酯混凝土铺装工艺流程

附录 C 表干时间试验、指干时间试验

C.1 目的与适用范围

C.1.1 本试验适用于实验室测定改性聚氨酯表干和指干时间,以此指导改性聚氨酯混凝土的制备,摊铺等步骤的安排。

C.1.2 通常采用的试验温度为 0℃、5℃、15℃、25℃、35℃,并应在报告中注明。

C.2 试验仪具

C.2.1 恒温养护箱,温度控制精确至 ±0.5℃。

C.2.2 钢板,尺寸为 500mm×500mm。

C.3 试验步骤

C.3.1 恒温烤箱设定养护温度并预热 1h 及以上。

C.3.2 将试验用钢板清洁除锈,钢板的四周用双面胶粘贴,防止结合料流出。

C.3.3 将改性聚氨酯结合料各组分混合搅拌 60s,然后将搅拌好的混凝土按 $1.0 kg/m^2$ 的用量均匀涂布于钢板表面上。

C.3.4 试件应水平放置在恒温养护箱内,开始记录时间。每 5min 用手指触摸结合料表面,记录改性聚氨酯结合料开始不粘手拉丝的时间,以及指甲掐后不留痕时间。

C.3.5　改性聚氨酯结合料不粘手的拉丝的时间即为表干时间,指甲掐后不留痕即为指干时间。

C.4　试验数据处理

试验数据按下式进行处理：

$$T = t + 5 \tag{C-1}$$

式中：T——试件的表干/指干时间,min；

　　　t——试件上一次手指触摸发现还未表干/指干的时间,min。

C.5　试验报告

C.5.1　同一批试件室内平行试验不得少于 5 个,现场试验不得少于 4 个,当同一批试件中某个测定值与平均值之差大于标准差的 K 倍时,该测定值应予以舍弃,并以其余测定值的平均值作为试验结果。试件数目为 4、5、6 个时,K 值分别为 1.46、1.67、1.82。